引论一

古者太平，万民和喜，瑞应辨至，乃采风俗，定制作。

——《史记·礼书》

观风俗，知得失，自考正也。

——《汉书·艺文志》

移风俗于王化，崇孝敬于人伦。

——《晋书·文苑传》

弘长名教，敦励风俗，宜加褒显，以劝将来。

——《旧唐书·孝友传》

清白畏慎，为政必先究风俗。

——《新唐书·王质传》

乐哉！天下安宁。道化行，风俗清。

——《宋书·乐志》

引论二

  本之天理，民彝之大，而并及夫衣服饮食之细，通乎古今治忽之微而不遗乎？簿书朱墨米盐之末，夫人得而观之，知山川如是，物产如是，风俗如是，人物仕宦文章如是，古如是，今如是，而岂无所思乎？观山川，思朝廷疆理之艰；观物产，思细民力作之苦；观人物，思前言往行之可法；观风俗，思故习转移之孰在；观仁宦，思旧政臧否之可鉴；观文章，思其人贤否何如，其世污隆何如。凡接乎目，必有动于中，而思为吾人所以为之之地，岂徒资见闻考索而已乎！

——明正德·周季凤《云南志·序》

  窃尝念日月星辰系于天，鸟兽草木系于地，君臣父子夫妇昆弟朋友之伦系于人，耳目口鼻系于面，喜怒哀乐系于情，金石丝竹匏土革木系于音，以奕系秋，以丸系僚，凡类此者，其所系殆无穷也……然而斯系也，发缠绵之隐，任杼轴之劳，生滇者观之，当兴经纶雷雨之思，吏滇者观之，当深桑土绸缪之计。

——清嘉庆·师范《滇系·自序》

  国家大经大法外宜兼详民事也。中国旧史，大都详朝廷制度，略于民间礼俗。《史记》独多言民事，千古称之，今宜扩而充之。凡民间礼俗之大，居处炊食之细，及一切日用之于风教有关者，良窳得失，灿然无遗。考其原委，上补前史之缺，明其变通，下征进化之美。庶几免一姓家谱之诮乎！

——民国·袁嘉穀《与清史馆馆长第一书》

  方志之作，其体史也，其用则政书也。一方宜详考历代文化递嬗之迹象，以为征文考献之资；一方宜备载民情风土之所宜，以为施政牖民之鉴。故收罗必广，记载必周，庶几彰往察来，可裨实用。

——民国·周钟岳《新纂云南通志·序三》

引论三

云南善地，朕所亲历，倘非天命有归，愿封于此足矣。
　　　　　　　　　　——元世祖忽必烈（见民国《滇绎》）

云南之地，稽之古典，气厚风和，人民尚兵。
　　　　　　　　——明太祖朱元璋（见明洪武《云南机务抄黄》）

气厚风和，君子道行之所系。
　　　　　　　　　　——明太祖朱元璋（见明·刘文征《滇志》）

士大夫多材能，乐事朝廷，不乐外宦。
　　　　　　　　　　　　　　——元·虞集《云南志略·序》

田无旱潦，米不传输，山泽之利，取之无禁，民至老死不相往来，他方乐土未必胜此也。
　　　　　　　　　　　　　　　　——明·谢肇淛《滇略》

人禀名山大泽之气，子弟多颖秀，科第显盛。民遵礼教，畏法度。士大夫多材能，尚节义，彬彬文献，与中州埒。
　　　　　　　　　　　　　　　　——明·刘文征《滇志》

云南府：自元明至本朝，人物科第，后先振起，服食器用，骎骎乎有中原之风焉。汉多彝少，风气渐开，士雅民淳，教化易入，耕织贸易，各安其俗。

昆明县：士多秀颖，素重名义。民性淳良，不好争讼。但近城市多习贸易而少事耕织，服食交际不无奢靡耳。
　　　　　　　　　　　　　　——清康熙《云南府志·风俗志》

惟滇会区，西南要地，握两迤枢，应井鬼位，地灵所钟，物华所萃，昆水深凝，金碧高峙，秀谷苍峦，奔赴而至，疆域既雄，形势自异，时序既合，畜植自利，况尔民风，简朴易治，扶之育之，厥有其事，往哲前贤，茂迹不坠。

——清康熙《云南府志·地理志·序》

兵民错居，间阎栉比。野安耕凿，户习诗书。民无告讦之风，士有干谒之耻。

——清雍正《云南通志·风俗·云南府》

滇南人心风俗，视他省独厚。兵将一心，忠义奋发。砥柱天南，军威一震，中原时势转弱为强，又不独全滇之幸，实天下大局之幸也。

——清·吴鲁《昆明县志·序一》

惟滇首邑，西南乐土。君子攸宜，行道之所。

——清道光《昆明县志》

吾滇人重去乡，昆明为尤甚。县中自士大夫之服官于外，惟乡举赴礼部试，乃出里门。否则，井田桑麻以终老田间为乐也。其他牵车牛远服贾者，百不一二见，以故淳朴之气较他处为优。然碍以见闻辄失之窒，漆园叟之所谓拘于墟者，信乎。

——清道光《昆明县志》

世所称本籍人者，言之其性质纯善谨慎，息事泯争，各务生业，各守本分，且思想缜密，举措敏捷，在昆明县全境中当首屈一指，是其优点。惟富保守性，无冒险进取之志，又喜独立不羁，少合群美德，加以近年竞尚奢靡，中人之家，多属外强中干，是其缺点。至于业工者，间守成规，不思改进，业商者习于诈伪，罕见诚实，故市内凡有起色之工商业，皆操外省外国或外县人之手，尤为莫大缺点。

——民国《昆明市志》

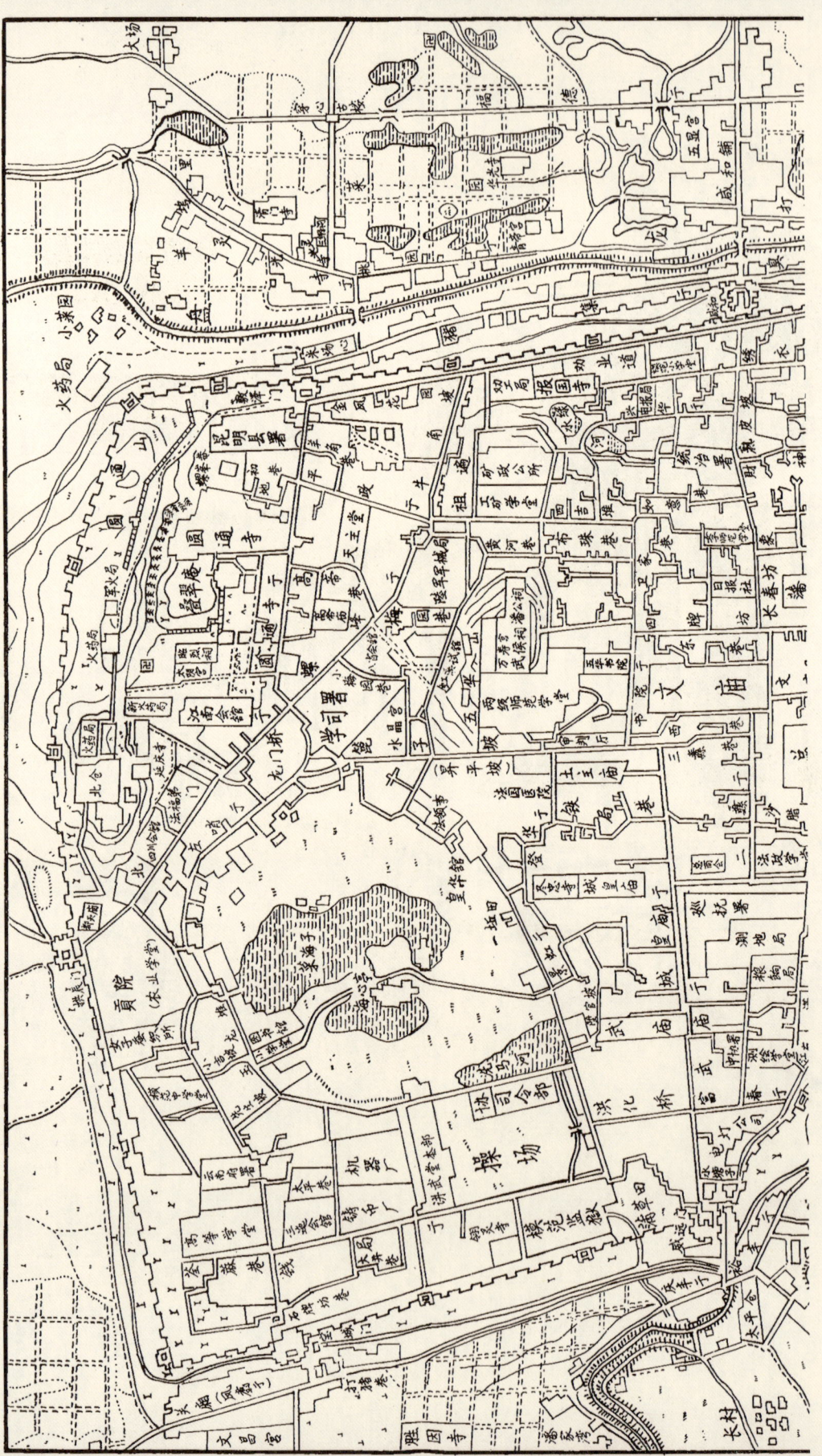

清末昆明街道图

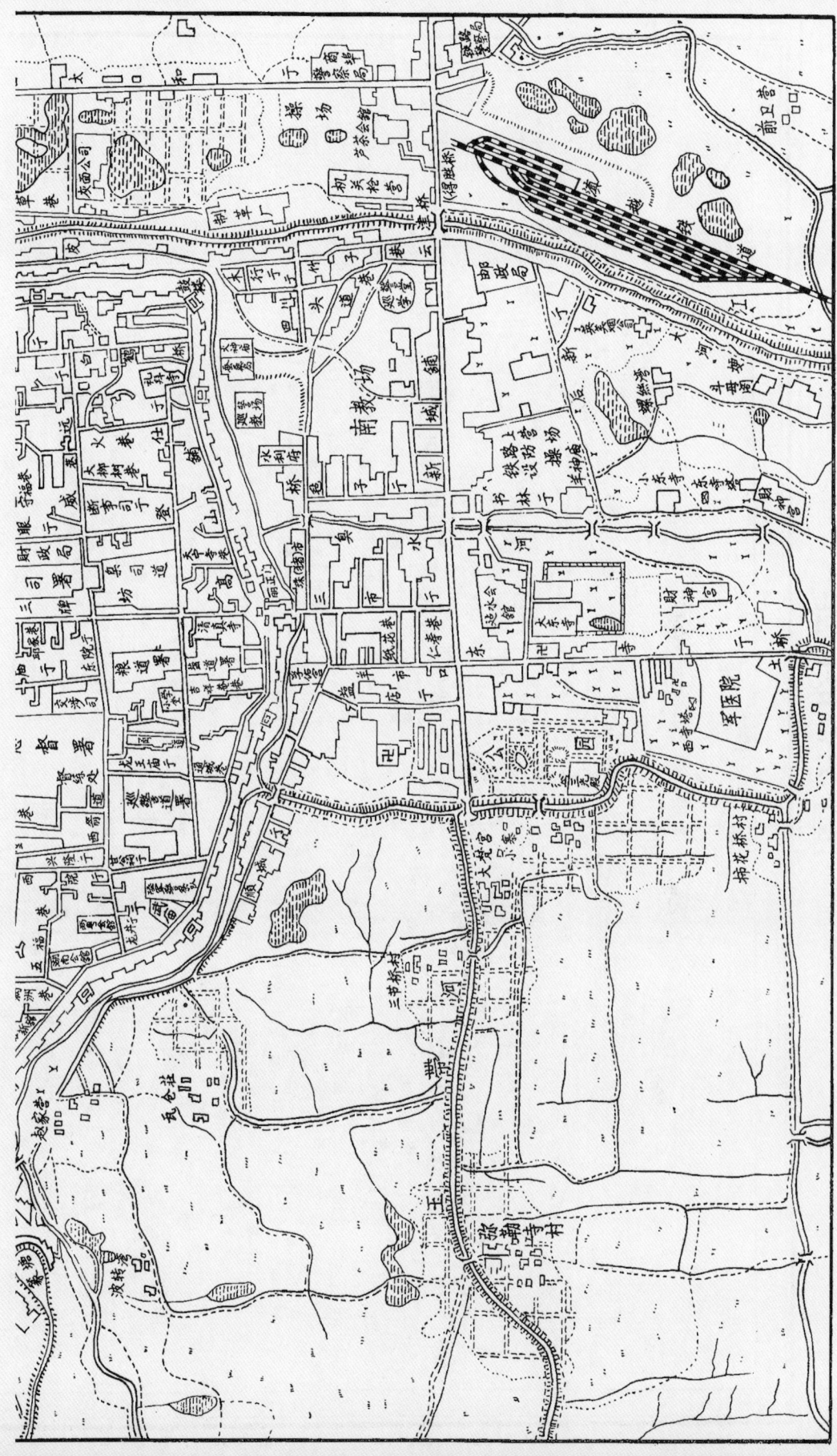

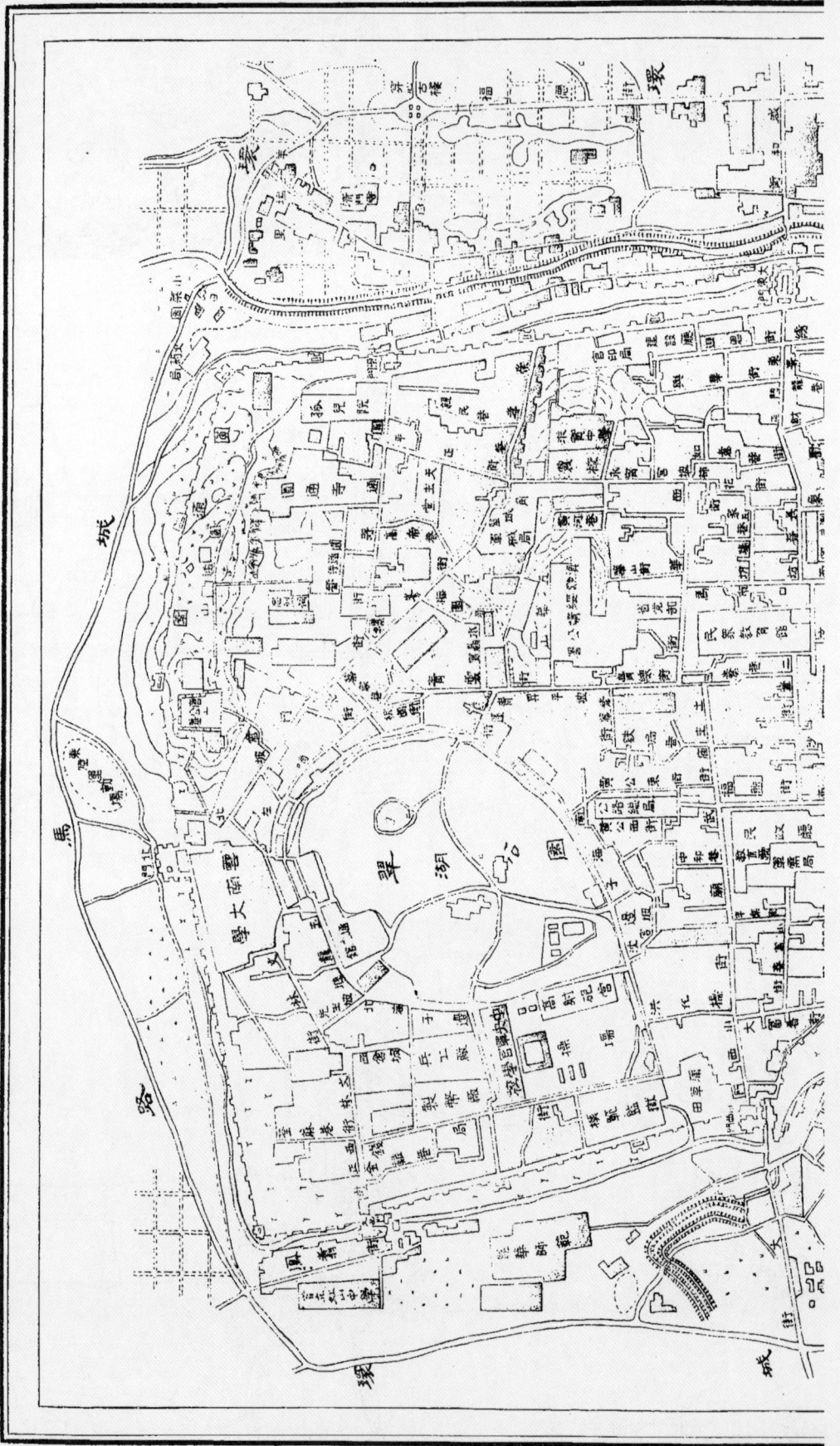

昆明市圖

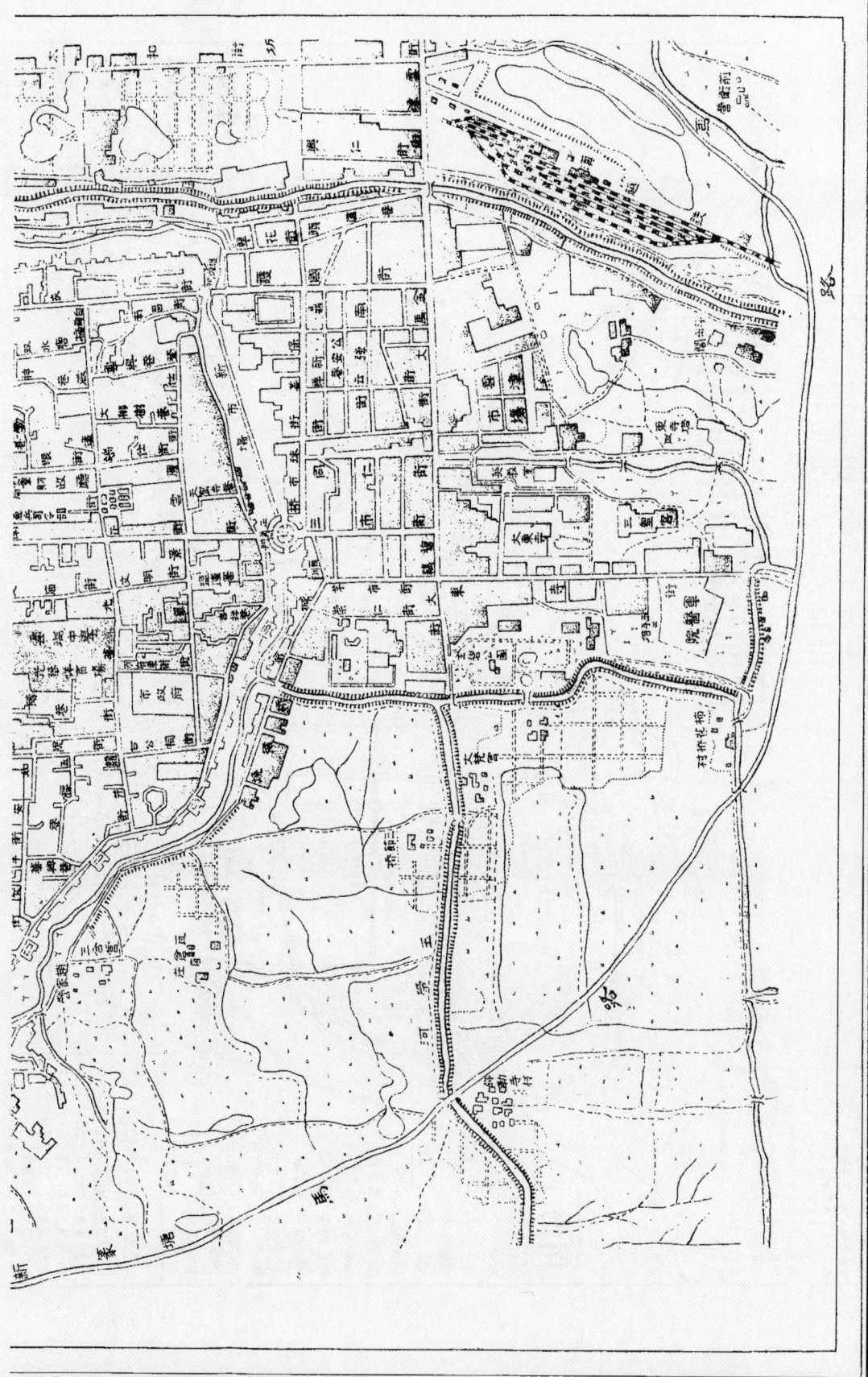

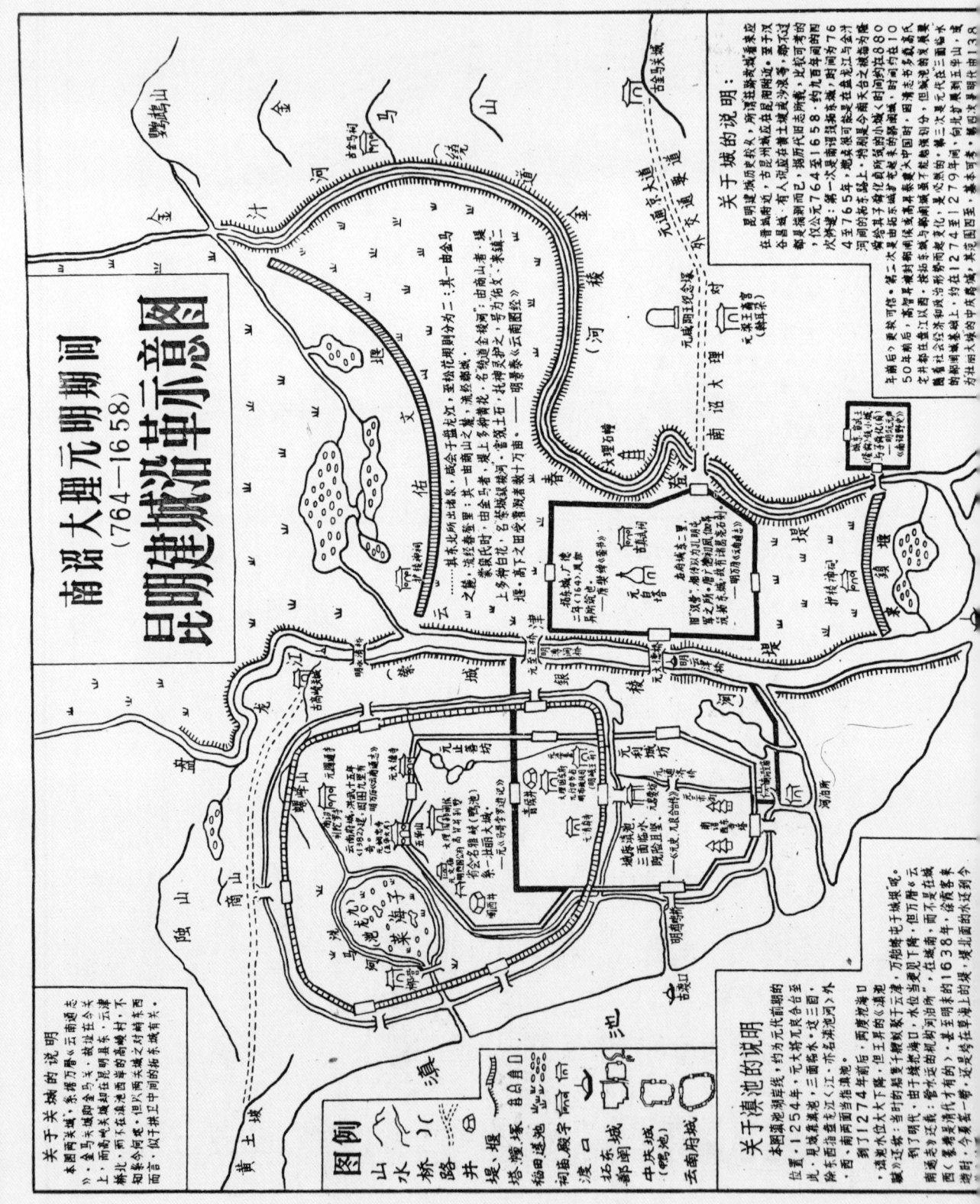

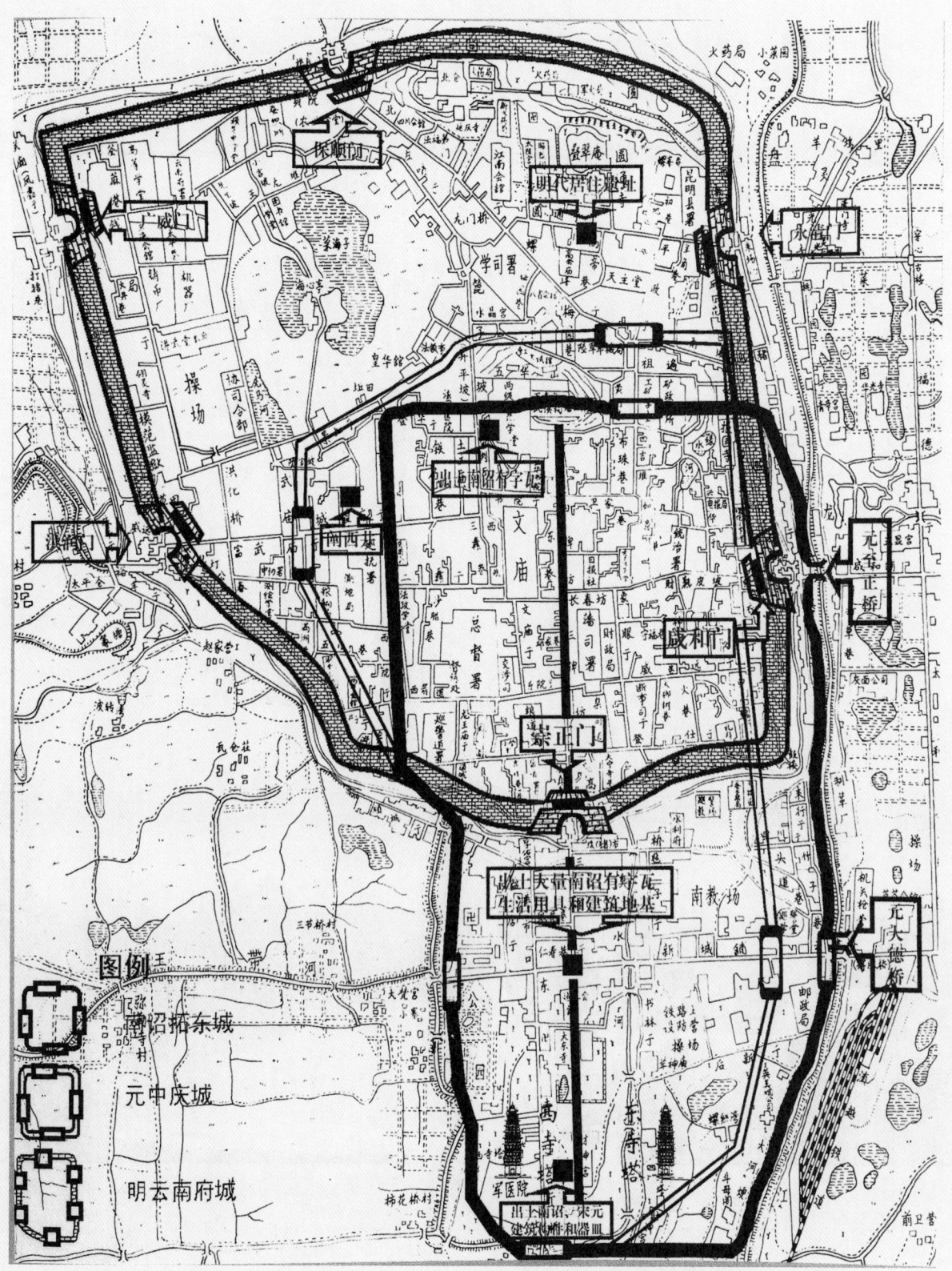

滇池北岸最早的城堡是战国时期的"庄蹻故城",到汉代又有谷昌城,隋代有昆州城,直到唐代,才在如今的昆明之地建起了拓东城,宋代称鄯阐城,元代改建为中庆城。明代重建为云南府城。其形制历经明、清两代和民国,大体上保留到20世纪50年代,历600多年而不变。如今昆明有谷昌坝、有昆州路、有拓东路,都留下了这段历史的印迹。

"昆明"得名始于汉、定于元,最早出现在司马迁的《史记》中,原本是西南夷一支同时也是氐羌族群一支的族名。宋宝祐二年(1254年),蒙古灭大理,在鄯阐设"昆明千户所","昆明"从此作为滇池北岸的地名出现并延续至今。1276年,元代设立云南中书省,设立中庆路,下辖昆明县,为中庆路城,省会也从滇西迁到这里。从此,云南政治、经济、军事、文化中心正式转移到了今天的昆明地区,明、清两代称云南府城,进入民国之后,于1919年设立云南市,1922年设立昆明市。

老昆明城范围不大,依山附水,有三山、四海、六河、十三坡、十八铺,以"春城"著称。这里的天地日月、山水街市、湖光渔火、梵音佛寺、云霞风雨、鲜花彩蝶、四围香稻、万顷晴沙、九夏芙蓉、三春杨柳,无不成景,于是有元代十景、明代六景、清代八景等。"天下之异地,海内惟有此"(西晋·郭义恭《广志》)。

清末商埠开放,滇越铁路开通,昆明从古代城堡向近代城市快速转型,市政管理应运而生,传统建筑、欧式建筑和中西合璧建筑共居一城,平添许多现代色彩,又应了大观楼长联"尽朱帘画栋,卷不及暮雨朝云"之语。

老昆明 旧话旧照 那些城池

朱净宇 编著

云南美术出版社

图书在版编目（CIP）数据

老昆明旧话旧照 . 那些城池 / 朱净宇编著 . -- 昆明：云南美术出版社 , 2019.1（2024.6 重印）

ISBN 978-7-5489-0215-7

Ⅰ . ①老… Ⅱ . ①朱… Ⅲ . ①地方文化 – 昆明 Ⅳ . ① G127.741

中国版本图书馆 CIP 数据核字 (2019) 第 026312 号

选题策划：张文璞　肖　超

责任编辑：孙雨亮　韩　洁　赵雪妮　王可心

整体设计：高　伟　昆明创境广告有限公司

责任校对：杨谨瑜　沈正德　赵异宝　赵　婧

摄　　影：[法] 奥古斯特·费朗索瓦（方苏雅）
　　　　　[美] 伯特·克拉夫奇克
　　　　　朱净宇　赛　克　王　浩　孙家福　等

老昆明旧话旧照 那些城池

朱净宇 编著

出版发行：云南美术出版社
印　　制：昆明美林彩印包装有限公司
开　　本：787mm×1092mm　1/16
印　　张：21.75
字　　数：390 千
版　　次：2021 年 6 月第 1 版
印　　次：2024 年 6 月第 2 次印刷
书　　号：ISBN 978-7-5489-0215-7
定　　价：98.00 元
电　　话：0871-64107562　64195028（营销中心）
社　　址：云南省昆明市环城西路 609 号云南新闻出版大楼 24~25 楼　邮编：650034

（凡出现印装质量问题请联系承印厂调换。部分图片作者联系不上，望速与出版社联系）

序

叮叮糖，

叮叮糖，

吃了不想娘，

想起娘来哭一场。

还记得这首昆明儿歌吗？

如今一座座高楼平地而起，水泥钢筋，直插云天，势不可当，犹如夜场上的欢歌狂舞，灯红酒绿，甘之如饴，让人欲罢不能，恰似"吃了不想娘"的"叮叮糖"。

身后一间间老屋黯然离去，依稀故人，如烟往事，魂牵梦绕，又似月光下的二胡独奏，余音绕梁，乡愁涌来，让人情不自禁，"想起娘来哭一场"！

"糖"可养身，"娘"可安心，鱼与熊掌，"想"与"不想"，如何兼得？——老昆明的儿歌一语成谶，不服不行。

一

来了城市化，正好寄存皮囊；走了老昆明，何处安放灵魂？600年的近日楼早就消逝了，"九里三分"的城墙早就没有了。淡出昆明的还有五华山的瞭望塔、藩台衙门的菜市、得胜桥的桥头堡、象眼街的大象铺石、太和街的石板路、北门街的唐家花园、威远街的龙公馆、惠家大院的西南联大"教授楼"、塘双路的滇越铁路车站建筑群、巡津街东廊的法式楼院、文武官员到此下马的文庙大门、"一颗印"和"八面风"建筑成群的武成路、长春路和大观街，还有护城河、洗马河、金汁河、银汁河、玉带河、西坝河、篆塘河、明通河、采莲河、金家河、乌龙河、兰花沟、大小绿水河和新老运粮河，有的河段消失了，有的河段成了地下暗河、城市下水道……彷徨在后现代的门槛前，可叹"鸡鸣紫陌，马踏红尘，教弟子向哪头跳去？"

（明·陈用宾撰金殿楹联）

城市化突如其来，来势汹汹，昆明主城膨胀，人口锐增，"九里三分"骤然稀释，八方人潮迅速聚集。外则改天换地，内则脱胎换骨。当初逐鹿丛林，心无旁骛，此后利弊互见，触目惊心：江山依旧而城市变形，高楼林立而霸气侧漏，街巷划一而面目全非，不知此城为何城！邻里星散而乡情解体，人心不古而世风日异，个性消解而文脉错位，直认此城为他城——若有所失，满怀乡愁，又不知往哪里安放？

我们曾自以为离得开"老昆明"，听任它消解淡化，渐行渐远。但它总会悄然归来，或隐或现，无形无影，无声无息。但无形之中，它仍然会一飞冲天；无声之处，它仍然会一鸣惊人——夜半猛醒，乡愁袭来，扪心自省，清泪两行。原来"老昆明"无所在而无所不在，无所能而无所不能，它永远留驻在我们心中，渗透在我们的血脉里。

二

天佑昆明，让昆明得天独厚，四季如春；让昆明得地独秀，山奇水异；让昆明得城千年，史迹遍地；让昆明得人百族，风情别具。人说昆明，元世祖称之"云南善地"，明太祖谓之"气厚风和"，明代四川状元杨慎赞之"春城"，清代云南"状元"袁嘉穀称之"可恋可誉"。老昆明不仅在高原山水之间留下了一座美轮美奂的城池，还为我们留下了特殊的地方文脉，深厚的文化底蕴，鲜活的城市个性，独有的山国气质，传奇的历史记忆——这是昆明的灵魂，是昆明的精神，是昆明人的"娘"。

面对老昆明，我们应有敬畏之意、惕惧之心，然后可知昆明云彩独奇，月亮独大，堪称天下唯一；可知昆明"三山一水""五湖四海"全是风水宝地；可知30000年前有"昆明人"，10000年前有"贝丘文化"；可知从庄蹻而有滇国，从《史记》而有"昆明"；可知从南诏而有拓东路，从辛亥而有光华街；可知先祖多来自柳树湾，先人多出自高石坎；可知昆明人有容乃大，道、儒、释三教一体；可知山国有寡民，有"温吞水"性格，有"家乡宝"情怀，还有"不问能不能做，只问该不该做"的血性。

人常存敬畏之心，可以知礼，如做官之"修身齐家，正己化人"；可以知义，如"联大"八百壮士之从军，书生意气亦慷慨；可以知廉，如刘文征家两代清官，满城争睹"刘青菜",如严清之廉正,官至尚书而早朝无腰带;可以知勇,如钱沣之千字文弹劾和珅,如马毓宝之满腔热血独赴"一战";可以知用,如"黄包车"之押解日寇战俘,"闪扁担"之挑送斯诺行李;可以知荣,如战国青铜器沉淀之"南方丝路"信息,民国"工程碑"记载之中国最早水电厂;可以知善,如老中医之讲医德还要讲气节,老商人之"诚朴"经营而多积"阴德";可以知难,如禹碑"蝌蚪文"之怪诞,王官坟碑武则天造字"埊""圀"之奇僻;可以知源,如"吃馒馒""颠嘟嘟"都是"宋词","硬挣挣""恶噇噇"出自"元曲";可以知古,如清代开发过房地产,抗战时就有过"大昆明规划";可以知趣,如警察敲门而店铺开张,"邮政骑马"而"电报骑牛";可以知音,如街上有人喊"有旧衣烂裳么找来卖——",巷口有人叫"咳嗽、发烧呢买药啦——";可以知美,如杨慎之诗,如担当之画,如孙髯之联,如钱沣之字……

惕惧则可以知己之丑,有"见闻辄失之窒"(清道光《昆明县志》),"无冒险进取之心"(民国《昆明市志》);可以知人之耻,冯甦卖身搭着老娘卖,"贪官碑"上贪官贪得遗臭万年;可以知乱世之祸,吴三桂作乱天下而身败名裂,徐之铭巡抚云南而竟杀官越财;可以知无德之恶,"天盛当诱人上当,王安良丧尽天良";可以知"围海造田"之蠢,买官卖官之害;可以知城隍庙之神,东岳庙之鬼,善而有善报、恶而有恶报。

敬畏而惕惧更可以知足,知足者常乐,知乐者忘忧;可知汉唐宋元,伟烈丰功,卷不及暮雨朝云;可知天有常道,人有常志,后人须择善而从;可知"尽人事、知天命"而行大道;然后知可为,知不可为,知其不可而为之,达到从心所欲、不违天命的最高境界。

惕惧还可以知"龟蛇龙气"之谬,"金碧交辉"之误;可以知早年书圣更比孔圣"拽",西寺塔"跑"到东寺街;可以知城隍庙有宣讲"圣谕"的右厢房,南教场有砍头示众的大刑场;可以知"老将"于教场"祭霜降娘娘"之丑,考官于科场上演鹿鸣闹剧之陋;可以知科场如戏场,入场要搜身,封门要拜鬼;可以知官场如剧场,官印要避邪,坐堂要"排衙";可以知男女曾经不得同台演戏,不得同场看戏,大家闺秀出门脸上要盖一块蓝布;可以知婚前要赶"鞭猪",婚夜要造"捶门柬";可以知报丧不进门,磕头不值钱;可以知"女德"之害,那贞女、烈女、节妇、义妇,误了多少卿卿性命;可以知禁娼之奇,妓女要腰悬白绸,穿彩色短装,违禁嫖娼要罚款,还要打手心;可以知当年筑大烟囱要看"风水"的脸色,治大病要请"师娘"

来跳神，无端"开矢口"、有病"洒烂药"……

如今，这一切只能从历代史志、先人笔记、石刻碑传、耆老回忆、坊间传闻中去寻找了，这是一种遗憾，也是一种幸运。随着困惑不断显现，乡愁不断反弹，社会不断开放，资料不断积累，探讨不断加深，记忆不断扩展，影像不断涌现，让我们的老昆明寻觅有了更加多元的角度、更具内涵的深度、更为包容的广度。数年之间，沉浸其中，几次搁笔叹息，小小古城昆明，围城不过九里三分，人口最多不过10万，竟留下了如此厚重的精神遗产——说不完的历史往事、看不断的市井风情、数不清的奇人贤士、道不尽的本土文化，令人叹为观止。历史可畏，先人可敬，如果我们不进行盘点，不进行整理，不得之于祖先而传之于后人。那么，我们将愧对天地，愧对前人，愧对后代。

三

古人修史志而讲"实用"，无非两条：一是"资治"，所谓"施政牖民"是也；二是"资文"，"以为征文考献之资"（周钟岳《新纂云南通志序》）是也。其实还应该有一条，那就是"资民"，即"资"百姓。"资治"是"肉食者"的事；"资文"是"串荤食者"的事；"资民"才是"草食者"的事。

我们可以充满善意地想象，早年如果了解清代和民国两次"泄湖涸田"的论争，"肉食者"们"围海造田"的蠢事或许会有所收敛；如果认真考辨过"春城"和"龟城"的由来，或许会改变一些"食串荤者"人云亦云的话风和文风；而"宾馆菜"和"名人菜"的开发，则很可能会让不少"草食者"大开"洋荤"，大饱口福——以今天的眼光来看，许多往事未免可笑，"然后之视今，亦犹今之视昔"（周钟岳《新纂云南通志序》），自不必讪笑前人。读一书而可知前人如何生活、可思今天如何生活、可求以后如何生活，善莫大焉。

中国自古就有重视风土习俗研究的传统。《史记·礼书》称"古者太平，万民和喜，瑞应辨至，乃采风俗，定制作"；《汉书·艺文志》说"观风俗，知得失，自考正也"；《晋书·文苑传》说"移风俗于王化，崇孝敬于人伦"；《旧唐书·孝友传》说"弘长名教，敦励风俗，宜加褒显，以劝将来"；《新唐书·王质传》说"为政必先究风俗，所至有惠爱"；《宋书·乐志》说"天下安宁，道化行，风俗清"。为此，就要"详考历史文化递嬗之迹象","备载民情风土之所宜",而且"收罗必广,记载必周","彰往察来,可裨实用"(周钟岳《新纂云南通志序》)。云南"状元"袁嘉谷认为:"中国旧史大都详于朝廷制度,略于民间礼俗。《史记》独多言民事,千古称之。今宜扩而充之,凡民间礼俗之大,居处饮食之细,及一切日用之于风教有关者,良窳得失,灿然无遗"。不但要"兼详民事",还要"考其原委,上补前史之缺,明其变通,下征进化之美"。此外,邮电、轮船、铁路均应列专志记述,"庶几免一姓家谱之诮"(袁嘉谷《与清史馆馆长第一书》)。

这里既不是"一姓家谱",不是"一方宦绩",也不是"一纸琐闻"。这是一次用心独到的采访,一次悲喜交集的重逢,一次真挚谦卑的致敬,一次诚惶诚恐的救赎。笔者不揣浅陋,试图以今人的视角、今世的眼光、今天的话语重拾记忆、重述历史、重访风土、重叙人情、重现民俗、重论传统、重返文化、重获个性——不敢妄说"成一家之言",亦求"究天人之际,通古今之变"(司马迁《报任安书》)。

公元1895年,列强瓜分中国大势已成,中国遭遇前所未有之巨变,当彼之时,启蒙思想家严复写了一篇《论世变之亟》,谈及中西文化传统,其有一番精彩的论述:"中国最重三纲,而西人首明平等;中国亲亲,而西人尚贤;中国以孝治天下,而西人以公治天下;中国尊主,而西人隆民;中国贵一道而同风,而西人喜党居而州处;中国多忌讳,而西人重讥评。其财用也,中国重节流,而西人重开源;中国追淳朴,而西人求欢虞。其接物也,中国美谦屈,而西人多发舒;中国尚节文,而西人乐简易。其于学也,中国夸多识,而西人尊新知。其于祸灾也,中国委天数,而西人之恃人力。"有意思的是,百年前的中西文化差异,如今多半演变成了现代昆明与传统昆明的文化碰撞,面对如此尴尬的"移风易俗",也只能如当年的严复一声叹息:"若斯之论,并存于两间,吾实未敢遽分其优绌也。"

滇人、昆明人爱国爱乡,都是"家乡宝"。清乾隆年间,云南进士周於礼在京为官多年,曾遥望西南,赋思乡诗曰:"神茫茫,思转长,彩云一片是吾乡"。云南"状元"袁嘉谷说:"吾中国人也,读中国书,应有光大中国之作以报中国。"又说:"云南者,中国之一部也。吾生云南,壮而游,老而归,六十年读云南书,应有光大云南之作以报云南。"他大声疾呼:"滇之人生滇、爱滇,将以保永久之滇,不得不考古之滇,以兴起将来之滇。"(《云南大事记》)

先贤教诲,言犹在耳。一介书生,得立于巨人肩上观察、垒字,幸而左右逢源、上下有据、俯仰有道、进退有方，尽管秃笔一支，乃能从心所欲，从容不迫，集古今之成，得一家之言，何其幸也。然而，这毕竟只是一次特殊的"采访"，资料浩如烟海，纲目千头万绪，人事众说纷纭，虚实百口莫辩，又何其难也。笔者勉为其难，博采各家之长，众人之说，以百姓为本，以民事为主，以风土为根，以文化为魂，以纪传体为纲、为目，以笔记体为文、为篇，分门别类，编纂成书。无奈学有不及，力有不逮，虽历时五载，日旰忘餐，反复修改，分辨真伪，考证谬说，仍然错误难免，若得高人指教，一一纠正，更何其乐也！

朱净宇

2020年5月4日于昆明虹山

目录

老城郭

- 旧石器时代的"昆明人" 004
- 滇池沿岸的"贝丘文化"奇观 005
- 滇池最早的"邑聚" 007
- 战国时期的滇王都城 008
- "庄蹻故城"苴兰城 009
- 汉代郭昌城与谷昌县 010
- 隋代昆州城 011
- 唐代南诏"上都"拓东城 012
- 宋代大理"东京"鄯阐城 013
- 元代"壮丽大城":中庆城·昆明县 014
- 明、清云南府城·昆明县 016
- 从明代"小南京"到清代移民"填昆明" 018
- 从"云南市"到"昆明市" 020

老城名

- 昆明地称"昆明"之争 024
- "昆明"的汉语解读 025
- 少数民族语言中的"昆明" 026
- 昆明城郊县、区、市全部有彝名 027
- 让古人"莫名其妙"的彝族语音地名 029
- 不可望文生义的民族语音地名 031
- "误"出来的地名 032
- "滇"出昆明 033
- "云南"与昆明 035
- "天下之异地,海内惟有此" 037
- 昆明何时称"春城" 039

老城标

- ○ 民国昆明市徽 044
- ○ 金马碧鸡市徽 045
- ○ "校花"和"省花" 046
- ○ 市花"十德" 047
- ○ 林则徐和昆明茶花 049
- ○ 最古老的茶花 050
- ○ "皇花"与"民花" 051
- ○ "鼎甲三花"之"状元花" 053

老城景

- ○ 元代"十景" 056
- ○ 明代"六景" 056
- ○ 清代"十二景"和"八景" 057
- ○ 近代"八景"和"十景" 060
- ○ "汉黑水祠":史籍中出现第一个滇池名胜 061
- ○ 昆明莲花池与陈圆圆之谜 062
- ○ "金碧交辉"盛景 064
- ○ "金碧交辉"之争 066
- ○ 昆明日月特别大 068
- ○ 昆明"天景" 068
- ○ 昆明"日景" 070
- ○ 昆明"月景" 071
- ○ 昆明"雨景" 073
- ○ "彩云南现" 075
- ○ "彩云呈祥"之争 077
- ○ "云霞都会" 078
- ○ 昆明"云景" 080
- ○ 滇池"云诗" 081
- ○ 春城"花景" 083
- ○ "花和尚"养花兴寺 086
- ○ 端午"蝴蝶会" 087

老名联

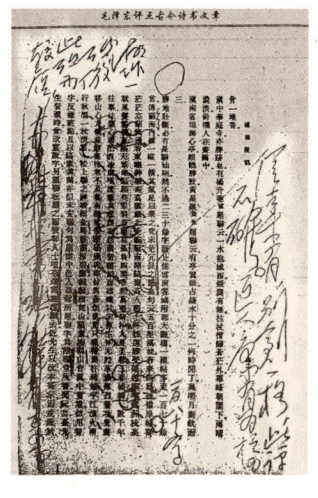

- 大观楼"天下第一长联" 092
- 毛泽东:"从古未有,别创一格" 093
- 阮元改联:"岂不骎骎乎说到我朝" 093
- 程含章:"以成全璧"之陋 095
- "净乐长联":"欲与孙髯试比高"? 096
- 长联仿作:"亿万顷狂浪奔来眼底" 097
- 咒蛟台和孙髯翁 099
- 长联作者"孙髯"之争 101
- 赵藩:不仅仅有"攻心联" 102
- "三大名楼"为"滇人善联"作证 104
- 民间奇联绝对 106

老街名

- "堆""坊""坡" 110
- "雅美"街名 112
- 街名诗联 114
- 愿景街名 116
- 教化街名 118
- 励志街名 119
- 衙门街名 120
- 讽官街名 121
- 牌坊街名 123
- 寺庙街名 125
- 商业街名 128
- 山水街名 131
- 水井街名 133
- 花树街名 135
- 形状街名 136
- 记史街名 137
- 五行街名 141

○名人街名 143
○移民街名 145
○传说街名 145
○惊悚街名 146
○民族地名 148
○洋人街、洋楼街、洋人塘、英国花园 150
○红专巷、红星街、红卫路、红湖公园 151

老市政

○城街区划·"栅子"·"堆子"·保甲 156
○最早的警察和女警察 156
○撞钟·击鼓·放炮报时 157
○捶锣、击梆报更 159
○老昆明城之"救火" 160
○"清道夫"和"渣柜" 161
○"茅司""官厕"和"粪霸" 162
○"阳沟"原为排灌渠 163
○清初的"堵桥"和清末的"解堵" 165
○昆明自辟商埠建起"经济特区" 166
○昆明第一批近代市场 169
○警察催店铺开门 171
○从碎石马路、条石街路到细石街道 172
○辟建护国门：破解昆明城墙的先声 173
○昆明"市长"朱德 175
○近日公园和环形马路 176
○拆除南城墙建起的昆明"第一街" 178
○"凹楼"奇事 179
○南城外公园：昆明最早的公园 180
○民国初期的"园林都市"建设 182
○民国昆明"秘密共产党市长"和市政工程 185
○民国时期的"大广告"和"小广告" 187
○宪兵手持"大令"巡街 188
○老昆明的"跳舞"与"禁舞" 190

○街巷拓宽、建筑限高：昆明最早的城建规范 191
○抗战初期昆明扩城规划设想中的超前意识 194
○抗战时期的"大昆明市规划图" 197

老建筑

宗教建筑

○圆通寺：中国罕见的退坡水院式佛教建筑群 203
○东寺塔、西寺塔：昆明最古老的镇水"灯塔" 208
○大理国经幢：滇中佛像雕刻艺术极品 212
○筇竹寺五百罗汉："东方雕塑艺术宝库中的明珠"214
○曹溪寺："天涵宝月"和"日映佛肚" 217
○官渡金刚塔：中国最古老的金刚塔 219
○万庆寺白塔：元王朝"坐镇都邑"的象征 221
○真庆观：通京大道上的"西南第一藻井" 222
○金殿：中国现存最大的纯铜铸殿 224
○状元楼：改写云南科举历史的物证 227
○"耶稣教"带来的罗马、哥特式"耶稣堂" 229

文化建筑

○昆明文庙：从王署、道观到孔殿 231
○贡院至公堂、号舍：培养滇中文脉之地 233
○云南讲武堂：中西合璧"中国第一四合院" 236
○云大会泽楼：昆明欧式建筑"标杆楼" 240
○西南联大教室："草棚大学"的大师风范 244
○北门书屋：李公朴先生的绝唱之所 248
○"一得测候所"旧址：云南现代天文、气象学起步之地 249
○云大"校长楼"：中国高校最美的大师旧居 252

民居建筑

○昆明"一颗印"民居："三间两耳倒八尺" 255
○聂耳故居：甬道街成春堂的"反正"故事 256
○节孝巷39号：云南红色火种点燃之地 259

005

○龙门村阅翠楼：周培源的"马上大将军"府 259
○龙院村惠家大院：中国最牛的"教授楼院" 261
○陈家营"一颗印"宅院：猪马圈之上成就的数学大师 263
○棕皮营梁、林旧居："爱情样板房" 264
○乐居村民居：融合汉、彝风格的"一颗印"建筑群 266

名人建筑

○北门街"唐园"：免费参观的督军公馆和图书馆 269
○圆通山"老唐坟"："治滇无善政，护国有奇功" 272
○小梅园巷3号：朱德亲自设计的"洁园" 274
○华山南路胡志明旧居：神秘的西餐室面包师 275
○海源寺灵源别墅：蒋介石夜半惊魂之所 276
○震庄龙公馆：龙云回避"打草惊蛇" 279
○翠湖卢公馆：见证云南起义的法式豪宅 282
○华山东路杨公馆：当年"江西一只羊" 283
○鲁家花园："少壮派"子泉别业馆 285
○大观楼庚园：打响"大重九"的福地 287
○白鱼口磊楼：毗邻"空谷散人家"的"空谷园" 288
○太和街李公馆：潜藏汪精卫外逃之谜的"石房子" 289
○西山邃园：隐蔽在山林中的远征军总部 292

社会建筑

○昆明"八面风"：最具特色的明清临街建筑 296
○翠湖石屏会馆："三岛淳风"中的"云根文采" 297
○甘美医院大楼：昆明最"贵气"的全法式建筑 299
○昆明广播电台楼：中国抗战宣传的"大碉堡" 301
○抗战胜利堂："胜利之鹰"和"庆功酒杯" 303
○鼎新街青年会楼：昆明最漂亮的西式"三边工程" 306
○南屏大戏院："夫人集团"创造的"远东第一影院" 307
○昆明戏院：多功能建筑的错位竞争 309
○"模范监狱"：昆明的"巢鸭监狱" 310

参考书目

后　记

老城郭

Map of Kunming

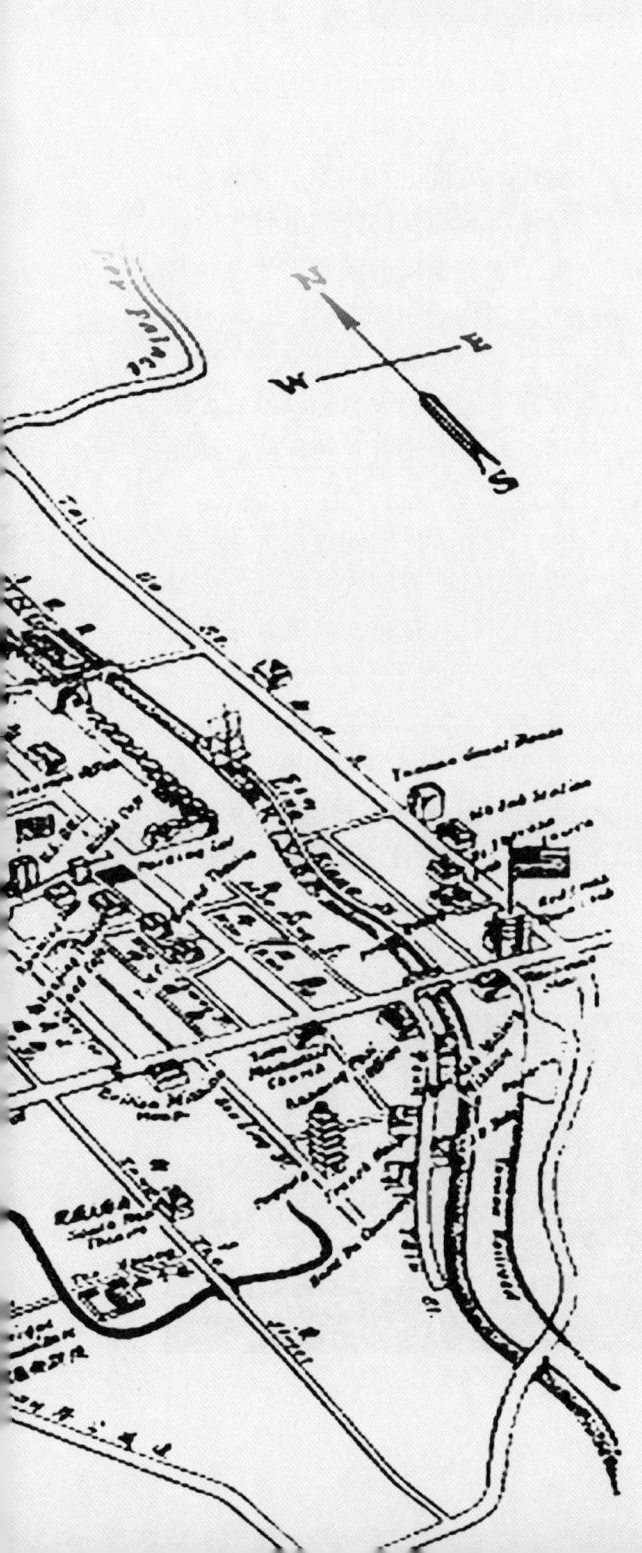

　　明洪武十五年（1382年），云南刚刚平定，朱元璋就按照内地的行政制度，设置了云南布政使司，直属中央管辖，布政使司署等省级统治机构仍驻昆明城，行政上改中庆路为云南府（辖今昆明一带），并重建砖城，以云南府驻新城，称云南府城。据明万历年间云南右参政谢肇淛的《滇略》记载，明初朱元璋把大批江南"良家闾右"和"有罪窜戍者"全家迁到云南，当时昆明城中"土著者少"而"寄籍者多"，"汉人多江南迁徙者，其言音绝似金陵（南京）"；昆明城中，"衣冠礼法，语言习俗，大率类建业"——大多和南京差不多；"二百年来，熏陶渐染"，昆明"彬彬文献"，已经和内地相差无几了。

　　清代沿袭明代制度，仍然以今天的昆明城为省会，称云南府城为省会或会城。清代云南府城修了23次，城内衙门达到30多座，较之明代，大为增加，但城市规模没有太大的发展。清代后期，云南府城内外商业繁华，据统计，清末云南府城人口约10万，城内外大小街道有150多条，大小巷道400多条，桥梁70座，祠寺151座。

○旧石器时代的"昆明人"

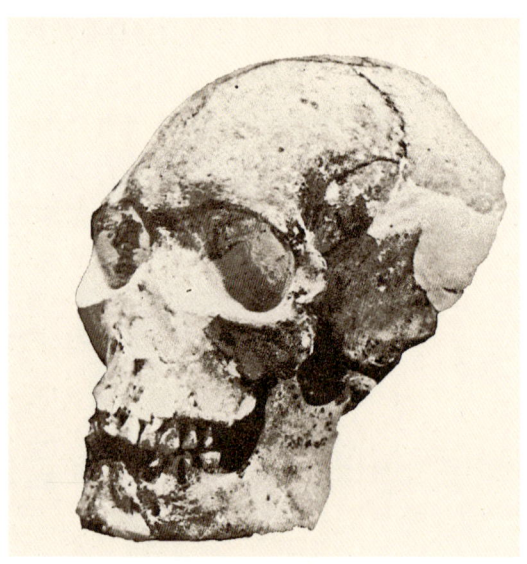

龙潭山出土旧石器时代"昆明人"化石

滇池地区已发现最早的人类是距今3万多年前的"昆明人"。

今天的昆明人不是元谋人的后代,20世纪70年代,在滇池东岸呈贡大渔乡的龙潭山洞穴中发现了这群先民的颅骨、牙齿和其他骨骼化石100多块,发现了打制石器、骨器、角器等数千件,发现了完整的火塘和厚厚的火灰层,火灰中还有各种各样的动物化石……

于是,我们知道,大约3万年前,滇池周围气候温和,草原宽广,森林茂密,河溪密布,湖泊清澄。先民们居住在山洞里,到草原上捕猎牛、羊、鹿和麂子,到森林中捕猎熊和野猪,到竹林中捕捉竹鼠,还捕捉犀牛、巨貘、鬣狗、云豹、轴鹿、黑鼠、蝙蝠、狐狸、刺猪、兔子和貉子等等。他们的猎物属于"大熊猫-剑齿象动物群",共有18个种属,其中不少现在已经灭绝。先民们用打造的砍砸石器把猎物砍切成块,在火塘上烤熟充饥;用同样是打造的刮削石器取下动物皮,用骨针缝成简单的皮衣御寒……

考古学家告诉我们,这些穴居原始先民生活在约3万年前,是滇池地区已发现

《昆明地名志》中的龙潭山旧石器文化遗址

最早的人类。这些人的形态与现代人十分接近，属于晚期智人，被学者们称为"龙潭山人"，后来又被命名为"昆明人"。火塘的出现，可以看出当时的"昆明人"已经结为氏族，他们的文化属于旧石器文化，被称为"龙潭山文化"，龙潭山就是滇池地区原始社会的旧石器文化遗址，现在已经被列入云南省重点文物保护单位。

○滇池沿岸的"贝丘文化"奇观

差不多又过了两万年，龙潭山的"昆明人"学会了制造穿孔石器和蚌镰，进入了新石器时代。这时滇池湖滨的原始人群大大增多，新石器文化遗址就有官渡、海源寺、石子河、兴旺街、团山村和石寨山等20多处，在云南地区最为密集，成为原始人类的活动中心。这些遗址出土了大量磨制石器，如石斧、石锛、石锥、石刀、网坠、石镞和带孔蚌刀等，种类繁多，制作精细，先民们已经能从事采集、狩猎、捞鱼、种植、畜养等生产活动。

在一些出土陶器的内壁上，专家们发现了粳稻谷壳的印痕和碳化物，经测定距今已有3000多年。可见早在公元前1000多年，"昆明人"已经能种植粳稻，这是考古发现中较早的粳稻种植纪录，而开始培育粳稻的时间肯定还要早得多。有专家认为，滇池湖滨很有可能是水稻种植的起源地之一。

这些新石器文化遗址大多出现了巨大的螺壳堆，被学者们称为"贝丘"——贝壳堆成的小丘。这些遗址也被称为"贝丘文化遗址"。这些螺壳尾部都有人工敲凿的孔洞，显然是先民取食螺肉后留下来的。至今这一带居民还有敲去螺尾，吹出螺肉食用的习俗。这些贝丘主要分布在平地和山坡上。面积最大的贝丘在海口老街，占地约长500米，宽130米。堆积最高的贝丘在滇池南岸的河泊所村，高达8米。河泊所村所在的地方，就是螺壳铺成的，不少村民还就地取材，用螺壳垒墙建房，成为当地一大景观。在滇池东南岸的安江村、古城村等地，螺壳民居建筑至今随处可见。

滇池东南岸安江村的"螺壳墙"

安江村的"螺壳屋"

滇池东南岸安江村的"螺壳巷"

昆明城南的官渡古镇就建在一座巨大的螺壳堆上，官渡早年又称"蜗洞"，这个"蜗洞"出自彝语，意思就是螺蛳城

近年滇池西岸富善村施工时挖出来的螺壳堆

著名的官渡镇金刚塔西面也有一个螺壳堆，东西宽10余米，南北长50余米，高近4米，壳堆中出土了许多新石器时代的器物。这个贝丘仅仅是露出地面的部分，实际上整个官渡镇几乎都建在螺壳堆上。

这些贝丘遗址大多在滇池边，距今天的滇池湖岸最远也不过五六公里。当时这里的人类已经有了氏族公社，并依山傍水建立了自己的村落。如果我们把贝丘遗址标在滇池地图上，就可以大致找出当时滇池湖线的走向。从贝丘遗址的分布还可以看出，当时人类的主要聚居地就在今天的昆明市区周围和呈贡、晋城、昆阳、海口附近，历经几千年，这些地方仍然是现代城镇所在之地，这不能不说是一个惊人的重合。

清代昆明布衣孙髯的大观楼长联有"趁蟹屿螺洲，梳裹就风鬟雾鬓"之句，此中"蟹屿""螺洲"，就是滇池螺壳托起之地——古人之言，原来不虚！

滇池东南岸安江村的螺壳墙

安江村的"螺壳门"

○滇池最早的"邑聚"

古代青铜器上的滇人住所模型

古代青铜器上骑马的滇人

3000多年前，就在各种新石器还在流行的时候，青铜器就悄悄地进入了滇池地区。在官渡贝丘遗址中部文化层出土的陶片和石器中，突然出现了青铜箭头——箭镞。这个文化层被断代为公元前1120年，大约相当于商代后期，大致与著名的商代"司母戊铜鼎"处在同一时期。在这以后，青铜器文化在滇池地区发展很快，创造了人类文化史上的一个奇迹。滇池地区进入青铜器时代以后，一些文化遗址中还保留着新石器时代的器物。这些青铜器文化与新石器文化一脉相承，都是"土著"。而随着青铜器文化的发展，滇池地区还出现了最早的"邑聚"。

战国中期，滇池地区的青铜文化达到了鼎盛时期，代表是呈贡的天子庙古墓群。这个墓群规模很大，已清理的古墓就有76座，出土了大量文物。但令人惊异的是，这些文物60%都出自41号墓。此墓棺外套椁,规模比其他墓葬大4到10倍,各种陪葬品比其他墓葬多10倍到300倍,甚至将两个女奴砍断四肢后殉葬在棺前。据学者判断,此墓墓主为割据一方的大贵族和大奴隶主。天子庙遗址共有76座古墓,或大或小,都秩序井然,大多和41号墓的墓向相同,应为当时贵族的专用墓地。

有奴隶主就有奴隶,有大小贵族就有政权机构,而有贵族墓地,近旁就有城邑。有学者认为,这个城邑就是西汉史家司马迁在《史记》中提到的滇池旁的"邑聚",这是滇池湖滨最早的城邑,就在今天的呈贡一带。

○战国时期的滇王都城

晋城古滇王庄蹻塑像

古代青铜器上的古滇国祭祀场面

古代青铜器上的滇国祭坛模型

按《史记·西南夷列传》的说法,战国时期,楚威王派将军庄蹻沿长江而上,攻打巴、蜀、黔之地,即今天的重庆、四川、贵州一带。庄蹻一直打到滇池,将千里肥饶之地并入楚国,正待回国报捷,不料秦军又攻入巴、黔,切断了庄蹻的归路。庄蹻只好占据滇池,变服易俗,自称滇王。这就是"庄蹻王滇"的故事,在历史上几成定论。

既有"庄蹻王滇",必有滇国都城。20世纪50年代在滇池东南岸发现了滇王族的墓葬群,更出土了"滇王金印",地点是今天晋宁区晋城镇附近的石寨山。有学者认为,按照战国和西汉时的风俗,墓地总是在城池附近,滇国都城可能就在石寨山附近今天的晋城一带。唐代的《云南志》(《蛮书》)说,"晋宁州,汉滇河(池)故地也,在拓东城南八十里"。这个"滇河"就是滇池城,为滇国故地(晋《华阳国志·南中志》),即古滇国的都邑,也是滇池周围出现得最早的

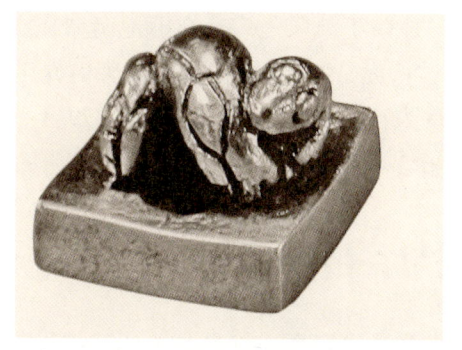

城堡。汉代降服滇王之后,在滇池一带建立了益州郡,治所就在这个滇池城。后来滇池城还是蜀汉建宁郡、晋代晋宁郡的治所,唐初成为晋宁区治,地位就大不如前了。

滇池南岸、晋宁石寨山出土的"滇王之印",证实了《史记》的记载

○ "庄𫏋故城"苴兰城

据唐代的《云南志》(《蛮书》)记载,当时南诏拓东城以西"有汉城,土俗相传云是'庄𫏋故城'"。明代正德年间的《云南志》、天启年间的《滇志》和清嘉庆年间的《滇系》也说,明代昆明城以北十多里有座苴兰城,是庄𫏋修建的。有学者认为,唐代《云南志》(《蛮书》)中说的"汉城"和"庄𫏋故城"就是"苴兰城",遗址在滇池北岸今天的黑林铺一带。直到明末,这里还有座"猗兰楼",

滇王庄𫏋刻像

古代青铜器上的滇人住宅模型

古代青铜器上的滇人生活场景

这个"猗兰"就是"苴兰"的变音。可见,"庄蹻王滇"之后,在滇池南岸建立了国都,又在滇池北岸建了苴兰城。这座苴兰城被认为是"滇池北岸出现城郭的先声"。

"庄蹻王滇"的时间历来有争议,一般认为在楚顷襄王时的公元前279年,按此算,则滇池地区建立城郭的历史,就有2000多年了。

○汉代郭昌城与谷昌县

汉代滇池边有个"谷昌县"。这"谷昌"二字也有些来头。

西汉王朝收降滇王之后,在滇池一带设置了益州郡,这是汉武帝首次在滇池地区建立郡县。益州郡属于益州,郡府在滇池东南岸的滇池县(今天的晋城)。益州郡下辖24个县,其中有个谷昌县在滇池北岸。这是继苴兰城之后,在今天昆明城附近建起的又一个城邑。

据晋代的《华阳国志·南中志》记载,谷昌县原名"郭昌"县,县名取自汉武帝派来镇压当地造反"夷人"的将军郭昌。用"郭昌"的姓名为县名,目的是威慑"夷人"。当时西汉在滇池北岸建谷昌城,就是为了和滇池东岸的滇池城互为犄角,控制滇池地区。郭昌号称"拔胡将军",威风一时,用他的姓名作为地名,可以震慑新降服的滇人和滇王。明代日本诗僧机先有"汉将开边古道通"之句,说的就是这位郭昌。到了东汉章帝之时,滇国已经灭亡,这才把威慑换成怀柔,把"郭昌县"改为"谷昌县"。此后滇池地区大姓几次造反,滇池(今晋城)、建伶(今昆阳)、连然(今安宁)都反了,就是没有谷昌。可见设立谷昌县,对

《汉书》记载的谷昌县

巩固中央王朝在滇池地区的统治,还是有些作用的。此后一直到唐代的700多年间,谷昌城都是滇池地区的重镇。

唐代《云南志》(《蛮书》)又说,拓东城以东十余里有个谷昌村,并说这个谷昌村是"汉谷昌王故地"。有学者据此认为,这个谷昌王是当地谷昌部落的酋长,

"谷昌"二字应出自当地谷昌部落。如今"谷昌"地名早已消失。有专家认为,汉谷昌县遗址确实在昆明城以东,就在今天的金马山西麓、黑土凹背后的山坡上,但现在已无痕迹可寻了,只是在附近出土了一些东汉刻石、陶片等。另据明万历年间的《云南通志》记载,谷昌城在昆明城以北,距昆明城十余里。有学者据此认为,谷昌城遗址应在今天昆明北郊的下马村。据考证,大约在100年以前,这里还有两段古石堰,长约百米,高2米,并立有大碑,碑上刻有"古城堰"三字,应当就是汉代谷昌城的遗址。

青铜器上的滇人作战场面

有的史籍认为谷昌城和苴兰城就是一回事,《明一统志》就说苴兰城又名谷昌,在昆明县北十余里,为庄蹻所筑。清雍正年间的《云南通志》也说,汉代有个谷昌县城,又叫苴兰城,是庄蹻称王时修筑的,后来被废,旧址还在,在昆明县北七里(《新纂云南通志》)。

○隋代昆州城

三国时蜀汉丞相诸葛亮南征之后,改汉代益州郡为建宁郡,将郡府从滇池县(今晋城)移到味县(今曲靖)。西晋时,又将滇池地区从建宁郡划出,设立晋宁郡,意思是"晋"代设立"宁"州时所立之郡,治所仍然在滇池县。

浮雕墙上叱咤滇中的爨氏

隋代在滇池地区设立昆州,延续到唐初,下辖4县,县名有了变化:滇池县改称晋宁,连然县改称安宁,和今天的县(市)名相同,谷昌县则称益宁。但昆州城不在谷昌城旧址。按唐《云南志》（《蛮书》）记载，昆州在滇池北岸的碧鸡山下，"因水为名"，称为昆州。今天碧鸡关下有一块缓坡地，周长约1.5公里，有学者推测这里就是昆州城故地。

昆州城的建立，标志着滇池地区军事、政治中心向滇池北岸迁移。直到唐代中期，滇池附近还可见到昆州土著首领西爨王的坟墓。直到明代中期，这些墓还在。据明正德《云南志》记载，有一块爨王墓碑题字为"大周昆州隋西爨王之碑"，当立于唐初武后之时，"西爨王"又是隋人。可惜到了清代，此墓已经找不到，无法考证了。

○唐代南诏"上都"拓东城

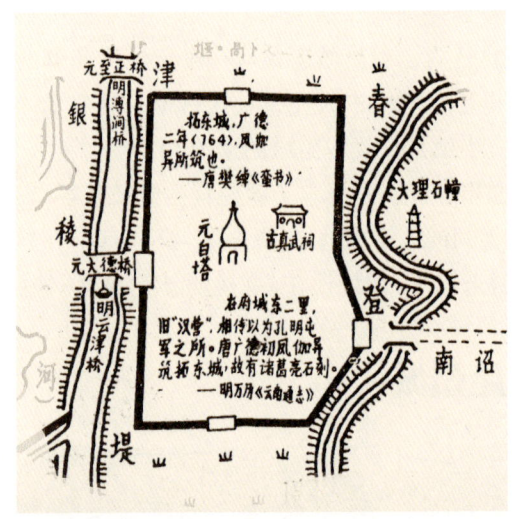

唐代南诏的拓东城位置示意图（见《昆明地名志》刊载的《昆明建城沿革示意图》）

清代所摄始建于南诏的昆明东寺塔照片

唐永泰元年（765年），南诏王阁罗凤和王子凤伽异在盘龙江下游筑起拓东城后，历代南诏王都投入大量人力物力继续营建拓东城，把新征服地区的居民大量迁到拓东城附近，加快滇池开发，扩充南诏势力。拓东城内不仅建起了王宫、官署、馆驿、寺庙、井池，还建起了规模宏大的鄯阐台，拓东城因此又叫鄯阐城。

从南诏"副王"凤伽异开始，历代南诏王都常常巡驻拓东城，在这里接待内外要人，决定军国大事。南诏王异牟寻把拓东城称为"别都"，其子寻阁劝继位后，更把拓东城称作"东京"，把洱海西边的都城羊苴咩城作为"西京"。世隆在拓东城继位登基，自称为"帝"，扩建鄯阐王宫，将东京改称为"上都"，羊苴咩城则改称"中都"。从此以后，世隆经常在鄯阐指挥南诏军队作战，接见各地使者。鄯阐逐步成为南诏的政治、军事和外交中心。

拓东城是一个狭长的土墙城池，《南诏野史》称其周长一千九百六十七丈，可折合为今天的6000米左右。拓东城原址已不可寻。据考证，它的位置大致在盘龙江与金汁河之间，在今天从状元楼到得胜桥一带的缓坡上，以今天的拓东路为中线，东到今

昆明拓东路被认为是南诏拓东城的故地

德胜桥，西到今市博物馆，北到今交三桥，南到今双龙桥。拓东城的修建为古代昆明城市发展奠定了基础，后来更逐渐成为云南政治、经济、文化的中心。始建拓东城的凤伽异最后死在拓东城，以后又有南诏王寻阁劝、劝丰佑、隆舜等，都死在拓东城，然后归葬洱海。隆舜更常驻拓东城，还在城西南筑了一座小城，让儿子舜化住在城中，叫作"中城"。

据清代《滇考》记载，唐宣宗大中十年（856年），南诏王丰佑在拓东城建起规模宏大的五华楼，会见西南夷十六国的"大君长"。这座五华楼"广五里，高百尺"，楼上能容万人。此话不免夸张，但拓东城历有新建设，却是事实。

○宋代大理"东京"鄯阐城

早在南诏王丰佑之时，拓东节度被改为鄯阐府，937年，段思平建立大理国政权，设置八府四郡，鄯阐府就是八府之一。段氏仿照南诏旧制，仍然把鄯阐城作为别都，也称东京。历代大理国王常常巡驻鄯阐。大理权臣高氏被封为鄯阐侯，子孙多居住在鄯阐城。高府就在今昆明城内五华山下。传说高氏在此凿井得泉，便称清侯，就地筑屋而居，称为"东府"。后明代的布政使司府内还有清侯井，据说就是高氏之井，地点在今天的威远街附近。

大理国中期，段氏政权与三十七部的矛盾激化，激战不已，鄯阐城成了双方争夺焦点。最后大理权臣高氏控制了鄯阐城，但几经战火之后，鄯阐城遭到严重破坏。高氏不得不放弃

大理经幢透露了不少宋代大理鄯阐府的信息

大理国时期还在安宁法华寺后留下了云南唯一的石窟睡佛造像

这座"废城",另筑新城。新城面积比拓东城大,由于滇池水面不断向南、向西退缩,新建的鄯阐城就跨过盘龙江,向西发展,东边到盘龙江,南边靠玉带河,西边到鸡鸣桥,北边到五华山,城中心在今天的文庙、长春路、东寺街一带。城市的名字还是叫鄯阐城,民间又叫"新城"。后来从今天的巡津街到护国路之间的金碧路一带,还叫作"新城铺"。

新的鄯阐城既是大理的政治中心,又是重要的商品集散地。当时从大理到今天的四川、贵州、广西的三条重要商道,都要经过鄯阐城。大理输出的战马、鞍辔、赤藤杖、云南刀、披毡、麝香、药材等等,都要经过鄯阐城运到邕州的横山(今广西的田东),和宋王朝进行交易。从宋王朝输入汉文书籍、丝绸锦缎和各种工艺品等,也要经过鄯阐运入大理。频繁的经济文化交往,使鄯阐城很快繁华起来。鄯阐城的经济、文化面貌,越来越接近内地的水平。

○元代"壮丽大城":中庆城·昆明县

蒙古宪宗四年(1254年),蒙古大军拿下云南之后,实行军事管制,在鄯阐万户府下设置昆明二千户——今天的滇池地区被称为"昆明",就是从这时开始的。至元十一年(1274年),忽必烈派亲信赛典赤·赡思丁担任云南行省平章政事,主持云南大计。

得胜桥原名大德桥,始建于元代的大德年间,有"一桥横贯日之虹"之誉

始建于元代中后期的官渡妙湛寺、塔

赛典赤到云南后，撤销军事管制体制，正式建立云南行省，为全国11个行省之一。在行省之下建立路、府、州、县。云南地区又一次正式成为中央直辖行政区，"云南"也首次成为中央直辖行政区的名称。至元十三年（1276年），赛典赤把昆明二千户改为昆明县，隶属于中庆路。中庆路府设在原来的鄯阐城，叫中庆路城。除了昆明县外，中庆路还管辖富民、宜良两县，并辖四个州：嵩明（辖杨林、邵甸）、晋宁（辖呈贡、归化）、昆阳（辖三泊、易门）、安宁（辖禄丰、罗茨），大致奠定了今天昆明市的规模。赛典赤又把省会从洱海边的羊苴咩城迁到中庆城。从此，云南的政治、经济、军事、文化中心就正式转移到了今天的昆明地区。

毁于民国之初的白塔，本来是元代的遗物

鄯阐城在战火中受损严重，经济初步得到恢复之后，赛典赤就在旧城基础上重建中庆城，城区范围向北扩大，北端大致到五华山，南端大致到今土桥，东端大致到盘龙江，西端大致到今福照街、鸡鸣桥一带，中心则是今天的三市街，全城南北长而东西窄，规模超过了南诏的上都和大理的东都，把今天昆明城中心的大致轮廓勾勒出来了。中庆新城是夯土城，留下的遗址有两座桥：一是元代大德年间建成的盘龙江大德桥，就是今天连接拓东路和金碧路的得胜桥；一是元代至正年间建成的盘龙江至正桥，就是今天长春路东面的溥润桥。如今经过改建，原貌早已经看不出来了。

把云南行政中心迁到中庆城（今昆明城）的元代平章政事赛典赤把自己的坟墓留在昆明五里多

中庆城是当时云南最大的城市，被欧洲旅行家马可·波罗称为"壮丽的大城"。他在《马可·波罗游记》中写道：城中有商人，有工匠，有各种各样的宗教信仰者，是一个多民族杂居之地，盛产大米、小麦，但主食是大米，并能酿制"清澈可口"

老城池

的美酒。城边的滇池"广有百里,出产各种鱼类,有些鱼的体积甚大",堪称"世界最良之鱼也"。这里还有许多盐井,足以自给,百姓习惯用盐制作腌肉等,盐税还是国家的大宗收入。交易时使用的是贝币,兼作头饰——贝币是云南历史上早就使用的货币。赛典赤到云南后,曾有人建议改用中原货币,但赛典赤从实际出发,仍然保留了贝币。从马可·波罗的见闻看,赛典赤的这个决策对"壮丽的大城"起了积极作用。

据说,兀良合台率蒙古大军杀奔鄯阐城而来,问身旁纳西族大将阿良:"这是什么城?"阿良应声道:"矣赤。"兀良合台一愣:"鸭赤?"这个地名就这么过了。于是,鄯阐城又被称为"鸭赤"城,或作"押赤",或作"雅歧",音同字不同而已。据方国瑜考证,"矣赤"是纳西族对鄯阐城的称呼,意思是"南方"(《中国历代疆域图西南地理考释》)。

○明、清云南府城·昆明县

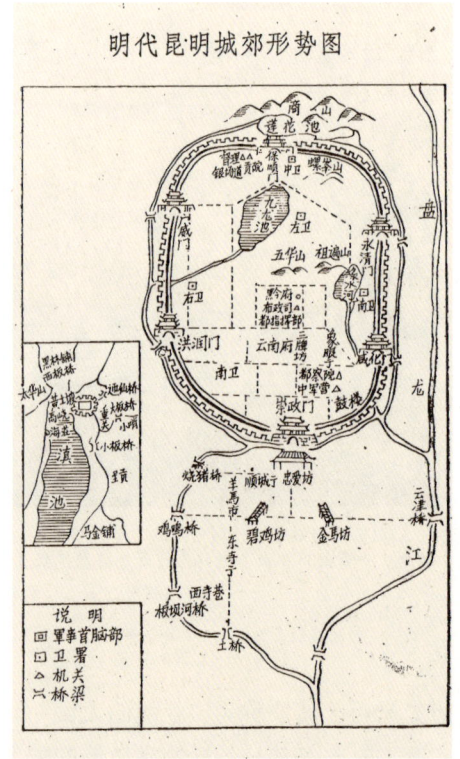

明代云南府城(昆明城)形势图(原载《昆明市志长编》)

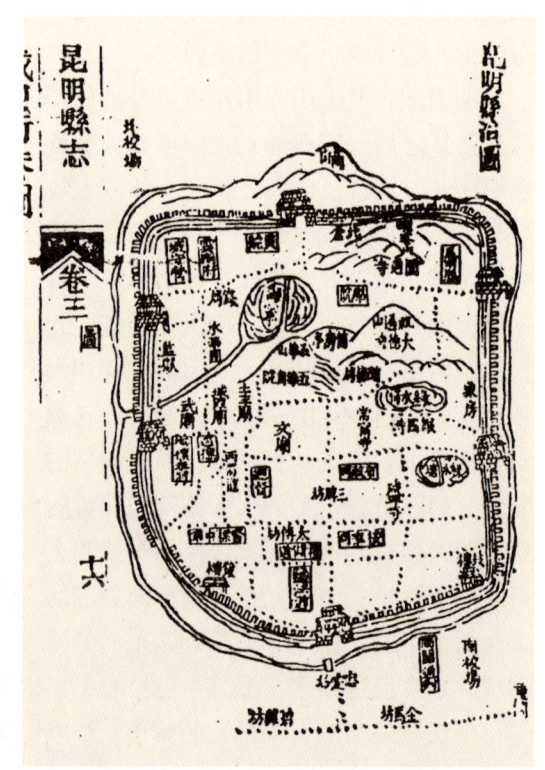

清代昆明城地图(原载清道光《昆明县志》)

明洪武十四年（1381年），太祖朱元璋派傅友德、沐英等率领30万大军平定云南后，班师时留下沐英镇守云南。当时20万土著武装进攻失败，原中庆城的土城墙已残破不堪。沐英决定放弃土城，另外修筑坚固的砖石城墙，把原来南城（今三市街、金碧路一带）商业区划到城外，仅把衙门、官府、兵营和一些寺庙圈在城中，又向北把城墙延伸到螺峰山上，居高临下，控制险要。翠湖也被圈进城内，以解用水之需。全城周长约九里三分，实测面积约3平方公里。

明洪武十五年（1382年），朱元璋按照内地的行政制度，设置了云南布政使司，仍驻昆明城，直属中央管辖。行政上改中庆路为云南府，云南府驻新城，称云南府城。云南府下设四州九县，四州为嵩明、昆阳、安宁、晋宁；九县除了昆明外，还有呈贡、宜良、富民、三泊、禄丰、易门、归化、罗茨，基本上保持了元代的格局。

清代沿袭明代制度，仍然以今天的昆明城为省会，称云南府城为省会或会城。云南府辖八县：晋宁、宜良、嵩明、富民、呈贡、易门、禄丰、罗茨。清代云南府城修了23次，城内衙门达到30多座，比明代大为增加，但城市规模没有太大的发展。清代后期，云南府城内外商业繁华。据统计，

老城池

明清昆明城大西门

明清昆明城小西门

明清昆明城北门

明清昆明城大南门

明清昆明城小东门

明清昆明城大东门

清末府城人口约10万,城内外大小街道有150多条,大小巷道400多条,桥梁70座,祠寺151座。

○从明代"小南京"到清代移民"填昆明"

明代初期,为稳定在云南的统治,明太祖朱元璋实行了云南历史上规模最大的移民。最早的移民来自明朝征滇的30万大军,后来不少军人留在云南,参加屯垦。云南平定之后,沐英又回朝带来了250万移民,后来沐英的儿子沐春再移来30万江南(南京)人,加上征调来屯戍云南的军民,沐春移民不下50万。如果扣除这些数字中的水分,减去来云南途中死亡、流散的人口,再加上充军流放到云南的人数,有学者估计,明初迁入云南的移民大约为120万,而当时云南的总人口不过200多万。直到元末,云南还是一个以少数民族为主的边疆省,明初朱元璋大举移民之后,这种情况才出现了变化。

明初的昆明叫云南府城,是全省政治、军事、经济和文化中心。沐英受封黔国公,世代在此镇守,府城和府城附近都是沐英驻军布防的重点。移民来到云南,沐英又多把他们留在昆明,以改变昆明的人口结构,保证昆明和沐家的安全。明万历年间,云南右参政谢肇淛在《滇略》中说：明初朱元璋把江南良民和罪犯举家迁到云南，导致当时的昆明城中"土著者少"而"寄籍者多"。当时昆明汉人多从江南迁徙而来，说得一口的"金陵（南京）腔"。昆明城中，"衣冠礼法，语言习俗"，大多和南京差不多。"二百年来，熏陶渐染"，昆明"彬彬文献"，和内地相差无几，有"小南京"之称。明万历年间到云南做官的学者冯时可也说当时的昆明"城郭壮丽，街衢整洁，士女装束、言语皆如金陵（南京）"（《滇行纪略》）。

直到清末，人们还能在昆明找到不少南京市井习俗。罗养儒在《纪我所知集》（《云南掌故》）中说：过去很多昆明方言和南京话类似。最明显的是和人谈话，不离"您家"两字，而且把"您家"念成"您且（读平声jiē）"。罗养儒还说："昆明人偿伸中指以向人，亦是江南人不满于对方之一种动作。昆明人之治肴，亦多类似江南人之烹调。更有几种事业，在情景上，直似南京人。如做水鞋、打皮底之铺，都是以凳搭板，成一约及二尺高之平台，人坐其上而工作。又昆明之兑换银钱铺，在形式上亦与南京相同。又甜浆馆之门面与其出品，亦与南京的相同。又银匠铺陈列各种银器之形色，亦是与南京的相同。此外，尚有很多的行业铺，亦无不形色相似也。"

清代后期，昆明"新移民"又多

老城池

清末金马坊下的昆明人

民国初期忠爱坊前的昆明人

昆明北门外的乱葬岗，底层老昆明人最后的归宿

蓝龙潭附近的墓地，中上层老昆明人的最后归宿

来自四川、江西、湖南和两广等地，其中有经商者，也有手工业者，形成了广帮、江西帮、湖南帮、四川帮、浙江帮、陕西帮等地方商派，并在昆明城里建起不少会馆。如前面提到的四川会馆、江西会馆、两湖会馆、陕西会馆、湖北麻城会馆、福建会馆、江南会馆、浙江会馆、两粤会馆、迤西会馆、建阳(水)会馆、石屏会馆、八省会馆等——可见当时移民之盛。

这些新移民的到来进一步改变了昆明城的居民成分。滇越铁路通车后，来昆的两广商人迅速增多，"由金马坊至云津铺之一大段街上，便为两粤商人聚集之地，专营广洋杂货商业，遂自名为广聚街"，另一方面，老昆明人越来越少，"遂被淘汰"（《昆明市志长编》）。

清末新移民中以四川人最多，当时昆明"织机的增加从四川人迁来时开始，他们为本省人口过多而引起可怕的生存斗争所迫，迁来本城，便开始织布，后来四川人愈来愈多，目前云南大部分织布匠都是四川人"。"由于四川织布工匠的移居和印度棉纱的大量进口，近几年云南省城内织布业有了显著增长"（《中国近代手工业史资料》）。不仅是织布，清末"轿夫、剃发匠、栈伙、厨役诸工，几无一而非四川人。裁缝及零星贩卖之流，几全操于江西、两湖人之手"（谢彬《云南游记》）。不仅昆明"东南城外全属四川人占籍"（清光绪《云南地志》），就是在南校场旁，也出现了一条四川街（今金碧路东端）。昆明有童谣唱道：

小四川，背着包袱上云南。

启刀子，磨剪子，

毡子街上卖竹子，

珠市桥边摆摊摊。

○从"云南市"到"昆明市"

民国初期建成的近日公园护国纪念标

辛亥革命中，昆明爆发"重九起义"，推翻了清王朝在云南的统治，建立了云南军政府。1913 年 4 月，当局裁撤云南府（辖今昆明一带），昆明县得保留，直属省政府管辖。昆明市区仍然属于昆明县，但市政管辖权划归省会警察厅。1919 年，当局实行"民治"，设立云南市市政公所，驻翠湖海心亭，管辖昆明市区。1922

年成立昆明市，云南市市政公所改名昆明市政公所，管辖地域面积17.96平方公里，大致东到大树后营，南到官渡，西到渔街子，北到黑龙潭。1928年，昆明市政公所改名昆明市政府，并于8月1日在古幢公园召开成立大会，市民代表向首任市长赠送了一座半身铜像，高3尺多，成为当时昆明街谈巷议的热门话题。

1934年，昆明市辖地再次扩大，新划入市郊大小村子27个，人口超过20万，此后昆明才得正式设市，并于1939年成为省辖市。当时的昆明市地域东到席子营、苏家庄一带，东南到菊花村；南到俸家湾、刘家地一带；西到六合村、荣家营一带；西南到白泥坡；北到林家凹、大马房一带；东北到小厂；西北到王家坝一带。

昆明设市之后，市容市貌有了一定的发展和改变。1935年5月，蒋介石和宋美龄曾到昆明视察。宋美龄发现"昆明城的街道十分干净整洁，建筑物都是统一色彩，和我们在其他地方见到的那些杂乱的建筑物相比，使人感到更舒服"。宋美龄感叹道："昆明街头的行人已分为左、右两边行走，并以最有秩序的办法往返。"蒋介石也高兴地表示，云南"矿藏丰富""气候良好"，"如果我们要建设工业，应当从云南入手"（转引自《昆明城市史》）。

民国初期改造并加铺石板的正义路

清末的南正街

老城池

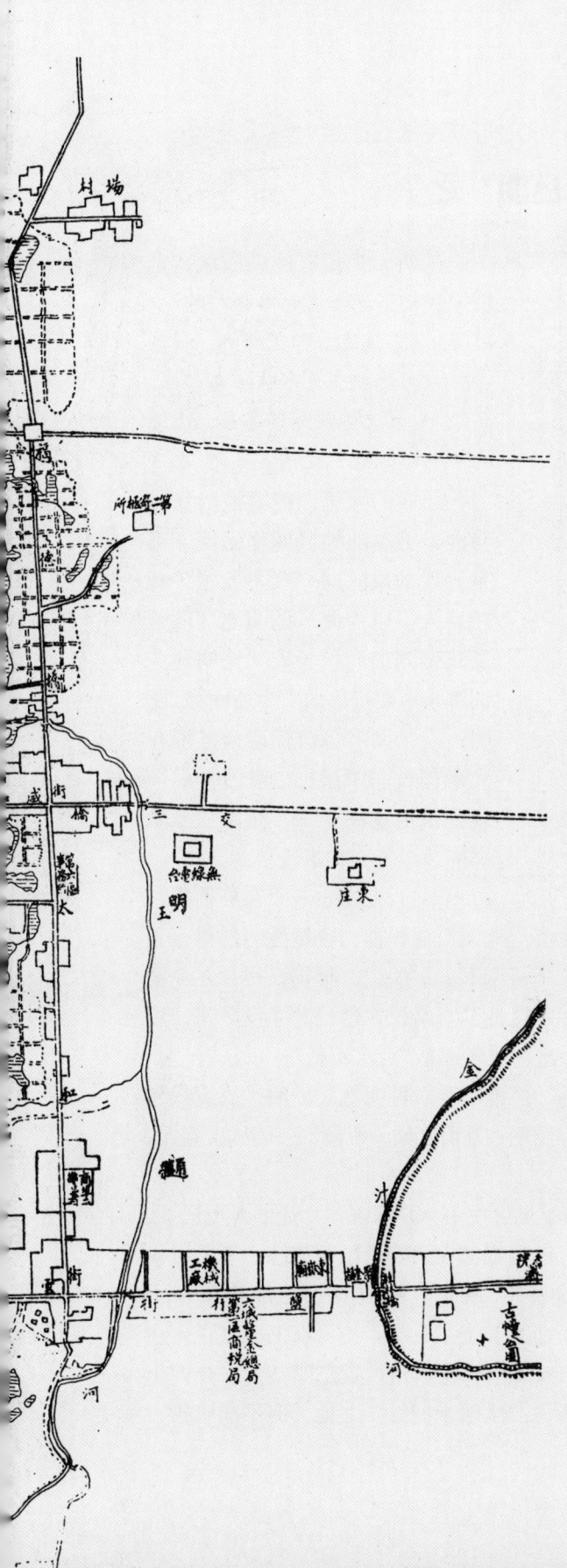

老城名

昆明城曰"昆明",号称"春城",自古为山国奇地,历来解读"昆明"、解读"春城"者不少:有以汉语解读者,有以彝语解读者,有以羌语解读者,有以白语解读者,有以壮语解读者,有以史书解读者,有以诗词解读者。各执一词,言之凿凿,读来趣味盎然,获益匪浅。

○昆明地称"昆明"之争

昆明大观楼有一副楹联,是清末民初云南学者赵藩题写的:

滇池非即昆明池,误认汉习楼船,元人殊陋矣;

汉县原为谷昌县,上溯开疆筚路,庄蹻实先之。

此联的意思,把滇池叫作昆明池,把滇池地区叫作昆明,都是元代的事。这一叫不要紧,却让后人误以为此"昆明池"就是汉武帝刘彻开凿长安"昆明池"训练水军要进攻的那个西南夷"昆明池",又引得清代诗人孙髯在大观楼长联中误把"汉习楼船"栽到滇池湖中——"元人"孤陋寡闻,贻害实在不浅。

不过,赵藩也有点冤枉前人。

西汉《史记》中首次出现"昆明"二字

按《后汉书·西南夷传》记载,汉武帝时在滇池地区设益州郡,曾把昆明部落也划归益州郡管辖。再按唐人樊绰的《云南志》(《蛮书》)所记,早在汉代,在今昆明城区一带就有座"昆川"城,而滇池又称"昆池"。隋代在滇池北岸设昆州,唐代的《南诏德化碑》仍称滇池北岸为"昆川",这些地名都是"因水而名"——从"昆池"而来的。元代改"昆州"为"昆明县",称"昆池"为"昆明池"。明代谪滇状元杨慎有《海口行》诗:"君不见,云南有水称昆明,万山之巅一泓倾"——从汉到元,一脉相承,岂可独责"元人殊陋"?

不过,赵藩本意未错。"昆明"二字最早见之史书,是西汉司马迁的《史记》,指的是在今洱海地区活动的一个游牧民族,就是刘彻在西安凿昆明池练水军要讨伐的那个"昆明"。因昆明族群流动大,活动地域广,历史上称"昆明"之地共有9个。除了汉代的洱海地区外,清道光《重修云南通志》记了三个:按《汉书》之说,在今天大理的永平县,此其一;唐武德四年(621年)在嶲州设置昆明县,在今四川的盐源县,此其二;《新唐书·南蛮传》所说"昆明十四姓"之地,但不能确指,此其三。再按《华阳国志》所记，晋代的"昆明"在今天的滇西、滇中、滇东北一带；按《三国志》所记，当时的"昆明"在今天的滇东北富源至曲靖之间某地；按《丽江府志略》和《寰宇通志》所记，唐代的丽江一带也有个"昆明"；按《新五代史》所记，后唐时今天贵州的安顺还有个"昆明"；而按《元史》所记，元代的"昆明千户"和"昆明县"无疑就在滇池边（见顾视高《续昆明县志》等）。1922年设立昆明市，1953年昆明县并入昆明市。历史上的9个昆明，最后就仅此一家，别无分号了。

○ "昆明"的汉语解读

"昆明"一词在史书中用了几千年，昆明城也早就名扬天下，而"昆明"两字的含义，却一直没有明确的解释。从古至今，"昆明"只作为族名和地名出现，"昆明"词义也众说纷纭。

按汉代许慎的《说文解字》，"昆"的字形由"日"和"比"会义，意思是"同"；"明"的字形由"月"和"囧"会义，意思是"日月照耀"。还有一种说法，昆的另一个意思是"虫"，"昆明"的意思是昆虫"得阳而生，得阴而藏"。这倒和如今昆明人自嘲为"昆虫"不谋而合。

民国《昆明市志》说，昆明北边的梁王山又叫昆仑山，"昆明"取义于"云南洪水退除，昆仑山南方有黎明景象"。此地命名"昆明"，不外乎"标识云南之文明景象"。更因为云南边疆落后，称省会为昆明，"日月相推而明生，可以烛照一切"，追赶内地各省，"或其光明更著，可以照耀各先进省也"。若将"昆明"二字拆开，则"昆"为"日""比"二字合并而成，即"日日相比"之意，比喻此地"文明将日比一日进步也"；"明"为"日""月"二字合并而成，即"日月合璧"之意，"言其前途发达将如日月之升恒也"。还有人说"昆明"的意思为"与日月比明"，或为"常年阳光普照"，或为滇池"池水光明如镜"等，这些说法都有附会之嫌。在今昆明之外，历史上许多地方都有"昆明"之称，如洱海地区，如宁蒗、盐源，如丽江，如安顺等，要说意思全是"标示省会文明"或"与日月比明"，恐怕勉强。

民国《昆明市志》如此解释"昆明"二字

○ 少数民族语言中的"昆明"

有学者认为,"昆明"二字最早出现在司马迁的《史记》中,是西南夷一支同时也是氐羌族群一支的族名。因此,"昆明"的词义应该用羌语来解读。

《新唐书·南蛮传》说"昆明蛮,一曰昆弥"。这个"昆明蛮"分布十分广泛。在羌语中,"昆"是族名,"明"或"弥"的意思是"人"。今天氐羌族群后裔的普米族仍然称人为"米",羌族自称之一也是"米"。至于"昆"在羌语中的意义,有学者考证为"雪山"。这样,"昆明"一词的意思就是"雪山上的人"。据说昆明族祖先原居古康藏高原,到处是雪山,"雪山人"之说,应当可信。

有学者提出,"昆明"应是彝语"嘿咪"的音译。在彝语中,"嘿"是海,"咪"是地,"嘿咪"就是"海边之地"的意思。"昆明"族早先在洱海一带游牧,东汉以后又定居在滇西洱海和滇中滇池地区,用"嘿咪"(海边之地)作为自称,也是很自然的。在今天昆明

元代昆明《筇竹寺圣旨碑》中有"云南鸭池城子玉案山筇竹寺"的字样

的地名中,像这样以彝语方言音译转化而来的还有不少。所谓"昆明",最早是部落名,后来又演变成湖名、池名、地名、县名、城名,脉络也是清楚的。

有学者论证说,白族把居住在洱海边的人称作"杲弥",古代汉语中"杲"音近"昆","杲弥"发音与"昆弥"或"昆明"相似,则秦汉时居住在洱海边的居民就是"昆弥"人或"昆明"人,意思都是"近水的民族群"(施立卓《洱海考》)。

还有学者认为,"昆明"是古百越语言。用今天百越后裔壮族语言翻译过来,"昆"意思是"人",而"明"专指彝族。"昆明"的意思就是"彝人在的地方"(黄懿陆《壮族文化论》)。

昆明农家在秋收后的稻田里放鸭子

○昆明城郊县、区、市全部有彝名

昆明市远郊有呈贡区、晋宁区、东川区、安宁市、富民县、嵩明县、宜良县、石林彝族自治县、寻甸回族彝族自治县、禄劝彝族苗族自治县等六县三区一市，见之《昆明地名志》《云南地名探源》等书记载，这些县、区、市的名称都和彝族的先民乌蛮有关，有的就是从彝语音译转化而来的。

昆明东南郊彝族

"呈贡"之名，多说因地方特产宝珠梨，旧为贡品、多呈京师，其地因此得名"呈贡"。其实并非如此。按《呈贡地名志》，"呈贡"本为彝语"扯过"的音译，后经雅化而来。"扯过"即"柴谷"，"扯

昆明宜良彝族

（柴）"意即稻谷；"过（谷）"意海湾、坝子，合起来意为"盛产水稻的海湾坝子"。从呈贡物产看，此说是可信的。

"晋宁"因晋代设宁州得名，在唐朝的武德初年，以纪朝代，兼寓"安宁太平"之意，这是没有问题的。晋宁是滇池畔最早的人类聚居地，庄蹻的滇国都邑就建在这里，西汉元封二年在这里设置滇池县。"滇"是古代居住在今天晋宁一带的氐羌"叟"人自称的土语音译，后来派生为地名，其居住之地称"滇"，其地之湖称"滇池"，则"滇池县"出自叟人无疑。古叟人和今天的彝族有族源关系，那么汉代的滇池县（即今晋宁区）的古称，当然也和彝族有关。

富民县在宋元时期称"黎灢甸"，元代在此设立"黎灢千户"。"甸"是彝语，意思是"小平地"。明代《滇略》说：富民之地"乌蛮居之，曰黎灢甸，元改今名"。乌蛮是今天彝族的先民，黎灢甸为彝语地名就确凿无疑了。

"嵩明"之得名，历代史志众说不一。总而言之，西汉时其地属益州郡，为乌蛮车氏居住之地，后来乌蛮强盛，汉人迁徙他处，与乌蛮在城南筑土台盟誓，因为土台面对秀崧山，得名"崧盟"。传说三国时诸葛亮南征，也曾与孟获盟誓于此。宋代大理国时期，"崧盟"成为当时乌蛮三十七部之一的名号，元代设置崧盟万户府，

昆明石林彝族

昆明禄劝彝族

后来高氏土司在这里重修金城而居,遂改名"嵩明",与"崧盟"谐音。这里的"乌蛮"是今天彝族的先民,"嵩明"之称当然与彝族有关。

宜良县在宋大理时称"纪良",元代以"纪""宜"音近,改称宜良。但它也有个古名叫"罗裒笼"(《读史方舆纪要》),因为陈、隋时当地民族头领罗氏在此筑城得名。据考,"罗裒"为部落名,"笼"的彝语义是"城",从此可以看出,宜良城也是彝族先人修建的。

石林彝族自治县原称路南县,元、明、清三朝志书均记路南"夷名路甸",当地彝族则称"路底"。"路"在彝语里的意思是"石头","甸"和"底"的意思都是"坝子",合起来意思就是"石头坝子"。路南应当就从这个"路甸"雅化而来。一说"路南"是彝语"鲁乃"的谐音,"鲁乃"的意思是"长满黑石头的地方",也和"路甸""路底"的彝语意思相近。

"寻甸"二字也和唐、宋时期的乌蛮三十七部有关,按《元史·地理志》记载,这里原来是"乌蛮之裔"新丁的地盘,后来"新丁"成为部落的名号,又成为地名,雅化为"仁地"。而按《大明一统志》的说法,这个"新丁"被南诏称为"寻甸",后又被大理称为"仁德",明代又称"寻甸"至今。

"禄劝"在彝语中称为"洪农碌券甸",是彝族对当地一个小坝子的称呼,意为石头山梁下的坝子,或硬石头坝子。元代建州时,从中取"碌券"二字,以近音改称"禄劝",以示雅训。元代称禄劝州,清代改为禄劝县至今。

"安宁"从字面上看含义十分明显:"安宁太平"是也。但是,据《景泰云南图经志书·安宁州》记载,汉代安宁被称为连然县,又名螳螂川,当地民族称阿宁部。大概和乌蛮三十七部有点儿关系。早年东川乌蛮头领阿宁乘坐车牛路过此地,牛老是舐着地面不愿离去。后来取土熬出了盐，再深挖此地，发现了一口大盐池。为纪念阿宁的功德，就把这里称为阿宁。元代改为安宁州。

一般认为，"东川"因地处会川（今四川会理）以东得名。但也有人认为，"东川"是"东爨"的转音。东爨是隋代和唐代前期生活在今天滇东的民族，其中的"乌蛮"就是如今彝族的先民。当时东川为乌蛮之地，在东爨境内，因称"东爨"，一音之转，就是"东川"。而在彝文古籍中，东川又被称为"糜莫""昭阿已夺"，明代的《云南通志》则说东川古称"东川甸"——"甸"是彝语，意思是"坝子"。后来乌蛮一族得了此地，改称"那札那夷"，也是彝语。

回头再看官渡区，"官渡"当然是汉名。但官渡村早年又称"蜗洞"，这个"蜗洞"也出自彝语，意思是螺蛳城。

昆明郊区10个县、区、市都有彝语名称，这也从一个侧面证明，彝族先民确实是最早居住在滇池地区的民族之一。

○让古人"莫名其妙"的彝族语音地名

明人谢肇淛在《滇略》中说："云南'山川村落'之名'多用语助字'，如'者''乐''甸''矣'之类，多得记不过来。如此地名，不知是方言还是当地民族语言，让人笑破肚皮。"既然谢先生已猜到是当地民族语言，又有什么可笑的？令人不解。云南本来就是各民族聚居之地，在地名上肯定会有反应。清代学者师范就说，云南和昆明的一些带"甸""赕""崄"字的地名，本来是南诏、大理的遗风。还有山川村落多用"矣"字、"者"字打头，村哨谓之"喧"，保甲谓之"牛丛"等，"实难晓其义"，其实都来自当地民族语言（《滇系》）。

如谢肇淛所说的"者"，今天昆明东北郊有个汗马者村，出自彝语，意思是"汉兵驻过的地方"；禄劝县有个者广村，也出自彝语，意思是"奴隶耕种的田庄"；嵩明县有个者纳村，出自彝语"扯纳"，"扯"意思是谷子，"纳"是黑，"者纳"就是"种黑谷子的地方"；富民县有个者北村，出自彝语的"衣白求"，意思是进行铜器交易的街子。

再看谢肇淛所说的"乐"。昆明西郊有个大乐居村，原名"来鸡"，出自彝语，意思是"很喜欢的地方"，后改名为"乐居"，算是意译。昆明西北郊有个大乐亩村，也出自彝语，意思是"山形似虎的地方"。昆明呈贡区有个可乐村，原名"他拉吴"，在彝语中的意思是"树木多的大村庄"。富民县有个乐在村，彝语名"噜彩"，"噜"为龙，"彩"为桥，意思是"有龙潭和桥的地方"。禄劝县有个乐乌村，彝语意思是"石头城"。禄劝又有个乐业村，彝语意是"石头山嘴子"。禄劝还有个乐作尼村，

清末昆明街子上的彝族农民

民国初期进城的撒梅人妇女坐在街边休息

民国时期昆明城郊彝族妇女

清末昆明彝族撒梅人妇女

彝语意也是"石头山嘴子"。

谢肇淛所说的"甸",在昆明地名中也不少。在彝语中,坝子被称为"甸",指山间小盆地。呈贡区有个七甸村,这个"七甸"来自彝语"雌甸","雌"意思是羊,"甸"是坝子,意思是"羊多的山间坝子"。晋宁区有个法古甸村,彝语意思是"岩石旁的小平地"。昆明西北郊有个禹都甸村,彝语意思是"出水处的小坝子"。昆明晋宁区有个法古甸村,彝语意思是"岩石旁的小平地"。晋宁还有个甸心村,因在田坝中心得名。嵩明县有个甸头村,因位于牧羊坝子首部得名。晋宁区和富民县也有个甸头村。此外,嵩明县和宜良县都有甸尾村,安宁有甸东村、甸中村,还有个始甸村。

最后来看谢肇淛所说的"矣"。在彝语中,"矣"是水的意思。昆明城南有个矣六村,这个"矣"的彝语意思就是"水",这里的"六"也不是数字六,在彝语中发音"龙",意思是"城"或"大村子","矣六"在彝语中的意思就是"水边的大村子"。此类地名不少。如昆明东北郊有个矣纳村,彝语的意思是"河边的黑彝村子";嵩明县有个矣铎村,彝语意思是"有龙潭的地方"。嵩明还有个矣得谷村,彝语意思是"靠水边中间的村子"。石林县有个矣维哨,彝语意思是"分水岭上的哨卡"或"分水而饮的哨卡"等。

有意思的是,彝语的"水"进入地名后,不但被音译为汉字"矣",还被音译为汉字"一",加上用汉语"一"的本义做地名的也很多,二者就更容易被混淆了。

如安宁有个一六街，以每月逢一、六赶街得名。如果知道安宁每月逢二赶街有个二街，每月逢七赶街有个七街，每月逢八赶街有个八街等，这就好理解了。昆明东郊有个一朵云村，晋宁区还有个一字格村，据考证，这两个村名的汉字表达看似一清二楚，还很有诗意，但据考证，两个村名都出自彝语，前者的意思是"出水的山箐"，后者的意思是"出冷水的山箐"，和"一朵云""一字格"的汉语意思风马牛不相及。彝语中的"水"走进昆明地名，还被记为汉字"易"，禄劝早年有个易笼村，按彝语的意思是"水城"，后来"笼"字又按谐音读为"龙"，这里又叫"易龙"，再往后，又改为"云龙"。其实，它与"云"、与"龙"都没有一点儿关系。

○不可望文生义的民族语音地名

昆明郊区以彝族语音作为地名的不少，有的汉字地名和彝语的意思有重合之处，如昆明北郊的沙朗村，彝语的意思是"多沙的小坝子"，和"沙"还真有点儿关系。富民县的对方村，彝语为"掏爬"，意思是"在对面山上的地方"，还真有"对方"的意思。但绝大多数汉字彝语音地名和彝语义相去甚远，如果望文生义，单纯从汉文字面上理解，往往莫名其妙，甚至误解其义，闹出笑话来。

昆明西北郊有个小墨雨村，这个"墨雨"不是"黑色的雨水"，其出自彝族语音，"墨"是竹子，"雨"是水边，意思是"水边有竹子的地方"。昆明北郊有个落索坡，也和"绳索"、和"坡"无关，其语音出自彝语，"落"的意思是多，"索"是人，"坡"是族，意思是"民族的大村子"。昆明西南郊有个鲁塔村，有上鲁塔，还有下鲁塔，全都和"塔"无关，也出自彝语，意思是"小山凹上边的村子"。呈贡区有个七甸，与"七"无关，这个"七"在彝语中读"雌"，意思是"羊"，"甸"是坝子，合起来就是"羊多的山间坝子"。在当地汉语方言中，"七"的发音近于"雌"，"雌甸"就成了"七甸"。

诸如此类的彝语音村名还有很多。如昆明西郊有个白眉村，与"眉"无关，意思是"山尾的村子"；西郊又有妥目村，与"目"无关，意思是"松树多的地方"；西郊还有个放姑村，与"姑"无关，意思是"石岩下面的地方"；

民国时昆明忠爱坊前的少数民族妇女

东郊有个大普莲村，与"莲"无关，意思是秧草地；东郊有个康郎村，与"郎"无关，意思是"竹篮"；西北郊有个谷律村，与"谷"无关，意思是"海桐树多的地方"；北郊还有个瓦恭村，与"瓦"无关，意思是"山脚多水的地方"；呈贡区有个七步场，与"七步"无关，意思是"出产稻谷的凹子"；禄劝县有个鹧鸪河村，与"鹧鸪"无关，意思是"弯曲的河道"；禄劝还有个咪油村，与"油"无关，意思是"用脚踩步子划分田地"；晋宁区有个木鲊村，与"鲊"无关，意思是"长着竹林的山坡"；晋宁还有个法多村，与"法"无关，意思是"岩石下面的水塘"；北郊有个母格村，与"母"无关，意思是"关马的地方"；呈贡区有个山母村，也与"母"无关，意思是"杨梅多的地方"；昆明安宁有个立格母村，还是与"母"无关，意思是"大船过处的村子"。嵩明有个阿达龙村，与"龙"无关，意思是"坡上的土司城"；禄劝有个龙花枝村，与"龙"和"花枝"都无关，意思是"龙潭街子"。

有的彝族语音地名已经转译了几次，其中的语义还是被挖掘了出来。昆明西郊有个白汉厂，从彝语"放罗抗"而来，意思是"陡石山脚的地方"。晋宁区有个鲁企租村，从彝语"尼格租"而来，意思是"居住在牛过水的地方"。晋宁区又有个绿溪村，从彝语"绿泽米"而来，意思是"石研臼村"。晋宁区还有个打黑村，来自彝语"迭黑米"，意思是"上面的水塘"。富民县的例子更多：拖担村，出自彝语"掏得"，意思是"青松树成林的地方"；拖卓村，出自彝语"掏栽"，意思是"有青松的斜坡"；祖库村，出自彝语"兆枯"，意思是"在山坳里居住"；杜朗村，出自彝语"嘟捞"，意思是"出水的山箐"；宜格村，出自彝语"尼格"，意思是"经常放牛的凹子"；普黑泥村，出自彝语"普衣奶"，意思是"生长秧苗的地方"等。

○ "误"出来的地名

昆明还有一些误会、误写、误读出来的地名。如昆明北郊有个老玉屯，就与"玉"无关。这个村子清代被称作"老邑屯"，意思是"老村子"，后来误写为老玉屯，也就约定俗成了。滇池东岸有个七十郎村，这是个汉语村名，但与"七十个儿郎"和"排行七十的男儿"都没有关系。据说早年这里有人下滇池捕鱼，一次捕获了70篮白鱼，因此得名七十篮村。因为当地方言把"篮"读作"郎"，村名也随之演变成"七十郎村"了。昆明西山后有个猫猫箐村，这也是个汉语村名，但与"猫"没有关系。早年这里有老虎出没，而当地方言称虎为"猫"或"猫猫"，这才叫"猫猫箐村"。晋宁区有个雅房村，1913年按谐音改为"马房"，也约定俗成了70年之久，到1983年又改了回来，仍然叫"雅房"。石林县有个大可村，据说原名"奇村"，后来"奇"字被人拆开，写作"大可"，后来将错就错，"大可村"一直用到现在。

昆明城西 13 公里处有个"车家壁",这里却没有车姓人家。这个"车家壁"从何而来?查明代大旅行家徐霞客的日记,说这里有个"赤家鼻",在西山脚下。清代称"赤甲壁",来源于村北的巨石,在斜阳照射之下,会映上一片红色,因此叫"赤甲壁"。徐霞客记为"赤家鼻",恐为谐音之误。1926 年建成的昆碧公路通过这里到碧鸡关,1937 年开通公共汽车时,据说主事者没听清"赤甲壁"三字,把站名写成了"车家壁"。久而久之,竟也约定俗成,"赤甲壁"村变成了"车家壁"村。可见当时公共汽车影响力之大。

有意思的是,昆明东北郊有个歌乐资村,与"歌"和"乐"都没有关系,有人说这是个彝语地名,意思是"上凹子",又有人说这是个汉语地名,原来有条古驿道通过村子,成了"过骡子"之地,一谐音就成了"歌乐资"。

○ "滇"出昆明

云南简称"滇",滇池也称"滇"——这个"滇"从何而来?

"滇"最早出现在西汉司马迁的《史记·西南夷列传》中。司马迁说,西南夷有十多个靡莫族小国家,其中"滇最大"——滇国最大。"滇"从此出,逐渐演变成整个云南的代称和简称。

"滇"为何意?自古以来,说法不同。

一为"地说"。

此说认为"滇"就是"颠",从地理现象而来。

西汉司马相如的《上林赋》有"颠歌"之名。王先谦在《汉书补注》中认为这个"颠"就是"颠县",因城旁有湖,才改为水旁,成了"滇"。

"颠"可以解为"颠倒"之"颠"。东晋常璩的《华阳国志·南中志》说:益州郡郡府在滇池县,旁有大湖,湖水"深广",而出水道(今螳螂川)"下流浅狭",如同倒流,所以叫"滇池"。北魏郦道元的《水经注》、南朝学者范晔的《后汉书》都作此说。他们的意思很清楚:滇池的"滇"就是颠倒的"颠"。明人顾应祥《昆明池歌》诗曰:"相传其水颠倒流,滇池之名由此始。"此之谓也。

近代《新纂云南通志·地理考》以更广的视角来分析这个"颠":中国山脉多从西北向东南倾斜,云南横断山脉却并肩从北南下,乌蒙山脉更从东北反走西南,延绵不绝,磅礴千里。中国大江多东流入海,云南境内怒江、澜沧江和金沙江却三江并流,长驱南下,怒江、澜沧江、元江、李仙江等更向南流出国境,直注大海。这种山河的"颠倒",又颠倒了古代大一统中央帝国的传统文化观念——所以,"滇"者,"颠"也。

滇王之印"滇"字在此

清康熙年间,江西进士、云南府(辖今昆明一带)同知刘昆因拒绝依附吴三桂作乱,被充军到腾冲。这时他写了本《南中杂说》,认为云南"山尽西向,水尽西流,汇为澜沧江,西入缅甸,出西海",而没有一水一石"朝宗于海,北卫神京",所以号称"滇中"。这个"滇"意思就是"逆","山逆水逆"——"云南之山川,叛地也"。跳出政治解读,刘昆之说并非没有道理。

"颠"又可解为"颠顶"之"颠"。东汉《说文解字》认为"滇"从"颠"而来,"颠"的意思是"顶"。滇地四方江河四泄低地,而滇池"独居高顶",因而称"颠",进而为"滇"。清末云南状元袁嘉毂引民谣曰:"一日上一丈,云南在天上。""颠"者,"天"也。滇池在高原,犹如在天上,因之称滇池。按唐《云南志》(《蛮书》)和《新唐书》的说法,"滇"是当地土著民族对滇池的称呼,意思也是"高处之湖"。近代《新纂云南通志·地理考》一语以蔽之:"滇池,以居全国之巅得名。"

一为"人说"。

此说与"地说"相对,认为"滇"起源于滇池地区早期部落居民的自称。司马迁在《史记》中所记之部落王国称"滇",从此生发开来,滇部落所在地之湖称"滇池",其王国称"滇国",其奴隶称"滇僮",其马称"滇马"。方国瑜在《滇史论丛》中说:"'滇'字当是土语音译,并不必从字面附会解说。""至于'滇'区域,当初只会是一个部落名称,后部落联结,用此称号,而区域扩大。""滇"才成为云南简称。

不过,"滇"究竟从何种土语语音翻译而来,说法又不同。或说"滇"从《华阳国志·南中志》所载氐羌"叟族""僰族"或"滇戎"族名而来,或说"滇"从《汉书·西羌传》

西汉《史记》记载庄𫷷到滇池

所载羌部落首领名号而来等。

至于氐羌语言中"滇"的意思，有学者认为，今氐羌后裔彝族称坝子为"甸"，指山间小盆地。滇池在昆明坝子中，极有可能称之为"甸池"。"甸""滇"一音之转，就成"滇池"了。

有学者认为，"滇"出自氐羌之说证据不足。滇池地区墓葬考古结果表明，先秦、两汉滇池地区居民与氐羌关系不大。又有学者认为，古滇国的主体民族是百越，按百越后裔壮族布越支系的语言，"滇"的意思是"亭""祠"或"厅"（黄懿陆《壮族文化论》）。《汉书·地理志》说"滇池泽西北"有"黑水祠"，石寨山古滇王墓中出土屋宇铜雕一说就是滇王的寝庙，以王祠"滇"为地名"滇"，又以地名"滇"为湖名"滇"，这也是可能的。

○"云南"与昆明

"云南"得名最早在西汉元封元年（公元前110年），据《汉书·地理志》载，当时"汉武开滇"，设置益州郡，下辖二十四县，其中就有个云南县，至今已有2100多年了。这个"云南县"在今天滇西的祥云、弥渡、凤仪和宾川一带。三国时蜀汉平定南中，又设云南郡，治所也在云南县。唐代南诏首领被封为云南王，在南诏属地设云南安抚司，随着南诏的扩张，全滇均称"云南"。宋代封大理段氏为云南节度，管的还是全滇。元初正式设云南行省，从此云南成为省名，直到今天。也许是"云南"两个字太中听，明代在"云南"这块土地上设了三个"云南"：一是云南省，包括了整个滇境；一是云南县，在滇西，遗址在今天的云南驿；一是云南府（辖今昆明一带），在滇中，府城在今天的昆明；民国初年昆明首次设市，却不称昆明市，而叫"云南市"——一个地名由县名到郡名、州名、府名、省名、市名，普天之下，唯有"云南"。

"云南"从何而来？是何意义？又妙在何处？自古说法甚多。有"云岭之南"说，有"彩云南现"说，有"云之南"说，有"云山之南"说，有"南边云下"说。云南人最为钟爱的是"彩云之南"说。按清代云南学者师范的说法"滇南独以彩云称，为彩云现于南中""云南实以彩云名"，而"彩云之出，由滇南山川气发而有然"（《滇系》）。清末云南"状元"袁嘉穀在《滇绎》中更是自豪地说："中华各行省以地理名者，曰山、陕、川、湖、河、粤、苏、浙、闽、甘、贵、新疆、龙江、吉林……惟云南取天文，抑一奇也！"——中国各省中，仅云南以"天文"得名。以汉字而言，"云南"之"云"，汉人刘熙《释名·释天》解释道："众盛意也。又言运也，运行也。"——又"众"又"盛"又有"运"，其妙不可言。

近代还有不少学者认为，云南出自本地的民族语言。如按壮语解读"云南"二字："云"为"飞"，而"南"为"土地"，"云南"就是"飞起来的土地"。而吴光范则认为"云南"与彝语有关。他在《云南地名探源》中说："羌人后裔之一的彝语支民族，其称水音译为汉字，留下了不少滇、易、矣、云一类近音的地名。"笔者查了一下，在地名中，"云"的彝语音是"以"，彝语意是"水"；"南"则从彝语音"乃"而来，意思是"黑"；又可从彝语音"甸""赕"而来，意思是坝子、地方；还可以从彝语音"捞"而来，意思是山箐、山谷——按此说，则"云南"的意思可以是"黑水流过之地"。《汉书·地理志》提到滇池西北"有黑水祠"，那么，这个"云南"就可以出自昆明地区了，意思可以是"有水的坝子"，也可以是"出水的山箐"。

昆明不少彝语地名与"云南"发音十分相近。昆明西山区有"明朗"，是彝族一支的自称，和"云南"音近，以此推论，"云南"很可能是昆明地区某一少数民族部落的称呼。富民县古称"黎㵎甸"，是彝族先民乌蛮居地。彝族称水为"以"，和"黎"音近。"㵎"音近"郎"，可按彝语义解释为"坝子"。那么"黎㵎"就是"有水的坝子"。富民县境内正好有条大营河，古称就是"㵎水"，"㵎水"就是"黎㵎"，"黎㵎"流经的平坝，就是"黎㵎甸"。明正德《云南志》记载，最早有个乌蛮酋长在这里建了座"马举龙城"，号称"梨㵎甸"。元代的至元年间立"梨㵎千户所"，后来才改为富民县。清康熙《云南府志》记"梨㵎城"在富民县东三里多的地方，元代曾在那里设置"梨㵎千户所"。无独有偶，与富民县相邻的禄劝县也有个"沙鱼郎"乡，意思是"有水的白栗树山箐"。"黎㵎"和"鱼郎"的发音和"云南"十分接近，按彝语的意思，即为"出水的山箐"或"有水的坝子"。元初在这里设"黎㵎千户"，至元十二年（1275年）改名富民县。按《富民县志》的说法，这一改是因为县境还算富庶，

"云南"二字首次出现在《后汉书》上

《元史》记载元初设立昆明县

庄稼一年两熟,所以叫"富民"。《新纂云南通志》记载,元初云南地名多用"土语"译音,读起来"不雅顺"。到至元年间大都改了名。如今看来,"黎㵎"二字,似乎并无不雅,唯与省名、州名、府名"云南"音近,颇觉不便,于是才有改动。照此看来,"黎㵎"和"云南"应该有一种内在的联系,意思

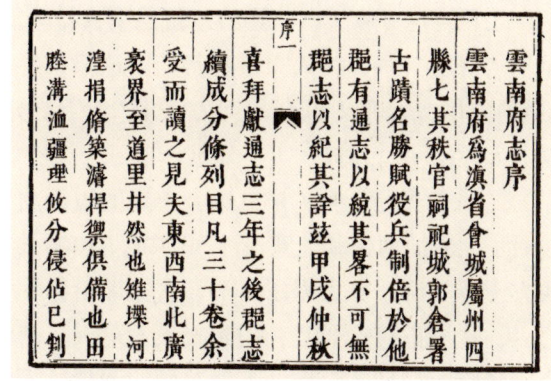

清康熙《云南府志》记载明清设云南府,昆明城为云南府城

都是"出水之箐"或"流水坝子"。吴光范认为:"'云南'也可能类似'易门''黎㵎''路南'等,疑是来于少数民族语言的改易地名。"这种说法是有根据的。这三个县距昆明都不远,易门曾隶属云南府,黎㵎今天叫富民,从来都是云南府的一个县,路南今天叫石林,也归昆明市管辖——明清两代的昆明城叫"云南府城"。民国初年,昆明首次设市就叫"云南市",如今看来,都有一定的道理。

○ "天下之异地,海内惟有此"

大自然对昆明的慷慨十分惊人:春天对人类特别适宜,它就让昆明"天气常如二三月,花枝不断四时春";海拔高于2000米则冷,低于1500米则闷,它就让昆明处于平均海拔1800米、北纬25°的滇池坝子之中;人体最适宜的气温是18℃到24℃,它就让15℃到20℃的平均气温在昆明保持整整7个月,让10℃到22℃的平均气温在昆明保持整整300天,其余日子的平均气温也接近10℃~22℃,为中国年温差最小的城市;它把昆明安排得既无夏,亦无

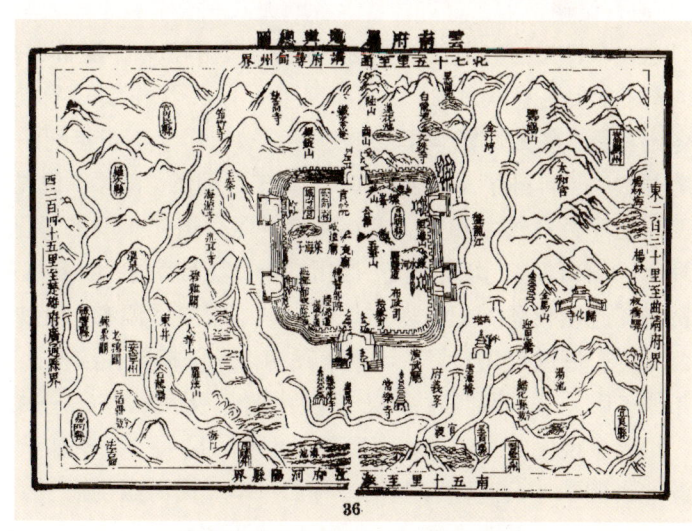

清康熙《云南府志》所载昆明地图

冬，无霜期达 230 天；它还特意把昆明安排为湿润地区，年均降雨量达 1007 毫米，年平均湿度 74%，为人类量身打造了这座"春城"，天作地合，海内惟、唯一，世所罕见。用晋人郭义恭的话来说，就是"天下之异地，海内惟有此"（西晋《广志》）——以"天厚昆明"为赞，实不为过。

　　昆明之"春"确实来自这方土地的得天独厚。横断山脉、乌蒙山脉突兀隆起，隔断了北来的西伯利亚寒流冰风，海拔 1800 米的滇池坝子迎来绕过青藏高原赶到的西方干暖气流，寒意姗姗而至，它立即给你一个热烘烘的太阳，于是北国千里冰封之时，这里正碧空如洗，阳光暖人。夏天，南来的印度洋暖湿气流赶来做客，暑热刚刚降临，它马上给你一阵凉荫荫的清雨，于是南国如坐蒸笼之时，这里却天高云淡，清风宜人。更不用说，五百里滇池静静地躺在昆明城边，默默地调节着昆明的气温和湿度——白天，滇池湖面比昆明城凉，风从滇池吹来，带来凉爽和湿润；晚上，滇池湖面比昆明城暖，风又从昆明城吹去，送走燥热和尘埃——于是昆明就不能不成为北纬 25°线上的地理奇迹，人类的宜居之地。

　　历代中国史地典籍，无不对昆明的"四季如春"推崇备至。早在西晋之时，郭义恭的《广志》就记载，建宁郡（今昆明一带）"冬不极寒，夏不极暑，盛夏如五月，盛冬如九月"。宋代《太平御览》称昆明"土气和适，盛夏之月，热不蒸，猛冬时，寒不惨栗"。元代中庆路儒学提举孙大亨在《大德桥记》中写道，中庆城（今昆明城）"山川明秀，民物阜昌，冬不祁塞，夏不剧暑，奇花异卉，四序不歇"。明万历年间礼部尚书兼东阁大学士朱国祯在《涌幢小品》中称"滇中风气，夏不甚热，冬不甚寒，日则单夹，夜则衾絮，四时一也"，又"镇日咸西南风，地多海子，似天造地设，以润极高之地"。明万历年间云南布政使参议冯时可更直言昆明"四季如春"（《滇行纪略》）。清初著名学者顾炎武在《肇域志·云南府》中写道，昆明"风光、日色、寒暑又与内地殊差，夏不盛热，冬不祁寒，夏日不甚长，冬日不甚短"，"四时有花，俱是春秋景象"。清康熙年间的《云南府志》称昆明"地濒大川，平原广衍，冬不祁寒，夏无溽暑，四时之气，和平如一"。雍正年间的《云南通志》则说这里"地势开阔，四时协序，气候尤和"。嘉庆年间的《滇系》说昆明"省会之区，地势开阳，四时协序，气候尤和""无祁寒溽暑"。道光年间的《昆明县志》也说昆明"岗峦环绕，川泽淳法，沟渎气流，原田广衍，夏无溽暑，冬不祁寒，四时之气，和平如一"。民国《昆明市志》记载得更具体："本市气候温和，无大寒大热。温度最高为摄氏 28.5 度，最低为 3.5 度。"清末民初作家陈桴园在给友人的信中说"昆明天气真好，不寒不暖""人谓四时皆春，我则谓小春天气，非二三月之困人天也"。

　　除了说昆明"四季如春"外，也有说昆明"四季如秋"的。清乾隆、嘉庆年间，湖北人檀萃在云南做官多年，写了一本《滇海虞衡志》，书中称："滇南气候，四时皆似秋爽，最宜读书。一雨寒生，即欲挟纩（棉衣）。古人称，广东四时皆是夏，一雨便成秋；滇南四时皆是秋，一雨便成冬。"

明代理学者冯时可既称昆明"四季如春"，又说昆明"日炙如初夏，稍阴如早秋，一雨遂如深秋"，而"夜卧必拥绵"（《滇行纪略》），又似冬日，则昆明一天而有四季。近代《续云南通志长编》更说昆明等地"一朝有四时""一日有四季"。一般来说，"气候温和，四季如春"，但"日炎如初夏，天阴如早秋"，民间有"六月无三伏，一朝有四时"的歌谣。又因为昆明"昼夜温差大"，可达十六七摄氏度，于是又有"上午如春、午后似夏、晚间如秋、深夜如冬"的说法，叫作"一日四季"。

○昆明何时称"春城"

昆明得天独厚，四季如春，以"春城"誉满天下。提起"春城"，人们总会说"春城无处不飞花"，此话出自唐代诗人韩翃的《寒食》诗，其中"春城"无关昆明——而昆明"春城"从何而来？

昆明人津津乐道的一首"春城"诗出自明代中期的嘉靖年间，是被充军到云南的四川状元杨慎所写《滇海曲十二首》之一：

苹香波暖泛云津，渔栅樵歌曲水滨。
天气常如二三月，花枝不断四时春。

诗写得不错，很有"四季如春"的味道，所记肯定是昆明，但没有把"春城"二字放到台面上来，有点儿遗憾。

杨慎描写昆明，又有《渔家傲·滇南月节》词：正月"滇南春色早"，有一个"春"字；二月"滇南春嬾婉"，又"美人来去春江暖"，还有"春日短，温柔乡里归来晚"，计有三个"春"字；四月"滇南春迤逦"，也有个"春"字；五月"清凉国里无烦热"，六月"水云乡里无烦暑"，也藏了个"春"字；七月"滇南秋已透"，八月"滇南秋可爱"而"春莫赛"，比春天还春天；九月"西山爽气当窗牖"，十月"滇南栖暖屋"，十一月"滇南云幕野"，十二月"屠苏已识春风面"，仍是一个"春"字了得，但差一个"城"字。

杨慎画像

记述昆明"四季如春"的诗文，早在唐代之前就有了。唐代南诏王寻阁劝到鄯阐城（今昆明）"避风"赋诗，写下一首《星回节》，清平官赵叔达奉和，留下了"河阔冰难合，地暖梅花开"之句，就有点儿"如春"的味道了。前面提到的元代孙大亨的《大德桥记》称中庆城（今昆明城）"冬不祁塞，夏不剧暑，奇花异卉，四序不歇"——与杨慎"天气常如二三月，花枝不断四时春"有异曲同工之妙，且早了两百多年，但仍然缺了关键的"春"字。

明人冯时可在《滇行纪略》中称云南"最为善地"，"六月即如深秋，不用挟扇衣葛""严冬虽雪，而寒不侵肤，不用围炉""地气高爽，无霉湿"；云南府城（今昆明城）更"四季如春，日炙如夏，稍阴如秋，一雨成冬"——今称昆明"四季如春"，当出于此，但差一个"城"字便是"春城"了。

这些诗文都记载了滇中昆明"四季如春"的特点，但就欠"临门一脚"，没有直接用"春城"二字称呼昆明。

笔者查了一下，杨慎诗词中"春城"二字用了好几处。如《早发解州》中有"冰霜残腊路，花柳上春城"之句，说的是山西解州；《送雷时若还蜀兼寄刘参之》："明年早遂联镳约，要及春城桃李期"，说的是蜀中；《玉台体》中有"归骑春城晚，风吹满路花"，《元宵雪》中有"娥月隐春城，仙云飘六霙"，所指不可考。这些"春城"的意思是"春天的城"，和"四季如春的城"不一样。

谁是直书"春城"昆明第一人？

有人提到清代诗人王思训的《野园歌》，描写的是吴三桂宠妾陈圆圆遗留在昆明的宫苑旧址，诗中有这样几句：

浮云渺忽春城隅，乐游谁拟姑苏台？

夷光未去起麋鹿，红墙绿树鸟栖哀。

此之"春城"，当指昆明无疑。

不过，又有人搬出杨状元的《春望三绝》之一，开篇就是：

春城风物近元宵，柳亚帘栊花覆桥。

欲把归期卜神语，紫姑灯火正萧条。

有人认为这个"春城"不一定指昆明，但《杨慎诗选》注家认定本诗"春城"就是昆明。因为《春望三绝》中的"首绝"中有这样一句："唱到梁州乡思多。"——"因闻《梁州》曲而思梁州故土，知为滇中所作"。而后句中又有卜算"归期"之说，记的也是远在云南，望乡之情。当然，还有一条理由，在百花凋零的元宵节前而能"花覆桥"之地，非"天气常如二三月，花枝不断四时春"的昆明莫属。

除此之外，杨慎的《晋宁观社将归留别诸君子》诗中也有"春城"二字：

东台北道苦相留，花月春城夜色悠。

锦伞夫人双毂转，金轮太子四门游；

九枝灯下开华宴，百戏棚中夺彩筹。

南北相过殊不远，绿波红屿更轻舟。

这首诗写的是诗人应朋友邀请，到滇池东南岸的晋宁（今天的晋城）观看春社游行，傍晚惜别北归的情景。诗人指着滇池北岸花月之下、夜色之中的春城对"苦相留"的友人说，两地相距不远，更有轻舟往来，随时可以相见。按《升庵年谱》（杨慎号升庵），此诗当写于明嘉靖二十七年，即1548年——由此看来，昆明正式戴上"春城"桂冠，至少已经有460多年了。

再查，杨慎还有一首《席上漫兴重赠罗果齐》，其中有"君侯载酒过春城"之句，也提到了"春城"：

君侯载酒过春城，画戟清香绛烛明。

珍重青云新意象，流连白雪旧歌声。

坐如泥塑还和气，醉若山颓未尽情。

知己相逢难遽别，席间漫兴又诗成。

杨慎晚年寓居滇池西岸的高峣，时任嵩明太守的罗果齐前来拜访，从云南府城（今昆明城）以东八九十里的嵩明先到府城，然后再乘船横渡滇池，到高峣登岸，因此有"君侯载酒过春城"之说——此中"春城"，正指昆明。

杨慎还写有一首《春夕闻雨起坐至晓寄熊南沙》：

半夜风声似水声，五更春雨遍春城。

被提芳草茸茸暗，镜睹天花灼灼明。

墙过村醪仍冻蚁，窗临海树已喧莺。

天涯节物催华发，同是怀乡去国情。

据说此诗作于嘉靖二十五年，即1546年，诗中有高峣乡居景物，所称"春城"，就是昆明。

一而再，再而三，可以确认，历史上是杨慎首先用"春城"直称昆明，成为直书昆明为"春城"的第一人。

老城标

民有图腾,兵有帅旗,中国古已有之。近代西风东渐,国家又有国徽、国旗、国歌、国花等等,下至一城,也有市徽、市歌、市花之设,以为一城之标志。民国初期,昆明设市之初,就有征集市徽、市歌、市花之举,以突显特点,培植自信,聚集人心,提振民气。后来先定了市徽,又定了市花,市歌却一直没有结果。然而,后来热血青年聂耳谱曲的《义勇军进行曲》成了中华人民共和国国歌,这是让昆明人真正值得骄傲之事。

○民国昆明市徽

昆明设市始于1919年，当时称"云南市"，设云南市市政公所。1922年才改称"昆明市"，设昆明市政公所，由云南大关人张维翰任昆明市政公所督办。张维翰上任之初，就大张旗鼓地征集、评选昆明市徽、市花和市歌，也算一个大型公关活动。后来市花、市歌的征集都没有结果，仅于1923年夏天确定了市徽。

1923年云南省公署制发的银质昆明市徽。

民国昆明市徽以蓝为底色，外以两圆相交，相交部分嵌有黄色的"市"字。如此设计，与民国《昆明市志》中对"昆明"二字的解释相关。《市志》称"昆"以"日""比"二字合并而成，意为"日日相比"，比喻"文明将日比一日进步也"，市徽用"两圆相交"来体现这个"日日相比"，用今天的话来说，就有"天天向上"的意思了。昆明的"明"由"日""月"二字合并而成，被《市志》赋以"日月相推而明生，可以烛照一切"，市徽中的"两圆相交"意思就是"日月合璧"，与"日月相推"同义，"言其前途发达将如日月之升恒也"。

另一个版本的昆明市徽，做得太繁杂

说到颜色。民国昆明市徽底色用蓝，意思是"雨过天晴，万象清明"。市徽用红线相嵌，据说是因为昆明位于中国南方，按五行学说，南方属火。因《易经》有"日中为市"之说，又把"市"字安排在两圆相交处中心，又因昆明位于云南中部，按五行之说，中央属土，这个

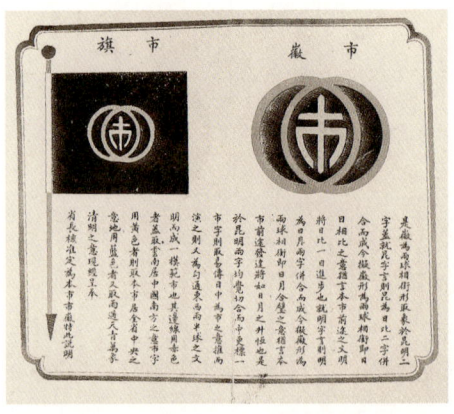

当年官方关于昆明市徽、市旗图案的正式说明

早年昆明学校的校旗上都有市徽

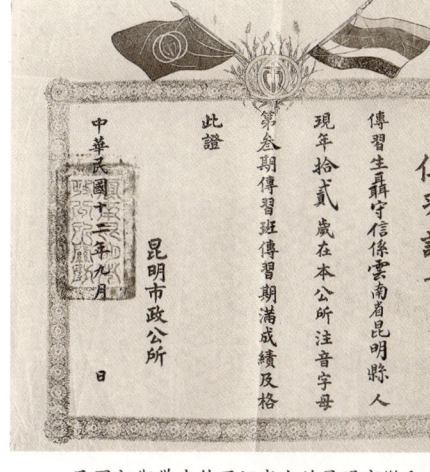

民国初期学生传习证书上的昆明市徽和市旗

"市"又为黄色。昆明市政当局希望用这个市徽表达了和市民一起"沟通东西两半球之文明而成为一模范城市"的愿景。

这个市徽设计可谓煞费苦心,但表现抽象,寓意深奥,手法隐讳,形象复杂,缺乏地方特色,不久就湮没了。

○金马碧鸡市徽

1988年,昆明设计过新的市徽,主要由金马碧鸡、日月交辉的图案组成,底色分红、白两种,1997年按全国统一规定弃用。

这个市徽以金马、碧鸡分列左右,上有"两圆相重"的设计,似乎与民国昆明市徽形成了某种呼应,是否也暗合了当年"日日向上"或"日月合璧"的意义,不得而知。

1988版的白底金马碧鸡昆明市徽

民国富滇银行发行纸币上的金马、碧鸡形象

自古以来,"金马钟秀、碧鸡呈祥"就是昆明人称颂故乡时常用的赞美之辞,而金马碧鸡的神话传说,至今也有两千多年的历史了。

其实,所谓"金马"就是滇马,又叫云南马。这种马生长在高原,善走山路,耐力特别强。"碧鸡"就是绿孔雀,也就是古籍中凤凰的主要原型。孔雀翠羽开屏,翩翩起舞,吉祥生辉,历来被人们看作瑞禽。马和绿孔雀都是古代昆明的特产。"金碧之神"传说的出现,是古代滇池地区人民群众以滇马、绿孔雀为基础,借助想象来支配自然、征服自然的一种创造。一直到今天,昆明民间还传说,很久以前昆明一带大旱,这里的人活不下去了。突然飞来一只巨大的碧鸡,展开翅膀,遮住了火辣辣的太阳。昆明人有救了,碧鸡却遭受着烈日的烘烤。正在这时,一匹金马飞跑过来,拼死搭救碧鸡,却被一阵雷电打倒在地。最后,金马、碧鸡双双死去,昆明人流着眼泪把它们安葬了。就在安葬金马、碧鸡的地方,涌出一大股泉水,解除了昆明地区的旱情,使昆明人幸免于难。

早年碧鸡坊前盛典上的昆明市徽旗,这又简洁得多

还有一种说法,认为金马、碧鸡很可能是生活在滇池一带的原始人类部落的图腾,金碧神话是从图腾神话转化而来的,这种说法也有一定的道理。

不仅在昆明城边,就是在昆明远郊的晋宁、安宁等地的山岩上,相传也有金马的蹄印,号称"龙马蹴云"。明人金秉清有《龙马蹄石》诗曰:

神驹从此骋驰驱,印出分明掣电蹄。

一勒嘶风云外去,淡烟芳草落花溪。

○"校花"和"省花"

1963年,诗人郭沫若到昆一游,得赏茶花,一下子把素有国色天香之称的牡丹贬到一边去了:

艳说茶花是省花,今来始见满城霞。

人人都道牡丹好,我道牡丹不及茶。

云南"状元"袁嘉谷先生

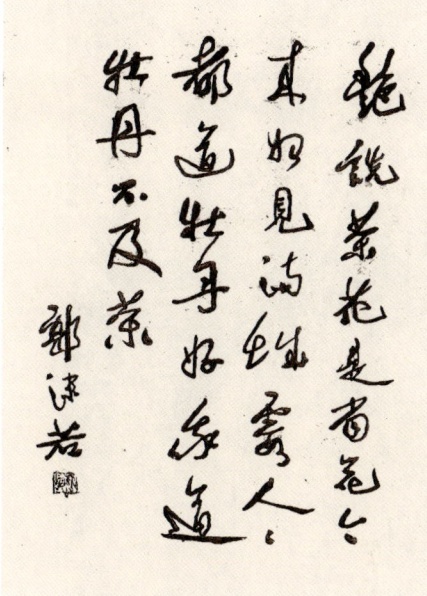
现代诗人郭沫若所题茶花诗

此诗确实令人对茶花刮目相看。不过,当时好像并没有立茶花为"省花"之举,而早在清朝末年,大名鼎鼎的云南"状元"袁嘉谷就大力提倡以茶花为"省花"了。在《滇绎》中,袁嘉谷盛赞"滇茶花为全国冠,推名省花,人无异词"。袁嘉谷曾在昆明安宁见到一树茶花,每年春天采花运到省城出售,收入竟可以支撑一所小学全年的运作。他在《三泊学校茶花有序》中写道:"安宁三泊一古寺(后考证为安宁市八街镇樟富营村的牛王庙)设小学,学校每年春天售卖茶花所得,可以供给学校一年的经费,而且还有剩余,可见茶花之盛。"袁嘉谷感叹说:"国有国花,省有省花,滇之茶花谓之省花可也。"袁嘉谷为之赋诗道:

培土如培树,艰难迥不伦。
岂知千岁木,翻树百年人。
天艳霞无色,花浓寺永春。
雄州古南诏,物与地常新。

云南穷,要是每个小学都有那么一树茶花,岂不妙哉?

○市花"十德"

20世纪20年代,昆明设市,成立了市政府,市长马轸邀请各界人士讨论,决定以茶花为昆明市花。后到1983年3月10日,茶花再次被正式确定为昆明"市花"。

中国茶花产地不少，而以昆明茶花第一。明人冯时可在《滇中茶花记》中说，云南"茶花最甲海内，种类七十有二"。清乾隆皇帝有一首《咏山茶》诗，就感叹"滇中品有七十二，谁能一一取次看"。全国的山茶花品种有200多个，"滇茶"就占了一半。按现代植物分类学划分，属云南山茶的常绿大花乔木有40多种，如松子鳞、一品红、狮子头、照殿红、童子面、一捻红、粉宫装、千叶红、恨天高、红宝珠、鹤顶红、白宝珠、玛瑙茶、杨妃茶、早桃红等，花形有单瓣、半重瓣、重瓣、曲瓣、五星瓣；有六角形、托挂型、喇叭型、荷花型、松球型、玉兰型、蔷薇型、牡丹型、蝶翅型、菊花型等；花色有白色、粉红、银红、桃红、紫红、复色等，其中不乏稀世之物。明代的《滇志》称"滇茶甲海内，种类之繁至七十有二，其在

昆明金殿"照殿红"山茶

省城内外者尤佳"。清代的《清稗类钞》记载，"山茶南方各省皆有，云南尤著"。而云南茶花中又首推昆明，树高、花大、种繁、质美，正所谓"滇中茶花甲于天下，而会城内外尤胜"（清 师范《滇系》）——这个"会城"就是省会昆明。民国《续修昆明县志》也称："滇南茶花之盛，甲于天下。"

茶花贵重，在于其有"十德"。明人邓渼观花之余，叹曰："信天壤之奇观，品物之钜丽"，论茶花"十德"曰：其一，艳而不妖；其二，寿经两三百年；其三，枝干高竦，大可合抱；其四，肤文苍暗，如古云气尊罍；其五，枝条夭矫，似尘尾龙形；其六，蟠根轮囷，可几可枕；其七，丰叶如幄，森沈蒙茂；其八，性耐霜雪，四时常青；其九，自开至落，可历数月；其十，折入瓶中，旬日颜色不变，半含亦能自开（明万历《滇略》）。经邓渼如此一说，山茶可谓"十全十美"，又别有雅号称"十德花"。如果还要补充，那就是《本草纲目》中所记山茶全株均可入药，性"微辛甘寒凉血"，尤其是山茶花瓣，有收敛止血、调胃理气、散瘀消肿等疗效。难怪明人李元阳以山茶为花王，赋诗曰：

芙渠茎短不离泥，牡丹虽奇红不足。

其余品类空纷纷，堪与山茶作奴仆！

有如此颜色，如此品德，"市花"自然非茶花莫属了。

数百年间,"滇茶"走进了北京、上海、天津、广州、重庆、武汉、济南、青岛、南京、杭州、成都等地,不断地走向全国,更走向世界。早在清康熙十六年(1677年),一个叫甘宁的英国医生就把茶花引种到欧洲,清嘉庆二年(1797年),茶花传入美国,19世纪末和20世纪初,英国人傅礼士再次从云南采集茶花种子回国栽培,后来又被引种到美国,1948年,茶花传入澳大利亚。如今,在亚洲的日本、印度尼西亚、越南、缅甸等国,欧洲的西班牙、葡萄牙、新西兰、法国、俄罗斯,都有了"滇茶"的花影。

○林则徐和昆明茶花

曾在昆明任云贵总督的林则徐

昆明金殿古茶花

昆明山茶名气大的,有东郊塔密左(今天的跑马山大村)万寿寺里的一株红山茶,号称"树大十围花万朵"。民国《续修昆明县志》称此花为昆明地区"茶花之最大者",地在"丽正门(大南门)外,南去三十里塔弥苴万寿庵",这株茶花"树大合抱",高达数丈,"其枝之袅娜,花之硕大,色之鲜妍,独异他花"。每天深冬此树开花,一直开到暮春。花开"如火如荼,光焰夺目",远在"五里外即望见之",早在明代,此茶就被昆明学者赵璧收入《云南山茶谱》中,称为滇中"第一",很有名气。

清道光二十八年(1848年)正月十五,当时任云南总督的林则徐到万寿寺赏花,留下一首长诗,把这株山茶花开的盛况写得淋漓尽致。诗中有句曰:

火伞高张祇树林,赪珠遍照空王院。

花气晴当雨后天,朝曦初映信鲜妍。

迸开新瓣浓于染，擎出高枝烂于然。
最宜佛座东偏看，银海光摇红不断。
谁抛朱娟树头缠，岂识洪炉林下煅？

写下这首《万寿寺看茶花有作》后两年，这位禁烟名臣就与世长辞了。再过7年，万寿寺、花也毁于咸丰战乱。今天读起林则徐的茶花诗，仍见热情洋溢，仍然十分动人。

○最古老的茶花

昆明现存种植年代最早的茶花是元茶，种在晋宁盘龙寺药师殿前，据考证，树龄已有640多年了。近人方树梅写诗赞叹："天下茶花滇最奇，盘龙茶花滇亦稀。"这里的元茶本来有两株：一株是"软枝松子鳞"，花瓣如绢，银红光亮。徐霞客在昆明赞不绝口的"有分心、卷边、软枝者为第一"的茶花，大概就是此类了；另外一株叫"九芯十八瓣"，花瓣折叠，像昂起的狮子头，也是珍品。近代晋宁诗人何作楫曾有《题盘龙山药师院双茶》诗写道：

植于元代的松子鳞茶花，至今仍是滇池东南岸盘龙寺药师殿的镇寺之宝。

年年春市斗奇花，苦忆龙山双古茶。
硬绿凌空撑玉树，肥红曜日灿珠花。
大材岂必凡人谕，通德何嫌众口夸。
小院石阶相对立，万松深处足为家。

可惜20世纪80年代一阵大风，"九芯十八瓣"树干折断，最后枯死，只剩"软枝松子鳞"形影相吊，花势就比从前差得多了。

清代学者师范认为，"滇中山茶第一，惟会城归化寺，其本合抱，花大如盂，元明以前物也"，堪称古茶。归华寺在昆明城东通京大道旁，"往来游宦羁客，多饯别于此"，这让归华寺茶花带上了几分伤感。师范的《滇系》收录了一首《归化词》，出自明初一位被谪戍滇南的诗人：

鸳鸯梦断彩楼空，马首萧萧故向东。
归化寺前多少泪，年年三月蜀茶红。

昆明的明茶不少。金殿就有一株"蝶翅"，每逢正月花开，就像树上落满无数红色的蝴蝶，迎着春风上下翻飞，把金殿都映红了。所以昆明人又把它叫作"照殿红"。

早已消逝的昆明归化寺和归化寺茶花

每年正月初九登鸣凤山拜金殿赏茶花,已经成为昆明民俗。可惜这株山茶1983年枯死,以后又移来一株山茶种在这里,据说树龄也上百年了。

黑龙潭也有一株明茶,叫"一念红",又称"早桃红"。冬末春初,碗大的茶花开得"城北楼台一株红,五云缭绕黑龙宫。忽惊碧树花千朵,凝有晴霞倚半空"。这株明茶与唐梅、宋柏并称"黑龙潭三异木",其中明茶资历最浅,但开起花来,却先领风骚,有郭沫若《游黑龙潭》诗为证:

茶花一树早桃红,百朵彤云啸傲中。
惊醒唐梅睁眼倦,衬陪宋柏更姿雄。

○ "皇花"与"民花"

要说昆明最贵重的茶花,恐怕莫过于西山太华寺的那株"松子鳞",相传为明初建文皇帝手植,是"皇花"。明末徐霞客游太华寺的时候,只见"殿前夹墀皆山茶",朵红楼前"一株挺立"高三丈余,一株树冠盘垂,占地几乎半亩。密枝下垂,覆盖及地,花为分心,大红色,为昆明第一。其在《滇中花木记》中也记载道,滇中花木皆奇,最有名的是山茶和杜鹃。山茶花开得比碗还大,往往聚攒成球,其中又以分心、卷边、软枝的花形为第一。省城最得推崇的茶花,是城外太华寺和城中友人张石夫所住的朵云楼。太华寺的一株山茶挺立三丈多高,朵云楼前的一株山茶花冠差不多有半亩大。花枝下垂,密密麻麻地覆盖到地上,这就是所谓的"软枝",加上又是"分心大红"花瓣,堪称省城之冠。徐霞客的友人,昆明诗人担当也对太华寺山茶赞叹不已,留下了"树头万朵齐吞火,残雪烧红半边天"的诗句。到了清代,还可见太华寺这几株山茶,其高达数丈,"万花霞明,飞丹如茵,列绣如幄"。以撰写大观楼长联驰名的孙髯也在这里留下了《华亭春茶》诗：

可惜山茶云锦披，
雪天开到暮天时，
赤球绿甲攒高树，
大朵细心压软枝。

昆明又有"珍珠红"茶花，也和明代皇帝有缘。"珍珠红"原出于通海秀山三元宫，它的妙处是花开月下，别有妍姿，而花瓣落地，无一不仰面朝天，似乎在和月亮对话，被称为"宝花玩月"，是通海八景之一。据说明孝宗朱祐樘也听说"珍珠红"的奇妙，下诏把"珍珠红"引进御花园。不料引进的"珍珠红"有树无花，连年不开。明孝宗无奈，让人把"珍珠红"送回通海。回到故乡后，"珍

金殿山茶成姻缘聚会之地

珠红"又开花了。与此同时，昆明也引进了"珍珠红"，那花开得特别好。明末清初的云南诗人陆天鳞感叹道：

高枝炙日照干栏，端为昆明气弗寒。
赤玉不沉烧劫土，红绡争裹火龙团。
春中强伴尊前醉，天下多从画里看。
闻说孝宗曾召见，归来欲告百花难。

老昆明人最熟悉的还是"松华坝茶花"，那是松华坝芹菜冲小寺里的一棵"宝珠红"，开得叶圆花红，攒瓣紧裹。旧时每逢春节前后，附近农家妇女总要从树上采些花进城叫卖，老昆明人多爱买上几枝，养在花瓶里，放在案桌上，敬神敬祖之余，家里还平添不少春意。近代晋宁诗人何作楫有诗曰：

昆华不断四时花,最爱新年上市茶。
翠盖亭亭来绍绎,红妆焰焰看繁华。
剧怜丽质非凡品,为谱新诗岂漫夸?
盆景折枝都可玩,平分春色遍家家。

还有最奇的茶花,当数清初昆明城北的一株"三色茶花"。一树之上,花分三色:桃红、大红、粉红,三色间开,蔚为奇观。

○ "鼎甲三花"之"状元花"

清代檀萃的《滇海虞衡志》记录了不少云南物产,其中有《志花》一篇,认为"滇南茶花,甲于天下",并举"龙泉(今黑龙潭龙泉寺)之唐梅"为例,认为"红梅莫盛于滇",又说"多植于官署庭堂"的紫薇花,也"满院绛云""宜为第三"。檀萃认为,如果花界举行科举考试,"鼎甲"前三名的状元、榜眼、探花必定是云南的茶花、红梅和紫薇,可以称为"鼎甲三花",其以茶花为"状元",则当之无愧。檀萃说,在科举考场上,云南人从未进过前三名,而有此"鼎甲三花",云南就足以破天荒而一洗落后的名声了。

昆明黑龙潭的"早桃红"山茶

檀萃此语,有为云南人解嘲之意。明清两代出了200多名状元,确实无一云南人。直到清朝后期,昆明经正学院的学子袁嘉谷中了个比状元还状元的"特元",也真为云南人"破天荒"了——如果"状元"真的有那么重要的话。

老城景

昆明自古有"十景"之说,少的还有"六景",多的达"十二景"。本土文人雅士,无不以品题乡土为能事,以培风景,以壮观瞻,以夸乡里,以显郡邑。久而久之,约定俗成,便有了"六景""八景""十景""十二景"之说,为一方风土增色,为一方民众增光。

在历代文人学士眼中,昆明"日月与星,比别处倍大",天是"砚池影蘸碧鸡天",太阳是"瞳瞳晓镜上初日",月亮是"白月在水遥虚明",雨是"新凉侵客袂,袖底带烟回",云更是"乔呈五色云之祥",至于滇池上下,更水、云混一,浑然天界:

茫茫五百里,不辨云与水;
飘然一叶舟,如在天空里。

○元代"十景"

中国的名城大都有十景,即所谓"无十不成景"。昆明也有十景,还有写十景的诗、赋、画,历代不衰。其中最早的,恐怕要数元代中庆路儒学提举王升在《滇池赋》中"登太华之层峰""指八景之陈踪"了:

碧鸡峭拔而发岳,金马逶迤而玲珑;
玉案峨峨而耸翠,商山隐隐而攒穹;
五华钟造化之秀,三市当闾阎之冲;
双塔挺擎天之势,一桥横贯日之虹。

这里所说的只有八景:碧鸡山、金马山、玉案山、商山、五华山、三市街、东寺塔和西寺塔、大德桥(今得胜桥)。但王升写完八景以后又拖出两笔:

千艘蚁聚于云津,万舶峰屯于城垠。

这两句本来是承前补充"一桥贯虹"的,不料后人又从这里列出二景;一个叫"云津聚艘"一个叫"城垠屯船"。于是凑成十景,开"昆明十景"之先河。

○明代"六景"

明初,日本诗僧机先脱出十景之俗,为昆明写了一组《滇阳六景》诗。
其一是"金马朝晖",景在金马关:
金马岧峣在城东,黛色苍凉淡墨中。
画角声消残月白,阳鸟影动早霞红。
梁王去国荒丘在,汉将开边古道通。
岂料长为南窜客,朝朝相对独为翁。
其二是"碧鸡秋色",景在碧鸡关:
碧鸡西望水天虚,漠漠秋光画不如。
翠壁烟华摇浪处,丹崖树色着霜初。
前朝有阁今游鹿,落日何人独钓鱼。
却讶维舟滥浦上,芙蓉九叠看匡庐。
其三是"玉案晴岚",景在玉案山:
山如玉案自为名,卓立天然刻划成。
白昼浮岚浓且淡,高秋叠翠雨还晴。
阴连太华千寻秀,影浸滇池万顷清。

杖策何当绝凌顶，滇南一览掌中平。
其四是"滇池夜月"，景在滇池：
滇池有客夜乘舟，渺渺金波接素秋。
白月随人相上下，青天在水与沉浮。
遥怜谢客沧州趣，更受苏仙赤壁游。
坐倚篷窗吟到晓，不知身尚在南州。
其五是"龙池跃金"，景在莲花池：
路入商山景更奇，玉皇坛畔有龙池。
行逢柳色烟深处，坐看桃花水涨时。
映日金鳞鸣拨剌，含风翠浪动沧漪。
由来神物非人拢，变化云雷末可知。
其六是"螺峰拥翠"，景在圆通山：
螺峰近在滇城里，下有招堤倚翠屏。
雨后光含僧眼碧，云中色拥佛头青。
层涯鸟渡开天险，古洞龙潜闷地灵。
自是幽谷回俗驾，不须重勒北山铭。
六景之中，只有"螺峰拥翠"一景在昆明城里。

机先是被贬来昆明的，诗中把自己的感情也融了进去。这位机先是日本人，大概不那么迷恋"十"，只写了昆明六景，不料反而在王升基础上又加了三景，昆明的景就只有多而不会少了。

○清代"十二景"和"八景"

清代昆明之"景"与明代大同小异。清康熙年间云南进士赵士麟题有昆明十二景诗，所记有"金马朝晖""碧鸡秋色""商山樵唱""官渡渔灯""螺峰叠翠""云津夜市""五华莺绕""玉案晴岚""昆池夜月""柳屋拖青"（翠湖）"高峣晚舟""龙泉鱼跃"等。

清代后期，昆明画家张士廉作了一套昆明"八景"画，引来不少文人题诗配词，而以清光绪年间进士宋嘉俊配诗流传甚广，谨录于下。
第一景是"滇池夜月"：
览尽昆明胜，登临壮大观，
楼台秋瑟瑟，烟水夜漫漫。
山转帆千片，波灯月一丸，

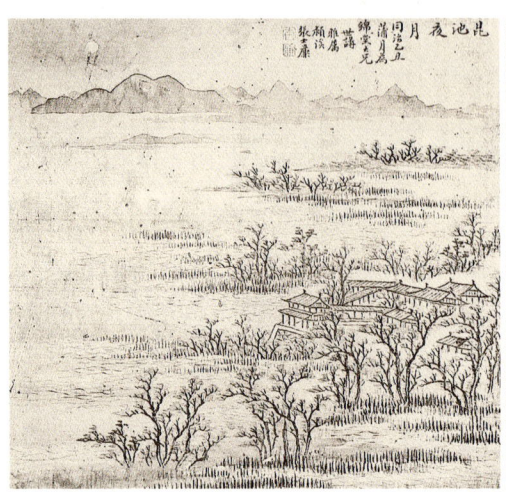
清代"昆明八景"之"昆池夜月"

清代"昆明八景"之"云津夜市"

清代"昆明八景"之"螺峰叠翠"

清代"昆明八景"之"商山樵唱"

凭栏思汉武,豪饮酒杯宽。

第二景是"云津夜市":

云津桥上望,灯火万千家,

问夜人沽酒,寻店客系槎。

城遥更漏尽,月圆市声哗,

破晓阑游兴,疏钟传太华。

诗中"云津桥"就是今天的得胜桥。

第三景是"螺峰叠翠":

清代"昆明八景"之"龙泉古梅"

清代"昆明八景"之"官渡渔灯"

清代"昆明八景"之"灞桥烟柳"

清代"昆明八景"之"虫山倒影"

好山负城郭，螺髻拥千重，
青霭松崖合，绿云芝径树。
鹤来寻大隐，蝶走胜仙踪，
凉翠侵衣袂，登高一依筇。
此之"螺峰"就是今天的圆通山。
第四景是"商山樵唱"：
担荷月黄昏，商山古寺门，
唱残樵父曲，惊起玉人魂。
旧路回头认，新腔信口翻，
莫嗤嘲哳调，渔笛又孤村。

此之商山在今天民族大学、云南大学老校区一带。
第五景是"龙泉古梅"：
阅世一千载，开花三两枝，
山空孤鹤泪，潭古老龙痴。
黑水欣留记，唐贤惜少诗，
漫谈天宝事，玉笛且横吹。
此之"龙泉"指黑龙潭龙泉观。
第六景是"官渡渔灯"：
朝泛昆池艇，夜归官渡村，
鱼穿杨柳叶，灯隐荻花根。
浦远星沈影，江空月吐痕，
闲邀邻父饮，篝火醉清樽。
当时的官渡村还在滇池边。
第七景是"坝桥烟柳"：
古道坝桥柳，荫深过往多，
烟萦增妩媚，风动舞婆娑。
碧乱离人意，丝牵游子哦，
眉愁心有愧，为听唱骊歌。
这里的柳坝当时也在滇池边。
第八景是"陞山倒影"：
滇池五百里，北靠陞山边，
日丽壁沉水，岚浮镜里天。
祗须风雨静，曾见琪瑶鲜，
成趣辉相映，图画无比妍。
陞山就是蛇山，看得出当时离滇池不远。

○近代"八景"和"十景"

清末民初，云南"状元"袁嘉穀有昆明六景诗，唱的是"商山樵唱""官渡渔灯""灞桥烟柳""螺峰叠翠""云津夜市""金碧交辉"，都是传统的老景致。

1938年出版的《昆明县乡土教材》和1947年6月9日的昆明《真报》，都刊有《昆明八景》。二者所指"八景"完全相同。其一为"螺峰叠翠"，在北门螺峰山："有螺翠山庄遗址。昔花朝节日，翠草葱葱，颇饶景致，都人士女，多到那里踏青"。

二为"五华鹰绕",在五华山:"遇天气转变时,每到下午,常有飞鹰,百数成群,回绕山顶,以是得名。"三为"金碧交辉",在近日楼外:"每届春分秋分之日,如恰值旧历十五,于太阳将落到西山上,而月亮刚出于东山顶时,太阳与月亮之光对射到金马碧鸡两座牌坊上,则金黄色光辉,灿烂夺目,交相映彩,幻为奇观。"四为"云津竞渡",在云津桥:"此地古时水甚深,端阳节日,船户把船装饰成龙形,驶进盘龙江,敲锣打鼓,化装歌唱,日划龙船,后因闹事,为官府禁止。"五为"坝桥烟柳",在柳坝村:"摆渡河两岸杨柳成林。到秋天,枝叶婆娑,远望河桥,烟雾重锁,纯是一幅天然画图。"六为"陡山倒影",在北门外莲花池:"每天太阳将落,陡山映在池里,现出奇景,最为美观。"七为"商山樵唱",在北门外:"昔日商山寺一带,树林很多,樵夫常到这里,砍柴唱歌,颇有风味。"八为"古渡渔灯",在官渡镇法定寺地:"古时是滇池边的一个渡口,渔舟屯聚,夜晚灯光闪烁,宛若列星,蔚为奇观。"(民国《真报》)

从文中看,此之"八景",都是明清时的昆明景致,但一些景致民国时就已"时过境迁""不能指识","令人有'沧海桑田'的感叹"(民国《昆明县乡土教材》)。

此后20年,昆明又有"新十景",全是公园:"龙门飞峙"——指西山龙门;"大观远眺"——指大观楼;"螺峰花潮"——指圆通山;"翠湖春晓"——指翠湖;"筇竹云深"——指筇竹寺;"古潭新蕊"——指黑龙潭;"鸣凤朝晖"——指鸣凤山和金殿;"玉泉花温"——指安宁温泉;"绿埂晴沙"——指海埂;"鱼浪涌月"——指观音山和白鱼口。

○ "汉黑水祠":史籍中出现第一个滇池名胜

《汉书·地理志》记载当时的益州郡滇池县时,特别提到滇池西北有座黑水祠。这是在史籍中出现的第一个滇池名胜。偌大一个益州郡,《汉书》只记了这一处名胜,可见黑水祠的地位不同凡响。大概和"郭昌县"一样,这黑水祠也是西汉朝廷为收拾人心、威慑一方而修建的。

据清代云贵总督阮元考证,这座西汉黑水祠就是今天昆明北郊的黑龙潭黑龙宫。阮元题大书"汉黑水祠"四字大匾,高悬在黑龙宫前,还作了题记,进行了说明。阮元还认为"汉黑水祠"原来可能在黑龙宫一侧半山上的龙泉观,后来才迁到黑龙潭旁边。

古代"黑水"指金沙江,"黑水祠"怎么会在昆明呢?民国初年,云南督军唐继尧又在龙泉观挂起一个大匾,上面书写的也是"汉黑水祠"四字。唐继尧又作跋语说,"黑水"原本在滇西,汉代人们在这里建起祠庙,遥祭黑水,可称"滇中第

早年的黑龙潭黑水祠

清代大学问家阮元所题"汉黑水祠"匾

一古祠"。今天的龙泉观雷神殿前,仍然可以见到"汉黑水祠"大匾,署名是"阮元"。

今天"汉祠"已无法考证了。据明初《龙泉山道观记》碑记载,唐宋之时,黑龙潭已经建起了祠庙,供奉龙王,被称为"滇中第一古祠"。昆明春夏之际多旱,历代官民多要到这里求雨。清代禁烟名臣林则徐做云贵总督时,也曾在这里举行祈雨仪式,留下不少传说。

阮元的"汉黑水祠"之说或许还有争议。有的说在今西山脚下的普贤寺,有的说远在丽江的黑龙潭。但龙泉宫中唐梅诗碑上所刻阮元《咏梅》诗开篇却肯定是名句:"千岁梅花千尺潭,春风先到彩云南。"

○昆明莲花池与陈圆圆之谜

昆明市区北隅有莲花池,在商山西北。商山旧时有大片桃林,"下有冷泉,名莲花池"。在池中沐浴,可以医治风疾之症(清康熙《云南府志》)。民国《昆明市志》也称:"莲花池在市北商山下,广可十亩,水清如镜,相传浴之可愈风疾。东侧开闸口一道,池东田亩赖以灌溉,下游则与银汁河会流入盘龙江,归于昆池。"当时的莲花池芙蓉争艳,旁有商山钟磬鼓鸣,蔚为昆明一景,称"龙池跃金"。

20世纪末的莲花池

明末清初，吴三桂割据昆明，在莲花池建起离宫，让陈圆圆居住，称为安阜园，又叫野园。据说吴三桂还修筑栈道，从五华山王府直通野园，以便随时和美人相会。后来这里有"陈圆圆梳妆台"遗址，又有陈圆圆投池自尽传说，莲花池更名扬一时。或说吴三桂绞死朱由榔父子，又焚尸分赏诸将，扬灰莲花池中，却在池西伪造永历帝陵，以掩人耳目。后吴三桂发起"三藩之乱"，又在莲花池畔哭陵起事。清军平定吴三桂之乱，野园被焚，坟垣遍布。清乾隆年间，昆明名士孙髯有《安阜园》诗曰：

日落未落天黄昏，东家西家牛羊奔。

老狐学人夜拜月，桃花有鬼来招魂。

修筑野园，耗时三年。吴三桂"穷极土木"，平毁无数庐墓，拓展地盘。地方士绅家藏名花奇石，哪怕在数百里外，就是"穿屋破壁"，吴三桂也要弄到野园来。后人斥吴三桂"凿一池"而"抛万姓冢""死有余辜"（清·王思训《野园歌序》）。野园建成后，吴三桂从江南采买歌妓，另耗银数十万，置办各色绫罗绸缎、貂皮虎毡、胡珠珊瑚、玉带金带、金银珠宝共三十余箱，全部送进安阜园。吴三桂"弹琴赋诗，徜徉其间"，无不"穷奢极欲"（清·孙旭《平吴录》）。

吴三桂对陈圆圆宠爱异常，然时过不久，吴三桂又得到了手下从南昌带来的国色美女"八面观音"（谓其"八面"皆美）和"四面观音""声色极一时之选""与（陈）圆圆并擅殊宠"（民国《陈圆圆事辑》）。但陈圆圆毕竟人老珠黄，无力争宠，终于参透人情，自请常住野园，又称安阜

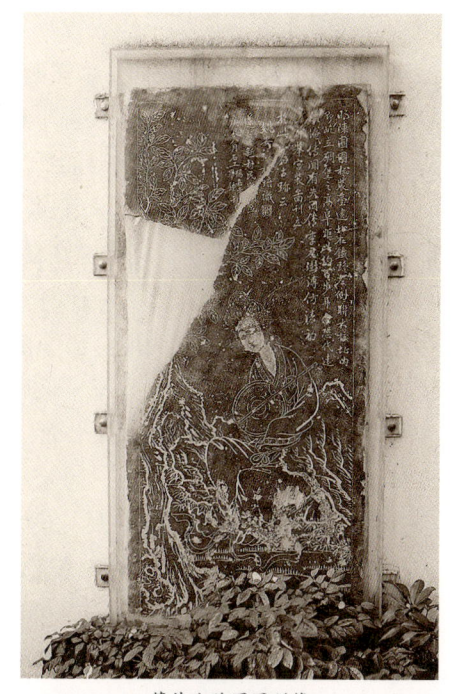

莲花池陈圆圆刻像

从莲花池中打捞起来的安阜园遗物

园,以度晚年。一说吴三桂有谋反之心,要封陈圆圆为正妃,陈圆圆致书婉拒,又谏劝吴三桂,吴三桂终不听,果然起乱,暴病而死。清兵破城之后,安阜园毁于一旦,陈圆圆下落,诸说不一:有人说早在清兵打进昆明之前,陈圆圆就死了;有人说清军平定云南,陈圆圆投莲花池而死,后来葬在莲花池旁的寺庙中;有人说清朝平滇时,陈圆圆跟着玉林禅师出家宏觉寺,法名寂静,号玉庵;等等。至于陈圆圆的墓址,有的说在莲花池旁,有的说在昙华寺侧。因改朝换代,讳莫如深,传说不一,"日久难定"(《后圆圆曲》)。还有一说,早先劝说吴三桂无效,陈圆圆就悄然出走,在昆明南郊宏觉寺削发为尼。清军围攻昆明,陈圆圆又藏到小西门外瓦仓庄土主庙。还说陈圆圆改土主庙为三圣庵,最后老死其中,葬在昆明东郊的归化寺。

后来的莲花池尚存10亩水面,池北原有数屋,传为陈圆圆旧居,又有一家,亦传为陈圆圆家,均已不存。唯有一阁,据说为陈圆圆梳妆台所在。清代有好事者到此扶乩,据说常引来陈圆圆、吴宫宫人降坛,并相互唱和,留下不少唱和诗(清道光《昆明县志》)。后来挖浚莲花池之时,出土石狮、石墩、石凳、石栏、石雕残片等,被安放在池水北岸,以供后人凭吊。现又建成莲花池公园,为明代江南园林风格,水面扩大到40亩,又新建梳妆台、安阜园等阁楼。民国年间所立"陈圆圆梳妆台遗址碑"也被找回,立在阁墙下。此碑已残损,但仍可见陈圆圆线刻石像,高髻宫妆,疏闲雍容,石碑落款为"莲花村民众"。

○ "金碧交辉"盛景

金马、碧鸡两坊是昆明的标志性建筑,"金碧交辉"被列为昆明八景之首。虽然至今还没有一个人站出来说见过"金碧交辉",但在许多笔记类和风物类书籍中,"金碧交辉"言之凿凿、有声有色。不少专家经过一番考证,又说"金碧交辉"子虚乌有,纯属虚构。

金马、碧鸡两坊就在昆明市中心,在正义路(三市街)和金碧路相交口处两侧,东边一坊近金马山,称金马坊;西边一坊近碧鸡山,称碧鸡坊。两坊巍然对峙,自然是金碧辉煌,雄浑壮丽。至于建坊时间,地方志书所说不一,或说是明初永乐年间,或说是明宣德年间,至今最少也有500多年了。500年间,两坊三毁三建,最后重建于1999年,并在坊前立一碑,题为《重建金马、碧鸡二坊记》,其中一段文字提到"金碧交辉"传说:

相传春分或秋分两节令日,若又适逢农历十五,可见"金碧交辉"之奇观——日徐西落,余晖如金,由西照射碧鸡坊;月方东起,皓光似银,从东铺洒金马坊,两坊倒影投于地,渐移渐近,交辉一瞬,动人心弦。

另外，昆明城市规划展览馆也有"金碧交辉、古迹重现"的3D影像，绘声绘影，栩栩如生，恍如实境。

昆明一展览馆用现代影像技术重现"金碧交辉"的盛景

这里的"金碧交辉"说，"相传"而已。最早的依据当在罗养儒的《纪我所知集》(《云南掌故》)中。此书专列"昆华八景中之金碧交辉"一节，说因为日月运行的相互关系，"金碧交辉"的奇景要60年才出现一次，而且必须是在属鸡的丁酉年。罗养儒引老辈人的话说，清道光年间的丁酉年，即1837年，中秋节正好是秋分节令那一天，天气晴和，机会难得。昆明百姓聚集三市街口，围观"金碧交辉"盛景。到了酉时，即下午五六点之时，月已出而日未落，日月相对，日照碧鸡坊，据说坊影映在地下，清清楚楚，渐渐向东移动；而月照金马坊，据说坊影稍淡，

金、碧两坊日月光影投地，渐行渐近……

"金碧交辉"就在眼前

却不模糊，也渐渐向西移动。开始时，两坊倒影相距两丈多，相对移动，越移越近，不到两分钟，两坊影子终于"交辉"，后来渐渐消逝。此后，到了清光绪丁酉年，即公元1897年，中秋节又在秋分之日，城中百姓再次汇集两坊之下，准备一睹"金碧交辉"盛景。两坊倒影再现，渐趋渐近，相距一尺之遥时，光影突然消逝，功亏一篑。眼见得"交辉"不成，看热闹者无不搓手叹息。此时的金碧两坊，已经不是1837年的两坊，原来的两坊已毁于清咸丰年间的战火，后来的两坊是云贵总督岑毓英于清光绪十年(1884年)重建的。重建的两坊为什么不能"交辉"? 罗老先生认为岑氏重修时高度与原来的两坊对不起来，因此"交辉"失败。

近人宋嘉俊有《金碧交辉》诗曰："金碧交双影，春秋逢二分。"说每年农历的春分和秋分两个节令都会出现"金碧交辉"，有幸者一年可见两次。又有学者认为，

月球在天空的位置变化,并不以60年为周期。60年一现"交辉"之说,缺乏科学根据。每年二月、八月的春分和秋分节令中的特定日子,只要天气晴朗,"金碧交辉"当会不止一次地出现,甚至清晨也可能看到(万揆一《金碧交辉几时见》)。

后人著作,如《云南风物志》《云南概况》《昆明风物志》等,多引罗养儒之说,作为"金碧交辉"的史证。《新编昆明风物志》如是说之后,添了一笔:"对'金碧交辉'奇观,近人说法不一。或以为虚,视其为一美丽的传说;或以为实,认为反映了古滇人将数学、天文学和建筑学融为一体的高度智慧。"

○ "金碧交辉"之争

20世纪80年代以后,对"金碧交辉"的质疑者就不少,而且理直气壮。而关于"交辉"的记载则显得底气不足,重建碑文说是"相传",罗老先生说是"据闻",如此而已。

在1989年3月出版的《昆明文物古迹》中,王海涛就专写《金碧交辉辩》一节,将"金碧交辉"斥之为"天方夜谭式的奇观","完全不可能!纯属伪科学!"2002年8月,又有高衡以中国科学院云南天文台高级工程师的权威身份,在《金碧神韵》一书中大呼:"谁能见到金碧交辉?"两位学者对"金碧交辉"说提出了四大质疑:

一、60年一见"金碧交辉"?

高衡认为,以60年为一个周期是中国古代的干支纪年法,与日月运行无关。由于万有引力的作用,日、月、地球的运动并不均匀。地球环绕太阳一周平均时间为365.2422天,而月亮环绕地球一周平均时间为29.5306天,而在地球环绕太阳运行的轨道和月亮环绕地球运行的轨道之间,还有一个5°9′的变动夹角,这使得日、月、地球三者间的运动方式更加复杂,不可能有一个60年重复的周期关系。

至于"交辉"的时间,一说必须在丁酉年秋分与中秋重叠之日。王海涛和高衡分别对此进行了考证,结果都与传说对不起来。王海涛遍查明清两代共543年的历表,共查出9个丁酉年,中秋又逢秋分只有1次,即南明永历十一年(1657年)。可惜这年金、

张灯结彩双龙抢宝的金马坊

碧两坊毁于战火，无法"交辉"。而"交辉"论者提到的道光丁酉年秋分在农历八月二十四，光绪丁酉年秋分在农历八月二十六，都不是中秋。放宽一点儿说，酉年秋分逢中秋还有一年，就是明正德癸酉年（1513年），但史无"金碧交辉"记载。可见，丁酉年或酉年秋分逢中秋就"金碧交辉"的说法是靠不住的。

熙熙攘攘的碧鸡坊

二、日影和月影是相向移动还是同向移动？

所谓"交辉"时两坊影子相对移动而最后相接，也违背常理。傍晚时分，月亮在东，太阳在西，坊影则一个在西，一个在东，这没有问题。但地球从西向东自转，日、月从东向西移动，即使日影、月影果真同时出现，两坊影子只能同时向东移动，只不过一个向东退缩，越来越短；一个向东延伸，越来越长。不可能一个向东，一个朝西，相向移动，最后相交。除非乾坤颠倒，月落东而日落西，而且月光又足够强，否则"交辉"是完全不可能的。

三、夕阳下看得见"金碧交辉"吗？

高衡认为，落日的余晖和月出的初辉同时在地上投下光影是不可能的。他论证说，月亮仅仅反射太阳光而已，按照天文学的计算，即使是满月当顶，月亮最亮的时候，它的亮度也只有太阳的375000分之一，大约只相当于一只100瓦的灯泡在21米之外的亮度。就是太阳落山之后很久，如此微弱的光线也难得在地面投射出影子来，何况是在太阳仍然照射大地之时（《谁能见到金碧交辉》）。

笔者也好事，读过王、高两先生文章，挑个农历十五跑到昆明郊外。等到太阳落了好久，月亮升得两杆子高，西山背后天幕，仍是亮亮的一片，地上总不见月光。大概王、高之说，有些道理。

王海涛说，最早记载金马、碧鸡两坊的史籍是明景泰六年（1455年）出版的《云南图经志书》，其中就没有一个字提到"金碧交辉"。此后两坊两毁两建，史志也始终没提"交辉"奇景。至于"昆明八景"或"昆明十景"提到的"金碧交辉"，并不是今人所谓两坊之影相"交"的所谓"交辉"，而指金马山与碧鸡山相对成趣的美景。另外，"交"的意义是"俱"，是"共"，有"都是""同时"的意思，"金碧交辉"的意思就是金马、碧鸡两山同时屹立在昆明城东西两侧，使一方形胜大为增辉。

如果把"交"解释为"同时",那么"金碧交辉"不仅可以用于金马、碧鸡两山,也可用于金马、碧鸡两坊。有人认为,傍晚夕阳西下,光照金马坊,反射到碧鸡坊上,便是"金碧交辉"。还有人认为,夕阳西沉于碧鸡坊,月亮初起于金马坊,即为奇景,不必论"交辉"与否。而其实,这"金碧交辉"很可能只是文人手笔而已。李源道的大理《崇圣寺碑铭并序》中,也大书"三塔峙立,金碧交辉,世丽与山垮"之句。若有好事之人,附会月起日落,三塔交辉,六十年一遇或一年两遇,再让后人去考证得不亦乐乎,岂不累哉!

○昆明日月特别大

昆明的星、云、日、月都特别好。有人说"月亮是人家的圆",这自然不对,但要说"太阳和月亮是昆明的大",却是科学的结论。明人冯时可的《滇行记略》c认为,昆明的"日、月与星"比别的地方要大上一倍。而从农历十五直到二十,月亮几乎还是圆的。于希贤在《滇池地区历史地理》中解释道,这是由于滇池海拔高、纬度低,大气覆盖层较薄。日光正射,经过大气层的路程较短,就使得天空中的散射较弱,因而日、月、星辰的短波辐射(包括紫外线)和可见光较强。这样,晴天的昆明和北方低海拔地区比较起来,天空就显得格外蔚蓝,夜晚的月儿和星星也格外明亮,看上去自然就比较大了。以至于农历十五之后,那月亮看上去也比较圆,成为一奇。

清代昆明学者钱沣有《季弟沆同赴晋宁》诗曰:
挂席盘江尽,西山一抹横。
风波无定准,星月独分明。
如此,那月不"倍大"才怪。

○昆明"天景"

昆明海拔在1900米上下,是中国海拔高度第三的省会城市。明初"快口御史"韩宜可有《五华寺》诗曰:
五华之山山上头,俯视东海如浮沤。
岂无四万八千丈,亦有五城十二楼。
有人说,海拔高于2000米之地偏冷,低于1500米之地则闷,昆明海拔不高不低,

大观楼夕阳落照

偏偏在二者之间，且地处北纬25°，于是"地气高爽"（明《滇行记略》），便有"翠渠影落中天晓，玉柱光含大地秋"之景。可谓天造地设，天作之合，世所仅有，令人折腰。

清末云南"状元"袁嘉榖把云南的简称"滇"和"巅"联系起来，引民谣说"一日上一丈，云南在天上"——滇池在高原，犹如在天上。这"天上"之"天"，自然非比寻常。元人王升在《滇池赋》中写道："玻璃莹兮空明，晴晖澹苍凉。""薄雾兮乍敛，轻烟兮初收，晴光兮浴日，爽气兮横秋。"——写的也是昆明晴朗的天。

明代诗人平显久居昆明，也有一首《忆滇春》，盛赞昆明的"碧鸡天"：

风花献媚熏青眼，雪絮飞香点紫髾。

记得赋诗滇海上，砚池影蘸碧鸡天。

到了清人戴絅孙笔下，这个"碧鸡天"依然魅力不减：

镜天数点高峰出，曈曈晓镜上初日。

迴风吹逐岫云孤，山光倒入昆明湖。

（《春晓望太华山》）

昆明"碧鸡天"之妙，就妙在一个"蓝"字上。现代女作家宗璞提起自己"从小女孩长成大姑娘"的昆明时这样写道："我记得那蓝天，蓝得透明，蓝得无比"（《三千里地九霄云》）。她在《东藏记》开头就说："昆明的天，非常非常的蓝。只要有一小块这样的颜色，就会令人惊叹不已了。而天空是无边际的，好像九天之外，也是这样蓝着。蓝得丰富，蓝得慷慨，蓝得澄澈而光亮，蓝得让人每抬头看一眼，都要惊一下，'哦！有这样蓝的天！'"而"自迁滇的外省人对昆明的蓝天第一次感到惊诧"之后多年，"许多人死，许多人生，只有那蓝天依旧，蓝得宁静，蓝得光亮，凝视着它就会觉得自己也融进了那无边的蓝中"——"它这样宽阔，这样深邃，连妖魔鬼怪也都能融成美丽的蓝。在这样的天空下，在祖国的大地上，人们和各样的不幸、苦难和灾祸搏斗着，继续生活，继续成长，一代接着一代"。

有"民国才女"之称的林徽因来到昆明，就发现这里得天独厚。她在写给友人的信中盛赞昆明"如洗的碧空"，衬着"近处的岩石和远处的山峦"，是一个"天清气朗、惠风和畅、遍地鲜花、五光十色的城市"。

○昆明"日景"

正因为昆明的太阳比别处大（明《滇行记略》），于是，昆明的太阳和阳光就成了一大景致。在明代"昆明六景"题咏之一的《碧鸡秋色》中，有"前朝有阁今游鹿，落日何人独钓鱼"；而《龙池跃金》又有"映日金鳞鸣拨剌，含风翠浪动沧漪"之句。清代"昆明八景"的《蚩山倒影》也有"日丽壁沉水，岚浮镜里天"——太阳和阳光，都是昆明不可或缺的"日景"。

在昆明方言里，不说"晒太阳"而叫"向太阳"。"向"的意思是烤，又叫"烤太阳"。昆明冬天阳光温暖，民间有这样的谚语：

春夏忙，秋收粮，

冬季到来相（烤）太阳。

昆明太阳不但特别温暖，日照时间还特别长。据统计，昆明年均日照时间为2327.5小时，在中国省会城市中位居第二，而同处西南的成都只有1208.3小时，几乎只有昆明的一半。寒冬腊月，北方阳光如同月光，在屋外晒太阳不如在屋里烤火，昆明阳光却直暖人身，因此称"烤"太阳。昆明人还把"烤太阳"叫作"烤热头"，更直截了当。昆明花灯戏《瞎子观灯》里唱道："一出北门两个坑，两个瞎子烤热头。"另一出花灯戏《补缸》里也唱："高高山头一条沟，两个猴子烤热头。"花灯戏《乡城亲家》这样唱道："老倌吃着我的糖，拉着孙子烤太阳"——早上坐西院，下午坐东檐，边烤太阳边抽水烟筒，吹天吹地，时不时冲个瞌睡，一直烤到太阳落山，显然是昆明老倌冬天的一大享受。

对昆明太阳的"热

滇池日出

头",外地人深有感触。现代作家黄裳曾说,在昆明,"早晨的寒冷如深秋时节的阴寒,只要太阳一出来,就完全给解除了。太阳照在身上,好像小电炉一般。"他在《昆明杂记》中写道,秋末"在北方已经是相当冷的天气了,这里却整天有好好的太阳,从古老的柏树枝柯里漏下来,照在人的脸上、身上,是那么舒服。"有人这样形容道:"昆明的'阳光'是一种醇厚的味道,可以品尝的;是一种和谐的音调,可以感知的;是一种适度温柔和妩媚的形象,可以抚摸的;是一种迷人的色彩和气氛,甜丝丝的,暖洋洋的,金灿灿的,能让人陷入无限陶醉。"

1940年秋,抗日战争中,有"民国才女"之称的建筑学家、诗人林徽因搬进昆明的新居,阳光照进屋内,给了她极好的心情。她在给友人的信中说:"随便一个早上或下午,太阳都会从一个奇异的角度悄然射进人们在一个混乱和灾难的世界中仍然具有的受了创伤的对平静和美的意识。"她真切地感受到,她所住的房间,因为阳光、花草、树木的作用,竟然发生着幻梦般的变化,"如同戈登·克雷早期舞台设计的效果"。在那个时刻,林徽因突然感到,只要自己"能创作出合适的台词",就将是一幕"精彩的戏剧",因为她已生活在天然的"布景"之中,不能脱身。

后来林徽因到了重庆,确诊得了重病。医生说她来日无多,此时她想到的首先是昆明的阳光。她写信给友人,盼望"再次到昆明去,突然间得到阳光、美景和鲜花盛开的花园,以及交织着闪亮的光芒和美丽的影子……"(《林徽因在昆明》)

○昆明"月景"

明人冯时可对云南特别是昆明的"月亮"有两个评价:一是"比别处倍大",这在前面已经提到了;二是"望后至二十月犹圆满"——不是"十五的月亮十六圆",而是到农历二十依然"圆满"。有人认为,冯时可此言不虚,云南高原湖水澄澈,空气清新,反光强烈,水月辉映,月亮就显得更亮,也更圆。在明代"昆明六景"题咏中的《滇池夜月》就有"滇池有客夜乘舟,渺渺金波接素秋。白月随人相上下,青天在水与沉浮"的描述,清代"昆明八景"也有《滇池夜月》曰:"楼台秋瑟瑟,烟水夜漫漫。山转帆千片,波灯月一丸。"还有《官渡渔灯》中的"浦远星沈影,江空月吐痕。"都证实了冯时可的结论。

滇池月夜,历来是昆明一景,金秋泛舟赏月,为历代文人学士一大赏心乐事。明代状元杨慎最爱湖西高峣之月,有《高峣晓发过滇》诗吟道:"碧鸡关头月上霞,高峣海色分人家。"滇池的黎明,就在这月、霞之间飘然而至。明代昆明诗人郭文认为湖中月最美,以"玉壶载酒游空碧,人在清凉水晶城"为最高境界(《赋得滇

滇池月夜

池夜月》),清代诗人段昕也"最爱波间月,平山露半痕"(《高峣野望》),更有"扁舟快吟望,轻浪溅人衣"(清·陆艺《泛昆明池》),真是此乐何极。

金秋滇池赏月,自是最佳时节。清代诗人李于阳理所当然地偏好滇池中秋之月:"游山看月佳,看月逢秋好。"置身西山之巅,立于罗汉崖上,回望滇池水月,"身疑落鲛宫,涛声四面绕",而"昨夕对月明,悔不来游早"(《游罗汉崖》),那才是人生一大憾事。清人曹朴在滇池边流连忘返,就为一睹秋天月出:"徘徊不觉晚,纤月出波清。"(《昆阳晚眺》)秋月初上,则"碧汉衔波动,青山拍镜浮。苇烟迷鹭渚,嵩月挂渔舟"(明·闪应雷《高峣登舟》)。秋月将落,又有"岸烟秋瑟瑟,水月晚依依。野阔山全远,天低树渐微"(清·陆艺《泛昆明池》),都是绝佳景致。

泛舟滇池,摇桨"耍海",渔歌对唱,一直是昆明中秋民俗。水月幽幽,不由得你不动心:

　　昨夜明月来相会,悄悄溜走不见回。
　　清早莲花寻明月,急得红腮泪珠泪。
歌声悠悠,不由得你不动情:
　　小小船儿漾清波,妹掌银篙哥掌舵。
　　哥妹合心又合意,百年日子一支歌。
至于山盟海誓,更使你不惜赴汤蹈火了:
　　双双海鸥水上游,妹子跟哥度春秋。
　　若要跟哥来分手,除非西山掉过头。
这还不算,还有更火的:
　　一船风雨一船浪,妹子爱的顶风郎。
　　即使船翻打下水,妹子跟哥变鸳鸯!

由于昆明月亮的不同凡响,"月景"也成了昆明一绝。明代的"金马朝晖"有"画角声消残月白,阳鸟影动早霞红",清代的"云津夜市"有"城遥更漏尽,月圆市声哗","商山樵唱"中则有"担荷月黄昏,商山古寺门"等等。

○ 昆明"雨景"

明人冯时可说昆明"四季如春""一雨成冬"(《滇行纪略》),昆明民间也有"四季无寒暑,一雨便成冬"的谚谣。昆明气候分雨、旱两季。冬春为旱季,少雨则温暖;夏秋为雨季,多雨则清凉。昆明之为春城,雨之调节,功不可没。如清代诗人杨戴星在《观音山道中》所云:

雨入前村歇,秋惊六月来。

新凉侵客袂,袖底带烟回。

昆明之景,也以"雨后"为佳。明代僧人机先题写的《滇阳六景》就有两景在雨后。一是"玉案晴岚"——"白昼浮岚浓且淡,高秋叠翠雨还晴";还有"螺峰拥翠"——"雨后光含僧眼碧,云中色拥佛头青"。明末昆明诗僧担当也有"数里虹桥隔水横,鹧鸪一拍雨初晴"(《雨后送友》)之句。而早在元代,河北人李京到云南做官,其作《初到滇池》,就感觉到了昆明雨后绝佳之景:

嫩寒初褪雨初晴,人逐东风马足轻。

天际孤城烟外暗,云间双塔日边明。

清代禁烟名臣林则徐到昆明来做云贵总督,也专挑雨后初晴的清晨赏花,赋诗称"昨宵小雨替清尘,步屟春风正及晨",结果一睹奇美山茶,直叹"花气晴当雨后天,朝曦初映信鲜妍"(《万寿寺看花有作》)。

昆明之雨自有一番温情和浪漫。清初诗人孙鹏有《官渡访同年二首》云:"咫尺故人在,潇潇烟雨迷。落花行处满,知是近幽栖。"另一个清人杨履宽又有《冒雨游圆通山》诗:"名山如美人,好雨如膏沐。当秋一滇蒙,眉黛染深绿。"当然,最迷人的还是春雨。清代云贵总督阮元有《南轩赏雨》诗:

春雨何处来,春云起昆海。

随风过南轩,天意实潇洒。

安得坐佳士,品诗索真解。

我纵不醉吟,玉壶杏花买。

而在明代状元杨慎的《三月十日自滇还安宁》诗中,昆明雨景又让人平添几分怅惘:

中宵风雨太多情,留住行人不放行。

借问小西门外柳,为谁相送为谁迎?

当代作家汪曾祺曾写下专篇《昆明的雨》,直书"我以前不知道有所谓雨季。'雨季',是到昆明以后才有了具体感受的"。他说:"我不记得昆明的雨季有多长,从几月到几月,好像是相当长的。但是并不使人厌烦。因为是下下停停、停停

小雨飘洒三牌坊

中雨洒落藩台衙门菜市

大雨横扫正义路

雨后老昆明小街

下下,不是连绵不断,下起来没完。而且并不使人气闷。我觉得昆明雨季气压不低,人很舒服。"在汪曾祺的印象中,"昆明的雨季是明亮的、丰满的,使人动情的。城春草木深,孟夏草木长。昆明的雨季,是浓绿的。草木里的水分都到了饱和状态,显示出过分的、近于夸张的旺盛。"离昆多年以后,汪曾祺还记得:"昆明人家常于门头挂仙人掌一片以辟邪,仙人掌悬空倒挂,尚能存活开花。于此可见仙人掌生命之顽强,亦可见昆明雨季空气之湿润。雨季则有青头菌、牛肝菌,味极鲜腴。"——汪曾祺说:"我想念昆明的雨。"

在林徽因的心目中:"昆明永远是那样美,不论是晴天还是下雨,我窗外的景色在雷雨前后显得特别动人。"(《林徽因在昆明》)而在西南联大青年学子吴讷孙的记忆中,昆明的雨就是一位绝代佳人。他后来以鹿桥为笔名写了部风靡一时的《未央歌》,其中这样描绘了自己心目中的"绝代佳人":

> 她是多么会闹!多么肆无忌惮地闹啊!她在晴朗的白日忽然骤马似的赶到了,又像是没来由的一点排解不了的悲愁袭击了她,她就又像是踩着脚,又像是打着滚尽兴地大哭了一阵……
>
> 忽然,你又发觉她已经收

声止泪了。抬头找她时，除了一点泪痕外什么也看不出来了，青山绿水，鸟语花香。大哭过后的女孩子谁不知道是分外娇美？她在梳发，她在施脂。对了镜子快乐地笑着。偶尔回顾你一下，皓齿明眸，使你的眼睛也明亮起来了。草木山林，路上的石板，溪里的波纹又都轻快明净了。田野便那么悄悄地寂静可爱，耳边只有轻轻的水滴的声音，从自己的衣服上，滴落在路上的碎叶上，细砂上。

到了雨季最高潮，那身段姿势就又不同了。她伏枕一哭就是一天，饭也不肯吃，觉也不肯睡！一天不尽兴，就是两天，两天还不尽兴，那么就再多哭一天。三天以上不断的雨水就比较少了。除非有时实在太委屈了，那就休息一下，梳洗一下，吃点精致的点心，再接着来上个把星期给你一点颜色看看！虽然说是这样，她也有时在早晚无人知晓时，偷偷休息一下。那时，那体贴的阳光，无倦无怠地守候着的，便露出和煦的笑脸来劝慰一下。昆明是永远不愁没有好阳光的，但是这一切，窥见了她心底秘密，就惹起了更难缠的大哭大号啦！她披头散发地闹将起来，又把阳光吓走，跑得远远的，连影子也不敢露，心上"别别"地跳！可怜的太阳。这样一度大激动后，她便感觉到疲倦了，她慢慢地哭得和缓了，这时的雨景便如梦如画……

吴讷孙说，在昆明看雨也有讲究，"看雨景要在白天。看她跨峰越岭而来，看她排山倒海而来，看她横扫着青松的斜叶而来，看她摇撼着由加利树高大的躯干而来。再看她无阻无拦，任心随兴飘然而去"，而"听雨要在深夜。要听远处的雨声，近处的雨声。山里的泉鸣，屋前的水流。要分别落在卷心菜上的雨，滴在砂土上的雨，敲在窗纸上的雨，打在芭蕉上的雨。要用如纱的雨来滤清思考，要用急骤的雨催出深处瑰丽的思想之花，更要用连绵的雨来安抚颠踬的灵魂……"

○ "彩云南现"

"彩云"几乎就是云南和昆明的特产，自古就被视为祥瑞之兆。史籍中提到云南彩云，说法也不一样，或说"彩云"，或说"五彩云""五彩霞"等等。晋人左思《蜀都赋》中提到今云南一带地势非凡，山峦参差，葱郁茂盛，精气深藏，触石吐云，直上云霄，蔚为丹霞，是为"彩云"。每有彩云出现，昆明地方官都要遣使到京向天子报告"彩云南现"，大吉大利。清云贵总督阮元《咏唐梅诗》有"春风先到彩云南"之句，颇以"彩云"自负。西山龙门慈云洞有联：

槛外开明镜，坐定时如临弱水；
崖半起祥云，到此者宛游蓬莱。

"南现"的"彩云"，原来在滇池上空！

在中国人的心目中，云行天空，云即是天，敬云就是敬天，于是这云就更不得

滇池上空五彩祥云

了。清雍正年间，云贵总督鄂尔泰执行"改土归流"有成，即奏报朝廷"彩云南现"。而出现"彩云"的地方，也立刻身价百倍。昆明有祥云街，滇西有祥云县，弥渡旧有彩云城，都因"彩云"得名。旧时昆明正义路上还有"天开云瑞"牌坊，如今牌坊早拆了，却还有云瑞东路和云瑞西路。滇池湖畔的海埂，是眺望彩云的好去处，被称为望云岛。滇池西岸有华亭峰，峰下有华亭寺，又名"栖云寺"，寺中大雄宝殿之上有"瑞云栖止"大匾。西山还有太华寺，云南"状元"袁嘉毅曾在此长吟"五色云中卧石虬，题诗一字一惊秋！"再去有罗汉崖，崖上有慈云洞，洞中有联称"崖半起祥云"。滇池东畔大观楼则有赵藩题联"矞呈五色云之祥，孕育文明，祥徽已久"，足见昆明"云文化"之深厚。

昆明人痴迷彩云，到了"出生入死"的地步。唐代南诏之时，昆明名僧道清圆寂火化时，据说"有彩云出火中"（清康熙《云南通志》）。元代筇竹寺主持玄坚逝世，当天就"彩霞照映南冈"（清《滇释纪》）。据说，清宣统三年（1911年）九月八日正午时，滇池上空白天出现五色彩云，"若一床极大之锦被展开，约占望里天空五分之一，直天舒异彩也。是红、绿、黄、黑、白五色俱备，形则方整，边际尤齐，纠缦胜卿云，艳丽过日华，瑞彩祥光，真映山河而辅日月也。且现至两小时之久，始渐次色变形消"。当天夜里，重九起义爆发，"夜间革命军起，次日重阳，即告功成。数千年来之帝廷专制，只此一举，即完全推翻。出此大片彩云，殆祝革命成功也。举国之人，无不认此为'天开云瑞'"〔罗养儒《纪我所知集》（《云南掌故》）〕。大功告成之后，昆明城中的按察司街改称庆云街，以示纪念。

不过，云南人对"彩云"情有独钟，恐怕另有原因。昆明安宁温泉环云岩下有岩洞，名曰"云窝"，上有题词，说"农人较晴量雨，里老咸指此洞，以为云气之占岁。多旱则云莹皎，多雨则云暧曃，晴雨均则云常彩色"。云南属季风气候，年份旱、雨两季，而"春旱"为农业大忌。此说彩云出则"晴雨均"，"晴雨均"则丰收有望，可见彩云之盼,实为风调雨顺之盼;彩云之吉,则风调雨顺之吉也。

○ "彩云呈祥"之争

但历史上对"彩云呈祥"不以为然的还大有人在。清人檀萃对《蜀都赋》中盛赞滇南彩云的话作了另一种解释:左思说滇南山川非凡,于是彩云生成,但是还不足以说彩云出现就是祥瑞的征兆!

檀萃在《滇海虞衡志》这本书里做了个统计,从明代的正德、嘉靖、隆庆到万历年间,滇中"彩云""五色云""五色霞光"等共出现了22次,但应验的多是灾难,祥瑞极少。特别是明嘉靖二年(1523年),新兴(今玉溪)、云州(今云县)都出现了五色云。但就是这一年,两地附近的澄江、蒙化(今南涧)都发生了洪灾,腾越(今腾冲)则大旱。檀萃认为,所谓"彩云",外人稀罕,云南却常见,怎么能凭着"彩云"去邀宠、去为自己谋好处呢?

至于滇南民间以"彩云"为祥兆,檀萃认为也未必。他记录了一个民间传说:瘴疠横起之时,也是一片"五色云"的样子,"且闻香气",这不是比"彩云"还"彩云"吗?但是,遇到这种"五色云",人必须捂住鼻子,避得远远的,等这"彩云"过去,才能免中毒瘴。否则,又"贪色"又"溺

昆明城中轴线正义路上有"天开云瑞"牌坊

西山华亭寺有"瑞云栖止"匾

昆明大观楼有彩云崖

香",色香都要沾一手,没有谁逃得了瘴疠的魔掌。

檀萃说自己在云南住得久了,总能看见薄云汇聚,状如鱼鳞,阳光照耀,又如丹霞,而滇人一见就大为惊喜,动不动就报奏"彩云南现","彩云"真是祥兆,哪有这么容易见到的(《滇海虞衡志》)。

檀萃此言有些道理,据气象学家陈一得长期观察,云南"无月不有彩云"(《大块文章·云霞变幻的文章》)。而据统计,明清两代,文人骚客笔下的"彩云"就达500多条。罗养儒也如是说:"云南之彩云,不仅时有所见,而且常能见到"〔《纪我所知集》(《云南掌故》)〕,若彩云兆吉,则云南无月不吉。果真如此,当然万事大吉。然而天灾人祸,其谁能免?一旦有难,又何以自圆其说?

1924年5月,护国起义胜利之后,唐继尧在昆明近日楼为"再造共和纪念碑"落成举行典礼。众人正"举酒相祝",忽然"天出彩云"。唐继尧"眉开色喜","群众则欢声雷动",中外嘉宾举杯"称贺"。不料当天夜里,近日楼前的忠爱坊即遭火焚,不到三年,因部下联手相逼,唐继尧亦垮台,"后而病死矣"〔《纪我所知集》(《云南掌故》)〕——此之彩云,在立标大典上,于唐则吉,于倒唐者则凶;至于唐死,于唐凶,于倒唐者则吉。何凶何吉,谁说得清?

○ "云霞都会"

海口石城"云庄"石刻

在高原湖泊滇池旁,视野开阔。蓝天白云,变化万端,形形色色,有毛卷云、高积云、高层云、层积云以及淡积云等,常在滇池上空转换出现。登临西山弥望,远山含黛,碧波缥缈,烟霭有无,气象万千,荡人心胸,拓人心境。清晨和傍晚,火红的、五彩缤纷的云霞在天边放射出煦丽的霞光。湖光、山色、波光、云影相互掩映,构成了滇池地区独具风格的景观,昆明由此又有"云霞都会"的美称。

云南气象学先驱陈一得常年在太华山顶观云,对滇池上空的云了若指掌,感情极深。20世纪40年代,陈一得写下《大块文章·云霞变幻的文章》,极为精彩:

云南以云为省名，彩云美观，多于各省。据陈刘德芳（陈一得夫人）记录，无月不有彩云。雨季晨昏最少，干季午后为多，出现于太阳附近。冬季常见卷云及层积云之边缘，卷云最高达9000公尺，色纯白，状分散纤薄而具缕纹，如鸟羽马尾乱发，如拂尘帽缨，如细绸丝絮；如笔画细致，其端微卷，有时聚如飞絮，现乳色白点，孤悬天际；或分列形成长带，斑纹平行，或散射如扇，弯曲如钩，变幻至多。常透露太阳光，卷云因分光作用，七色灿烂，至日出没时，则变玫瑰色霞光；彩云若现于降雨前后，随现日月晕，而彩云为日月精华之一部分，惟晕系折光，故内赤外紫；孰系分光，故内紫外赤，光彩俱美丽成文。

彩云若现于下层云，多系积云边缘，平均高度在2500公尺，其形状分布于连幕，常互相变幻，云块极大，冬季常蔽满全天。每现分散之块，其边缘往往带有似高积云之球团，中部色颇黑暗，常为深灰色，屡呈掷曲波状，成连绵作带形，或如粗大卷轴，平行排列，彼此紧接重叠，若遇薄层分裂，以其空隙可见青天。有夕现层积云，如多数长片布缕，平扁集合陈列，当太阳没时，为积云所变，文成落霞；太阳周围，有白色光环，初现黄色；下部渐变为赤色，上部为橙黄色，太阳再下，现紫赤色，圆分后紫色消失，赤色增多，上层呈金色，是赤色光线屈折小，故沿地平线上，蓝色光线差角大，故高射天空。

空气因反射折光作用，日没时常呈胭脂色，倍极美观，在东方天际现淡红色，

昆明西山华亭寺又称云栖寺

昆明城北的圆通寺高悬"佛谷云深"大匾

西山龙门的"云根"题刻

西山龙门石室的"云海"大字石刻

安宁温泉可预测晴雨的"云窝"洞石刻

近地平线常呈玫瑰色渐变上升，其猩红色不及西方鲜艳，盖天空反射青蓝光波夹杂其中所致。天气晴朗，云霞种类变态，耐人领略，洵壮美灿烂之天文。

日月晕或光环，文释奇丽，其云必为白色，细薄成层幕之卷层云。晕象种类繁复，有时套映敷环，现幻日幻月，反日及日珥等现象，颇具奇观，令人惊异。他如虹霓、则为雨季所常见，虹色内紫外红，霓系日光二次反射，内红外紫，至高山所见之峨眉宝光，同为分光作用，尤为奇文。

滇池云霞气象万千，西山则以观云胜地出名。山中的华亭寺又称栖云寺，寺中有"瑞云栖止"匾。龙门上下有"云根""云海"刻石，有穿云洞，有彩云洞，还有云华洞。与西山隔湖相望的海埂有高地旧称"望云岛"，是仰望西山云霞的好去处，大观楼则有人造的"彩云崖"，成为旧日观云胜地。至于昆明城中，不但有祥云街、庆云街、青云街，最热闹的正义路上还有"天开云瑞"坊，胜利堂两旁有云瑞东路、云瑞西路。城北的圆通寺也有块"佛谷云深"大匾——昆明城吉云缭绕，寄托了昆明人无数美好的愿望。

○昆明"云景"

昆明之云名不虚传。20世纪三四十年代，著名作家沈从文一到昆明，就发现滇池上空的云不一样。他专门写了一篇散文，题目就是《云南看云》。沈从文写道："云南是因云而得名的。""云南的特点之一，就是天上的云变化得出奇。尤其是傍晚时候，云的颜色，云的形状，云的风度，实在动人。"沈从文认为，"云有云的地方性"，而"云南的云给人印象大不相同，它的特点是素朴，影响到人的性情，也应当是挚厚而单纯。"

沈先生说："云南的云似乎是用西藏高山的冰雪，和南海长年的热浪，两种原料经过一种神奇的手续完成的。"若有心看云，要"到城郊外一个小丘上去，或坐船在滇池中"。此时，那云"色调出奇的单纯，唯其单纯反而见出伟大。尤以天时晴明的黄昏前后，光景异常动人。完全是水墨画，笔调超脱而大胆。天上一角有时黑得如一片漆，它的颜色虽然异样黑，给人感觉竟十分轻。在任何地方'乌云蔽天'照例是个沉重可怕的象征，云南傍晚的黑云，越黑反而越不碍事，且表示第二天天气必然顶好"，如同"净白的澄心堂纸上用浓墨重重涂抹，给人印象却十分秀美。云南的云也恰恰如此，看来只觉得黑而秀"写到这里，沈先生由衷地赞叹道："即以天空的云彩言，色彩单纯的云有多健美，多飘逸，多温柔，多崇高！"文如其人，云亦如其人，这是沈先生的一大发现。

著名作家老舍也对滇池的云情有独钟，他在《滇行短记》中写道："每天我必倚着楼窗远望西山,想象着由山上看滇池,应当是怎样的美丽。山上时有云气往来,昆明人说:'有雨无雨看西山'。山峰被云遮住,有雨;峰还外露,虽别处有云,也不至有多大的雨。西山只当了我的阴晴表,真面目如何,恐怕这一生不会知道了:哪容易再找到游昆明的机会呢?"

　　回忆起自己"从小女孩长成大姑娘"的昆明,女作家宗璞"心中只有一个抽象的概念:昆明的云很美"。1994年,宗璞重返昆明,又见到了"昆明的云,我的朋友!我毫不费力地发现我的朋友与众不同处,他们也发现了我,立刻邀我进入云的世界。这一朵如山峰,层峦叠翠,厚薄相接处似有溪流落下。那一朵如树丛,老干傍着新枝。这一朵如花苞,花瓣似张未张。那一朵如小船,正待扬帆起航。只一会儿工夫,这些图景穿插变幻,汇成一片,近处如积雪,远处如轻纱,伸展着,为远天拦上一层图幔"。乘车到昆明郊外,"行到高处,忽见前面豁然开朗,大片草稿天之上,有白云的图案,如一幅抽象派的画,不写真,不状物,只是一团团,一块块,一层层,卷着滚着,又要邀人进入云的世界。'昆明的云!'我叫起来,真想跳离了车子,扑到天边去!"(《三千里地九霄云》)

昆明上空的絮云

昆明西山滇池晚霞

○滇池"云诗"

　　现代诗人吟咏滇池,总要把滇池之云描绘一番。艾青的诗《滇池啊》有这样的句子:"我也喜欢这里的云彩,她们是静止的,又是婀娜多姿的。"高平更《致春城》道:"田野间,看不尽,你的浓绿,你的淡红。云南的云低飞着,来抚摸我的头顶。你迎接我,脸上泛出彩霞,我拜望你,手上捧着黎明。"滇池之云,简直成了诗人的恋人!

草海云舟

云山归帆

云天帆影

作家洛汀也注意到了滇池的云，他写道："大约是云贵高原的气流的关系吧，昆明的云是很有特色的。"在洛汀眼中，滇池之云更加多彩，"有时候，连绵不断的镶着金边的或银边的云层在翻动；有时候，长空万里，只浮现一朵一尘不染的白莲；有时候，像一座巨大的建筑物的圆顶，上面全是精雕细刻，飞禽走兽，应有尽有。有时云轻如棉，有时又重如水晶巨石。由于云状变幻的奇特，色彩的丰富，五百里滇池的湖光山色，也随着变幻无穷。我时常在湖的东南岸走动，看到滇池不同的景色：有时它是蔚蓝的，有时是碧绿的，有时又是紫墨色的，有时一半浓绿，一半银白。我们从平地仰望滇池，总是远处高，近处低，那些来往的白帆船，就像一串串风筝在空中移动"。这种水天一色的境界，让洛汀想起了一首诗：

> 茫茫五百里，不辨云与水；
> 飘然一叶舟，如在天空里。

然而，最壮观的滇池云，当数日出之云。洛汀记下了滇池上空那"彩云一千丈，万顷郁金田"的景象："滇池日出，也是奇观，一般人都以西山峭壁千仞的龙门观日为最妙。我也看到过一次印象较深的日出。在昆阳的月山上观日出，也别有一种风味，先是东方发白，继而在蜿蜒起伏的群山间拉开了红色的天幕，天幕上出现了万道金光，接着一轮火红的太阳喷薄而出，在燃烧着的红日边缘，火花四溅，活像一个盛满钢水的炉口，直对着你，耀得你刺眼，也像一条巨龙的大口，喷着金雾。这时候，滇池的云层像一片片重重叠叠的金色鱼鳞，天是金的，海是金的，田地也是金的。真是'彩云一千丈，万顷郁金田'。此情此景，怎么可以不入画呢！"（《五百里滇池》）

鹿桥（吴讷孙）的《未央歌》也写到了滇池的云：

夕阳倚着了西边碧鸡山巅了。天空一下子变成了一个配色镜。这个画家的天才是多么雄厚而作风又是多么轻狂哟！他们这些快乐的王子们躺在地上，看见许许多多奇形怪状的云区在迅速地更换衣裳。方才被山尖撕破了衣裙的白云，为了离山近，光变成了紫的。高高在天空中间的一小朵，倒像日光下一株金盏花。这两朵云之间洒开一片碎玉，整齐、小巧、圆滑、光润，如金色鲤鱼的鳞，平铺过去，一片直接到天边。金色的光线在其中闪烁着。天边上，横冲过来的是疾卷着、趋走着的龙蛇猛兽，正张牙舞爪炫耀他们的毛色。浓黑的大斑点，滚在金紫色的底子上。那些金色鱼鳞若是工笔细描的地方，这里则取意大泼墨处了，靠近落日处的长条晚霞就把刺目的金针投到惊叹的眼睛里叫人俯首。慢慢地一切变暗，那些鱼鳞也变成金红色然后消失了。

○春城"花景"

昆明是春城，又是花城。这里四季如春，气候宜人，日照长，霜期短，温度、湿度适宜，种花养花有得天独厚的条件。明代的《云南图经志书》引张云鹏诗云：昆明城内外"一国有田皆种稻，四时无日不开花"。清代云南总督林则徐也有"滇中四时常见花"（《万寿寺看花有作》）之句。昆明民间有儿歌《十二月采花》唱道：

正月花香白玉兰，二月迎春花正开。
三月樱桃串红珠，四月蔷薇架上开。
五月石榴红玛瑙，六月荷花池塘开。
七月菱角浮水面，八月风摆桂花开。
九月菊花家家有，十月山茶满山开。
冬月腊月无花采，雪里开出蜡梅来。

早在唐宋时期，昆明就培育出不少名花异木，最有名的是黑龙潭的唐梅、宋柏、元杉和明茶。清代和民国时期，昆明名花异木载入典籍的就有180多个品种，其中山茶、杜鹃、报春、百合、兰花被誉为昆明五大名花。清康熙年间的《云南府志》就说当时的昆明野生花卉不少，有紫花、白莲、素馨、杜鹃、蔷薇、芍药、芭蕉、紫菀等，芬芬芳芳地开在幽谷之中，而独有山茶花郁郁葱葱，开在山巅。走进民国《昆明市志》的地方花卉有近百种之多，首先是茶花，还有美人樱、金丝凤尾、美人蕉、汉宫秋、天竺牡丹、荷包牡丹、金盏花、玉蝉花、玉簪花、白玉兰、紫玉兰、剪红绒、紫茉莉、紫罗兰、珍珠花、绣球花、建兰、珠兰、芍药、水仙、千日红、洋玫瑰、游蝶花、太阳花、竹叶梅、蜡梅、金萱玉李、碧桃、牵牛花、龙爪花、凤

抗战时期的昆明近日楼花市

凰百合、铁炮百合、天人菊、火炼金丹、秋菊、白色堆片秋菊、点将红秋菊、白云秋菊、玉狮子秋菊、粉夔龙秋菊、紫袍带秋菊、一捧雪秋菊、鹭鸶毛秋菊、普通翠菊、矮生翠菊、金钱翠菊、除虫菊、花环菊、万岁菊、紫绒菊、雏菊、小白菊、矢车菊、鸡冠花、晚香玉、卷丹莲、铁丝花、木香花、凌云花、粉团花、金雀花、合欢花、望江南、紫藤金凤花、黄蜀葵、木槿花、石榴花、白蝴蝶花、红白黄紫四种杜鹃、紫丁香、迎春花、金银花、四季绣球、栀子花、洋茴香、球状向日葵、鸟头虞美人草、白日草、金鱼草、月见草、飞燕草、花菱草、棋盘草、虎耳草、含羞草、千头佛草、万年青、观音柳、南玉竹、石斛、芭蕉等等。如此记载，尽管挂一漏万，但也足以让人眼花缭乱了。

自古以来，昆明花有名，昆明人爱花也有名。"螺峰花潮""玉泉花暖""龙泉探梅""凤鸣山茶"都是昆明胜景。

明代四川状元杨慎"词"说昆明，一年十二个月都有好花可看：正月"山茶树树齐开了，艳李夭桃都压倒。妆点好，园林处处红云岛"；二月"游丝摇曳扬花转""寻芳争占新亭馆"；三月"牡丹芍药晨妆亲，罗天锦地歌声应"；四月"花似绮，钗头无日无花蕊"；五月"江鱼海菜弯刀切，船尾浪花风卷叶"；六月"荷芰浦，兰舟桂楫喧箫鼓"；七月"刺桐花底仙裙皱"；八月"红芳碧树花仍在，园圃全无摇落态"；九月"滇南篱菊秀，银霜玉露香盈手，百种千名殊未有。摇落后，橙黄菊绿为三友"；十一月"曹溪寺里梅开也，绿尊黄须香趁马"；十二月"槟榔串，红潮醉颊樱桃绽"（《渔家傲·滇南月节》）。

明崇祯年间的昆明文人高应雷在《花朝歌·序》中说，当时昆明城西有沐家的西花园，几乎搜罗了国内所有的名花，是名副其实的百花园；城东南一带，多半是达官贵人的园林花圃，无不素馨挽架，茉莉挽篱；匝地香苞，莺蝶亦醉；北门外的马村、盘龙江、金汁河两岸，桃树成林，樱桃、海棠相间，灿若红锦彩霞，染红了天空、江水，蔚为盛景。

直到民国初期，当时的《昆明市志》也说，昆明"民性颇喜园艺"，如花木一项，名机关学校中建设花卉栽莳。私人之庭院中亦喜培植。甚至门铺之前，均置盆景。专以开设花园为业者不下一二十户。而寺院之中僧尼尤多以栽花为一种附带营业,以增加收入。每年端午节前后,昆明的金碧公园、近日公园、云津市场、三牌坊、甬道街都有大型"花市",数百种花木缤纷罗列,观者、买者络绎于途,蔚为大观。原藩台衙门前更每天都有花卉陈列出售,"足见民性对于花卉之观赏,颇具浓厚味"。

延续至今的圆通山赏花潮

抗战时的1941年,著名作家老舍来昆明讲学,写下一篇《滇行短记》,说昆明"花木远胜北平。北平讲究种花,但夏天阳光过烈,冬天风雪极寒,不易把花养好。昆明终年如春,即使不精心培植,还是到处有花"。女建筑学家、诗人林徽因也曾大赞昆明天清气朗、熏风和畅、遍地鲜花、五光十色,"所有美丽的东西都守护着这个花园"。

昆明民间谚语说"有城无花,民心窄狭",又说"莫嫌天井小,多栽花木养小鸟"。一年四季,昆明人案头要放花;逢年过节,昆明人祭拜要敬花;过年祭祖要供花;四月初八"洗太子"要用花泡净水;姑娘梳妆要插花;唱花灯更要戴花——就是官家举行"迎春"大典,那县太爷和水利官员毕恭毕敬捧在手中的竹签,也要贴满春花。中秋节来了,昆明青年男女到圆通山祭月祈福,也要献花祭月,有《竹枝词》为证:

瓜瓶香花祀月公,芳心默祷广寒宫。

第求嫁得成材婿,一世团圆与月同。

昆明人把农历二月十二日看作"百花"生日,要举办"花朝节",其实就是一个"万人朝花会"。"花朝节"在昆明由来已久。早在明代,昆明诗人高应雷就在《花朝歌·序》中描写了当时昆明的花朝节盛况:昆明全城歇业,百姓扶老携幼,全家出游,红男绿女,舞伎歌童,丝管叠韵,堪称金碧胜景。直到民国时期,这天昆明人要"赶花街",到街市、花园、寺观赏花、卖花、买花,小姑娘则用红绫、红布或红纸剪成一朵朵小花,走到哪里,就挂在那里的花枝上,表示为百花"祝寿"。后来花朝节演变为官办或民间的各种"花展"或"花会"。

昆明人爱花种花养花,形成了独特的"花产业"。近日公园和藩台衙门旁有万紫千红的"花市",官府衙门、学校机关、大户豪门有栽花养草的"花工""花匠",

大街小巷有挑着各种各样的"花担"穿梭来往的"花姑"和"花婆"……

中国当代文学和中学语文课本的名篇有杨朔的《茶花赋》和李广田的《花潮》，说的都是昆明的花。杨朔开篇就写道：

今年二月，我从海外回来，一脚踏进昆明，心都醉了。

为什么？

论季节，北方也许正是搅天风雪，水瘦山寒，云南的春天却脚步儿勤，来得快，到处早像催生婆似的正在催动花事……

○ "花和尚" 养花兴寺

映空和尚灵塔

清代末年和民国初期，不但昆明官府、民间养花，超凡脱俗的寺院也养花，甚至以花"附带营业，以增加收入"，用于修葺殿宇。此中最有成就者，就是城东的昙华寺。昙华寺僧善于养花，所种奇花异草，四时不绝，昙华寺的花比昙华寺的名气还大得多（民国《昆明市志》）。

据寺中近代碑文所记，清末昙华寺横遭战乱摧残，几近荒废。民国初年，住持和尚映空率领徒弟开辟花圃，种花养草，并靠售卖鲜花积累资金，重建佛殿僧堂——昆明之花曾保证一个学校之经费，这里又成全了一寺庙之营建，堪称奇花、善花、佛花。

映空和尚酷爱种花，园艺精到，闻名滇中。昙华寺土地瘠薄，映空亲自到远处挑粪浇灌，经过10多年的努力，寺中名花罗列，满园缤纷，芳香浓郁。在每年的近日楼花卉展赛中，名列前茅的总是昙华寺花。映空和尚又善于经营，用卖花的收入重修寺庙，内外焕然一新，映空也被得了个"花和尚"的美称。每逢花朝节、清明节，寺中百花盛开，映空和尚就在寺中备好桌凳茶水，接待游客。近人赵藩为昙华寺题联曰：

守五叶宗风，粥盂茶铫宜清静；

祝百花生日，宝马香车任去来。

昆明东郊的昙华寺

映空当年种植的牡丹、春兰、雪兰、虎头兰、缅桂、垂丝海棠都很有名，他种的兰花更是名噪全省。昆明人走进昙华寺，多为"问花"而来，以赏花为快事。当时在昆明军界任职的朱德酷爱兰花，经常到昙华寺赏花游览，和映空和尚结下友谊，盛赞昙华寺"花木亭亭，四时不谢，足以娱情养性"，留下了一段佳话。

○端午"蝴蝶会"

清代昆明曾经有"蝴蝶会"，时间在端午前后，地点在螺峰山。据清代张泓的《滇南新语》记载，清乾隆年间，每逢初夏，昆明城北的螺峰山会飞来无数蝴蝶，大的如转轮，小的如铜钱，随风翻飞，五彩缤纷，锦色烂然，停满房屋树枝、岩石沟壑。群集山中3天之后，蝴蝶又陆续飞走，人们既不知它们从哪里飞来，也不知道它们飞到哪里去。清人檀萃的《滇海虞衡志》则记载说，旧时蝴蝶会每年都有，蝴蝶飞来，总会停满圆通寺的墙壁。后来消失20多年，到乾隆五十六年（1791年）四月，蝴蝶会又不期而至。昆明人扶老携幼，争相围观，红男绿女，相挤于道，阻门塞路，人不得行。

清道光年间云南进士何彤云的《赓缦堂矢音集》也记载道，当时昆明城内螺山前后，常有数万蝴蝶飞集树林之间，大小连缀，五色迷目，如同一片锦绣，散布山中。大群蝴蝶飞来之后，要几个月才离去。蝴蝶来时，昆明人认为是祥瑞之兆，都争着去看稀奇。尽管观者如堵，那蝴蝶却一点儿也不怕人。有人故意惊动蝴蝶，蝴蝶才散去，但马上又聚拢在一起，真算得上是蝴蝶盛会。直到清代的咸丰、同治年间，张士廉题写昆明"八景"诗，其中就有"螺峰叠翠"一首，诗中有"蝶走胜仙踪"一句，写的也是圆通山的蝴蝶会。据清道光年间《昆明县志》记载，早在清顺

民国初期的圆通山一带,已见植被稀少,人烟渐密,环境剧变,"蝴蝶会"已成为久远的回忆。

如今的圆通山被林立的钢混高楼所包围,"蝴蝶会"早已成为一个远去的梦。

治十八年（1661年）正月，昆明晴空之下，飞来无数蝴蝶，又小又白，群舞纷飞，遮天蔽日，自东南飞向西北，飞了一个多月，十分壮观，十分奇异。

昆明民间传说，早年商山（今云南大学北院、民族大学老校址一带）住着以砍柴为生的两兄妹。因妹妹长得很美，元代的梁王起了歹心，把妹妹抢走，哥哥拼命才把妹妹救了出来。梁王派兵来追，哥哥被逼，跳下虎啸崖，妹妹也跳进莲花池。后来兄妹俩双双化为蝴蝶，年年相聚在螺峰山上，成千上万的蝴蝶都赶来祝贺，于是就有了螺峰蝴蝶会。

旧时"端午观蝶"为昆明一大盛事。清乾隆年间，昆明人万钟杰曾赞叹圆通山"五月五日，则群蝶飞来，不计百万"，并赋诗道：

华胥蝴蝶尽聚此，振影翩翩高蔽空。
大如车轮小如扇，如丸如弹俱相从。
鸦鹊鹰鹞何敢来？猿猱狐鼠潜藏踪。
伏阶鼓翅雄于虎，五色鲜明流彩虹。
满城士女拥成市，肩摩履接香气浓。
忽然惊动达官府，车来流水马如龙。
三日两日杳然去，寂寂剩得青芙蓉。

彩蝶蔽空，观者如织，车水马龙，万头攒动，昆明端午观蝶盛况如此。

"蝴蝶会"之谜，在蝶蛹羽化成蝶以后，雄蝶四处翻飞，寻求雌蝶交尾，互相追逐嬉戏，人称"婚飞"。历史上蛇山和滇池曾经山水相依，直到明代，翠湖还是滇池的一个湖湾，清初才形成一个小湖，但水面仍然比今天广阔。今天圆通山下的大小绿水河、长春路的青龙巷（旧时叫双水塘）一带，从前也是到处泉水喷涌，一片湖沼。旧时"昆明八景"中就有三景集中在这一带："螺峰叠翠""商山樵唱"和"蚩山倒影"。蝴蝶偏爱湿度较大、林草幽深之地，早年这一带正好青霭松崖，苍苔路滑，绿云封径，凉翠浸衣，螺山滇池，山水相映，于是就有了"蝶走仙踪"的"蝴蝶会"奇观。

清中叶以后，昆明人口增长很快，螺峰山、商山一带的林木越砍越少，水土流失，加上滇池的出海口一再疏通，滇池水位不断下降，水面逐渐退缩，泉水断流，空气湿度下降，气温上升，蝴蝶无以生存，远走高飞，"蝴蝶会"的盛景就只有到古诗、古书中去寻找了。

老名联

清代中国名胜之地有四大名联，四大名联均为滇人所撰：昆明大观楼长联为本地布衣孙髯所作，"从古未有，别创一格"（毛泽东点评），"大气磅礴，光耀宇宙，海内长联，应推第一"（民国《滇南楹联丛钞》）；湖南岳阳楼长联为罗平（今属师宗）人窦垿所撰，"跌宕纵横，情景逼真"（《滇南楹联丛钞》），"大力包举，气象万千"（《罗平县志·艺文志》）；成都武侯祠"攻心联"数典论史，立意高远，富于哲理，启人深思，出自剑川人赵藩之手；武汉黄鹤楼楹联气势豪迈，魄力雄奇，直视先贤，雄贯古今，作者是通海人陈宝裕。换个角度看，华夏四大名楼，即有三楼名联出自滇人之手。孙联先出，窦联、陈联继之，异曲同工，意气磅礴，得孙联神韵，有三迤风格，其之叛逆，其之血性，足令滇人自豪。人谓"天下楹联十斗，滇人占去八斗"，又谓"滇人善联"，实不相欺，昆明人与有荣焉。正是：

与岳阳黄鹤相衡，一样雄奇，各有大名垂宇宙；

揽昆海碧鸡之胜，同来眺赏，莫将佳日负春秋。

○大观楼"天下第一长联"

清乾隆年间，昆明布衣名士孙髯但登昆明大观楼，意气纵横，傲书长联一百八十字：

五百里滇池奔来眼底，披襟岸帻，喜茫茫空阔无边。看：东骧神骏，西翥灵仪，北走蜿蜒，南翔缟素。高人韵士，何妨选胜登临，趁蟹屿螺洲，梳裹就风鬟雾鬓，更苹天苇地，点缀些翠羽丹霞，莫辜负：四围香稻，万顷晴沙，九夏芙蓉，三春杨柳。

数千年往事注到心头，把酒凌虚，叹滚滚英雄谁在？想：汉习楼船，唐标铁柱，宋挥玉斧，元跨革囊。伟烈丰功，费尽移山心力，尽朱帘画栋，卷不及暮雨朝云，便断碣残碑，都付与苍烟落照，只赢得：几杵疏钟，半江渔火，两行秋雁，一枕清霜。

此联一扫俗唱，纵横古今，沉郁苍凉，萧疏悠远，大气磅礴，驰骋三迤之志，尽得滇云之风。乾隆时期文禁森严，此联振聋发聩，四方惊动，昆明士民，竞抄殆遍。清嘉庆年间昆明举人谢琼有《大观楼题壁》诗云：

凭栏披满大王风，气象全收入座中。
西去水声奔万马，北来山势卧长虹。
楼台一带开烟雨，烽火千年冷启蒙。
几段酒酣难落笔，上头题句有髯翁。

到了现代，对孙髯长联的评价更是一边倒。1961年，郭沫若游大观楼时曾题诗道："长联犹在壁，巨笔信如椽。我亦披襟久，雄心溢两间。"两年以后，1963年，陈毅也在昆明写了一首诗：

滇池眼中五百里，联想人类数千年。
腐朽制度终崩溃，新兴阶级势如盘。
诗人穷死非不幸，迄今长联是预言。

大观楼长联的上、下联

○毛泽东："从古未有，别创一格"

大观楼历百年沧桑，楹联诗赋，难计其数，孙联一出，全无颜色，推崇文字，不绝于书。民国《滇南楹联丛钞》更称赞孙联"大气磅礴，光耀宇宙，海内长联，应推第一"。清道光《楹联丛话》称："胜地壮观，必有长联始称，然不过二三十余字乃止。惟云南省城附郭大观楼，一楹联多至一百七十余言，传颂海内。虽一纵一横，其气足以举之。"毛泽东曾阅此书，针对其中"一百七十余言"之语，手批"一百八十字"，进行了订正。毛泽东似乎对孙髯长联的下联更感兴趣，在"叹滚滚英雄谁在"和"伟烈丰功，费尽移山心力"两句的每个字旁都画上了圈。接下来是"伥朱帘画栋，卷不及暮雨朝云，便断碣残碑，都付与苍烟落照，只赢得：几杵疏钟，半江渔火，两行秋雁，一枕清霜"，毛泽东又在字旁画上曲线，每到句末，还加画上两三个圈。《楹联丛话》评论孙髯长联"未免冗长之讥"，毛泽东又批道："从古未有，别创一格，此评不确。"

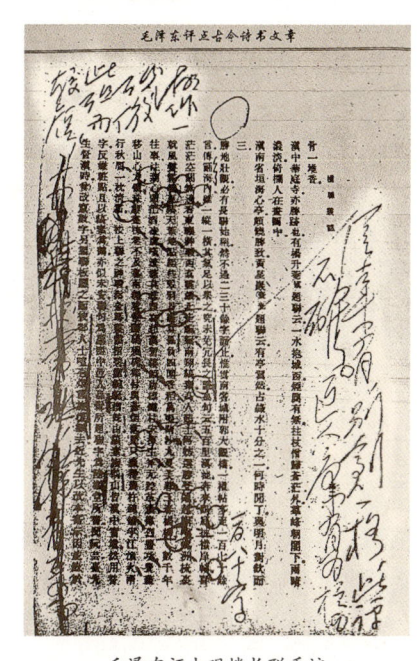

毛泽东评大观楼长联手迹

毛泽东所批《楹联丛话》，出自清嘉庆年间进士、"楹联学开山之祖"梁章钜之手，商务印书馆1935年出版，平装本，现已寻得，复印件陈列在大观公园内。1958年3月，毛泽东在成都时，借阅楹联书籍10多种，其中就有《楹联丛话》。毛泽东对孙髯的大观楼长联十分赞赏，能背诵如流，还要求云南负责人读一读长联，说你们那里是"四围香稻，万顷晴沙"，有"九夏芙蓉，三春杨柳"。在后来的一次会议上，毛泽东和云南代表谈到大观楼长联，笑着说："那是天下第一长联哟。作者孙髯翁是清代寒士，很有才气，论史作文，心得独到。"

○阮元改联："岂不骎骎乎说到我朝"

清道光六年（1826年），阮元到昆明任云贵总督，但读大观楼长联，认为其中有冒犯当朝之辞，竟然大惊失色，他在写给梁章钜的信中说，孙髯的长联把汉、唐、

阮元画像　　　　　　　　　　　早年的大观楼催耕馆

宋、元正统王朝的伟烈丰功都"总归一空",接下来岂是要否定"我朝"了吗?(《楹联续话》)——幸而孙髯早就穷死,否则,单凭这一条罪状,就可以杀他的头了。阮元亲自操刀,把"伟烈丰功"涂去,改成"爨长蒙酋"等等,说这样就可以将"总归一空"的命运转到吴三桂等人身上,就可以"扶正而消逆"了:

　　五百里滇池奔来眼底。凭栏向远(披襟岸帻),喜茫茫波浪(空阔)无边。看东骧金马(神骏),西翥碧鸡(灵仪),北倚盘龙(走蜿蜒),南训宝象(翔缟素)。高人韵士,惜抛流水光阴(何妨选胜登临)。趁蟹屿螺洲,衬将起苍崖翠壁(梳裹就风鬟雾鬓),更苹天苇地,早收回薄雾残霞(点缀些翠羽丹霞)。莫辜负:四围香稻,万顷鸥(晴)沙,九夏芙蓉,三春杨柳。

　　数千年往事注到心头。把酒凌虚,叹滚滚英雄谁在?想汉习楼船,唐标铁柱,宋挥玉斧,元跨革囊。爨长蒙酋(伟烈丰功),费尽移山气(心)力。尽珠帘画栋,卷不及暮雨朝云,便藓(断)碣苔(残)碑,都付与荒(苍)烟落照。只赢得:几杵疏钟,半江渔火,两行鸿(秋)雁,一片沧桑(枕清霜)。

　　(梁章钜《楹联丛话》)

　　此中括号标出的是孙髯原联的字句,不难看出,阮元这么一改,不但思想境界变了,文字也嚼之如蜡,索然无味。毛泽东曾将《楹联丛话》所载孙髯原联和阮元改联作了比照,在书中批道:"死对,点金成铁。"清人梁晋竹《两般秋雨庵随笔》也载录了大观楼长联,毛泽东批注:"此阮元改笔,非尽原文。"——不可鱼目混珠也。

　　据清人杨琼的《滇中琐记》,当年阮元"改联"挂出后,昆明城中舆论大哗,一首民谣传遍全城:

　　软烟袋不通,韭菜萝卜葱。

　　擅改古人对,笑煞孙髯翁。

且说长联，在清代严酷的"文网"中，孙髯打的是一个擦边球。在"非古"之后，他留了一个余地，既可以"非古非今"，也可以"非古颂今"，给自己也给长联留下了生存空间。于是伟人毛泽东在这里看到了"从古未有，别创一格"的大格局，革命家陈毅在这里看到了"腐朽制度终崩溃"的"预言"，文学家郭沫若在这里看到了"巨笔信如椽"的气势，失意者在这里找到了"把酒凌虚，叹滚滚英雄谁在"的慰藉，朝廷命官阮元则看出了孙联"岂不駸駸乎说到我朝"——"快要讽刺到我大清朝"的危险，都在情理之中。但唯有阮元捉刀改联，犯了大忌：孙联早成"名联"定势，但一动刀，无论是"狗尾续貂"，还是"貂尾续貂"，注定都是败笔。

平心而论，阮元的修改也并非一无是处。如平仄掌握，阮联似更顺一些，但读起来总是亘棱阻隔，文气不畅。孙髯下联中有两个"心"字，阮元换了一个，也不无道理，但意蕴却大大缩水，又落下话柄，不犯众颜、惹众怒，那才是怪事。有人说孙髯长联如同洒脱不羁的风流名士，而阮元的改联不过是规行矩步的三家村学究，所言是矣。其实，阮元当初也心虚，在给梁章钜的信中称，当时"啧有烦言者"，认为他那个"蒙酋"改得不怎么样——"未达耳"。阮元字"文达"，竟改联而"未达"——词不达意。一代文名，毁于大观楼一联之改、"扶正消逆"一念之差，不亦悲乎？

○程含章："以成全璧"之陋

清代擅改孙髯大观楼长联的还有一个，即清嘉庆、道光年间的云南人程含章。他认为孙髯长联虽"才雄气猛，为海内第一杰作，惟连用排偶八句，而无虚字跌宕之，又无单句疏畅之，似嫌气短"，于是操刀修改，"以成全璧"。其改联如下：

五百里滇池奔来眼底，披襟岸帻，喜茫茫空阔无边。看：东骧金马（神骏），西峙碧鸡（肃灵仪），北耸青虹（走蜿蜒），南翔白鹤（缟素）；高人韵士，定当击节讴歌（何妨选胜登临），况栏外树色江声（趁蟹屿螺洲），随地皆诗情画意（梳裹就风鬟雾鬓），更云开雨霁（苹天苇地），何时不鱼跃鸢飞（点缀些翠羽丹霞）。登斯楼也，莫辜负四围香稻，万顷晴沙，九夏芙蓉，三春杨柳。

数千年往事注到心头，把酒凌风（虚），叹滚滚英雄谁在？想：汉习楼船，唐标铁柱，宋挥玉斧，元跨革囊；伟烈丰功，争欲同符天地（费尽移山心力），至今日离宫别馆（尽朱帘画栋），悉化为芳草长林（卷不及暮雨朝云），并（便）断碣残碑，都付与苍烟落照；游于浦者，只剩（赢）得几杵疏钟，半江渔火，一（两）行秋雁，两岸芦花（一枕清霜）。

（《程月川先生遗集·修改近华浦大观楼长联》）

程含章在此改动孙髯长联19处，计80字，又新增两句，全联从180字增加到

早年的大观楼水榭亭

192字。在改联中,程含章一笔将"苹天苇地,点缀些翠羽丹霞"抹去,改为"云开雨霁,何时不鱼跃鸢飞",以示"天下大清"。再审其文字,以静制动,易"翥"为"峙",改"走"为"耸",顿觉呆板;而所谓"诗情画意",更直白无味,又是败笔。程氏做过广东、山东、江西巡抚,"以廉直称""爱民洁已",号称"清官"(袁嘉毂《滇绎》)。但其捉刀改联,尽显其陋,又落笑柄,实不值也。

○ "净乐长联":"欲与孙髯试比高"?

清代前期,大观楼后面有座观音寺,一说始建于清康熙二十一年(1682年),历史比大观楼还早8年。清道光八年(1828年),大观楼改建,从原来的二层增加到三层。观音寺名僧净乐也重修观音寺,在寺后新建华严阁,也为三层,与大观楼南北对峙,成为近华浦一景。大观楼改建后,仍挂出孙髯长联。净乐也不甘落后,华严阁建成后,也自撰一联,悬挂在阁前:

叠阁凌虚,彩云南观,皇图列千峰拱首,万派朝宗,金碧联辉,山河壮丽。视晴岚掩翠,晓雾含烟,升曙色于丹崖,苍松鹤泪;挂斜阳于青嶂,石厂猿啼,暂息烦襟,凝神雅旷,豁尔讴歌叶韵,风月宜人,性静幽娴,互相唱和;得意时指点此间真面目;

层楼映水,佛日西悬,帝德容六诏皈心,百蛮顺化,昆华聚秀,宇宙清夷。听梵呗高吟,法音朗诵,笑拈花于鹫岭,理契衣传;俦立雪于少林,道微钵受。久修净行,释念圆融,历然主伴交泰,凡圣泯迹,心源妙湛,回脱根尘;忘机处发挥这段大光明。

此联被称为"净乐长联",上下联各92字,全联184字,比孙髯长联多4字,加上净乐所建华严阁比大观楼高一丈还多,不少人认为净乐"欲与孙髯试比高"——有叫板大观楼和孙髯的意思。净乐本来持戒精严,才情甚高,善于诗联,名望不小。其华严阁长联指点湖山,写景清逸,修行忘机,悟世超尘,写得词语华丽,对仗工整,平仄精当,也是一幅佳作。但净乐本为僧人,却热衷入世,动辄"皇图""帝德";

孙髯一介布衣，又崇尚出世，鄙薄"伟烈丰功"。二者意境相去甚远，自不可比。后来大观楼和华严阁都毁于战乱，得到重建的只有大观楼，重新挂出的也只有孙髯长联，华严阁和净乐长联则湮没无闻了——直到如今，昆明妇孺皆知中国四大名楼之一的大观楼和孙髯的"海内第一长联"，还有几个人知道无辜的华严阁和"有心"的"净乐长联"呢？

早年的大观楼涌月亭

○长联仿作："亿万顷狂浪奔来眼底"

清代以前，楹联之作多在50字以内，孙髯大观楼长联洋洋180字，穷尽散文笔法，开长联先河，以容纳更博大的内容、显示更恢宏的气势、体现更高超的技巧。孙髯别出心裁，自创一体，以上联状景，淋漓尽致；以下联咏史，气势若虹。长联问世之后，人争传颂，三迤内外，仿作不断，到清代后期，更形成长联创作高峰。有人甚至通篇模仿，把它作为一个词牌来填，其"长"之最，竟有1600字之多！

前述毛泽东评孙髯长联语，还有一批："近人康有为于西湖作一联，仿此联而较短，颇可喜。"此联今在杭州西湖"三潭印月"处，其曰：

岛中有岛，湖外有湖，通以卅折画桥。览沿堤老柳，十顷荷花，食莼菜香。如此园林，四洲游遍未曾见。

霸业销烟，禅心止水，阅尽千年陈迹。当朝晖暮霭，春煦秋阴，山青水绿。坐忘人世，万方同概更何之！

此联精致而富画意，唯气势大不如孙髯。

今看孙髯长联仿作，几遍于神州。上联状景，下联论事，且以数字开头，成为撰写长联的模式。有通海海潮寺联116字，上联开头"千百年奇石直立天穹"，下联始于"亿万顷狂浪奔来眼底"；有贵阳甲秀楼联174字，上联开头"五百年稳占鳌矶"，下联始于"数千仞高临牛渚"；有丽江玉龙山联180字，上联望"数万里长江穿流脚下"为始，下联观"十二时景象幻在胸中"为首；有成都望江楼联48字，上联开头"层楼高百尺"，下联始于"往事越千年"；有峨眉山报国寺联180字，上联开头"海拔越三千"，下联始于"峥嵘逾万纪"；有兰州甘肃举院联192

字，上联开头"二百年草昧破天荒"，下联始于"一万里文明培地脉"；有腾冲龙光台联206字，上联开头"捷足上高台，披襟远眺，喜山川面面皆新"，下联始于"回顾思往迹，拔剑狂呼，叹豪杰纷纷谁在"；有南京莫愁湖联226字，上联开头"千年王气西来"，下联始于"万里长江东去"；有长沙天心阁联254字，上联开头"上下五千年"，下联始于"纵横十万里"；更长的，还有衡山仿古题南岳联308字，有灌县青城山联394字等——孙髯偏居边隅，而以一联号召天下，堪称华夏一杰。

孙髯长联仿作之中，别具一格者，乃其中针砭时弊之作，读之忍俊不禁，痛快淋漓——

其一是《叹科举考试联》，清人江受先作：

五百里蓉城奔来眼底，心中有数，喜洋洋录出遗才。便东游牛市，南谒羊宫，西到满城，北观昭觉。假充豪杰，借此宿柳眠花，便水榭茶亭，商量就拈香换帖。更酒楼烟馆，贪恋着过瘾传杯。莫辜负威仪小帽，履秦朝鞋，义和虾仁，月兴酢肉。

数千人蒿目惨上心头，榜下无名，怒轰轰怨着主考。想文揣时风，诗遵官韵，策操纂要，经习短篇。废寝忘餐，尚忘步蟾折桂。奈邮传报语，叫不应解元老爷。

大观楼前石缸倒影

大观楼北侧对联：千秋怀抱三杯酒，万里云山一水楼

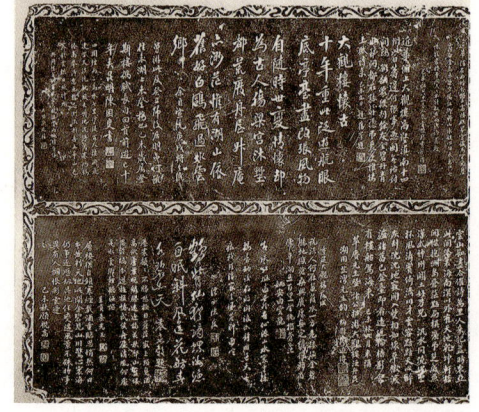

大观楼诗碑

及爱女娇妻，做不成夫人小姐。只剩得半副号帘，三张题纸，两枚残烛，一个提筐。

上联中"遗才"指补考而获乡试资格的生员，下联中"提筐"指应考时携笔墨饭食入场之竹筐。此写"遗才"科考之前浪荡市井，榜上无名则落魄尤人，追名逐利，黄粱一梦。

民国年间，烟土大量涌进云南，民间有讽吸食大烟者之长联，有一联《讽吸鸦片者》，曾流传一时，照录如下：

五百两烟泥赊来手里，价廉货净，喜洋洋兴趣无穷。看粤夸黑土，楚重红瓢，黔尚青山，滇崇白水。估成辨色，不妨请客闲评，趁火旺炉燃，煮就了鱼泡蟹眼。正更长夜永，安排些雪藕冰桃。莫辜负四棱响斗，刀字香盘，九节老枪，三镶玉嘴。

数十年家业忘却心头，瘾发神疲，叹滚滚钱财何用！想名类巴菰，膏珍福寿，传种罂粟，花号芙蓉。横枕开灯，足尽平生乐事。为朝吹暮吸，哪怕他日烈风寒。纵妻怨儿啼，全装作天聋地哑。只剩下几寸囚毛，半袖肩膀，两行清涕，一副枯骸。

此联警诫吸毒，寓庄于谐，可以当作警世之言来读。联中"黑土""红瓢""青山""白水"，都是各地鸦片特产，下联中的"巴菰"指烟叶。

在长联仿作中，还有大义凛然的檄文，如《斥"一二·一"惨案制造者联》：

三百个军人奔来眼底，摩拳擦掌，势汹汹径往前冲！看团绅牛劲，西服乱闯，俊杰被擒，林蔚帮凶。走狗奴才，何妨硬打蛮干。趁闹里无备，抢几支手表水笔。更撕毁壁报，放一些冷枪热炮，不辜负四文赏钱，九个流氓，半打特务，三升暴徒。

数日前往事注到心头，怒发冲冠，叹滚滚英雄谁在！想于再先生，潘琰小姐，华昌同学，鲁连烈士，壮伟殉难，抛去七尺之躯。尽造谣中伤，掩不了血腥罪行。便拼却一死，留待后继者标榜。谁要你两口棺材，十万臭钱，几句谎言，一点假意！

联中林蔚为国民党特务头子，团绅是打手。以长联为投枪、为匕首，这是近代长联的一个特点。

○咒蛟台和孙髯翁

孙髯晚年清贫，得昆明圆通寺和尚之助，借住寺后夕佳阁，竖起"蛟台老人"招牌，以卜筮为生。夕佳阁在普陀崖之下、咒蛟台之上，又称"壁立堂"。孙髯寓居于此，又有了"家徒四壁"之意。

寓居咒蛟台时，孙髯一天挣不到几个钱，常常几天不能举炊做饭。遇有僧人斋请，朋友周济，孙髯又拒绝不受。清乾隆三十三年（1768年）秋，云南诗人师范游山，见壁立堂前有一副对联："庄严世界还须佛；点染春光也要人"，知道主人必定不

大观楼孙髯雕像

同凡响,便入门求见。孙髯白须古貌,如松下独鹤,端坐木床之上,果然不是凡人。两个人谈得很高兴,说起诗文来,孙髯拍案论说,目光炯炯逼人。师范知道孙髯虽然无法糊口,又不接受馈赠,于是一连几天带上糕饼,来到咒蛟台和孙髯把酒论诗,直到天黑才告别(《滇系》)。后来师范追忆道:

日日看山不出城,夕阳秋雨可怜生。

咒蛟台上松风冷,犹为孙登起啸声。

三年之后,孙髯之子到广西经商,稍有起色,迎孙髯往住,不料孙髯"未至而卒"。或说孙髯一女嫁至弥勒,迎其归养。孙髯死后,家无遗物,由友人安葬,墓在弥勒城西的新瓦房村,墓碑题:"滇南名士孙髯翁先生之墓"。近年此墓又被迁移。原墓前有联数幅,其一曰:

读大观楼一联,脍炙人口久矣。就苹天苇地,濡染笔墨生辉,布衣有何能,几历昆池劫灰,常图不磨文字;

出邑爽门半里,迢遥马鬣依然。叹断碣残碑,湮没名流不少。吾辈非好事,一存南天傲骨,以昭先正典型。

孙髯自挽联如此:

这回来得忙,名心利心毕竟糊涂到底;

此番去甚好,诗债酒债何曾亏负着谁。

孙髯著作有《永言堂诗文集》《国朝诗采》《滇诗》《金沙诗草》,又"曾修云南县志",全部丧失无存。其诗篇在《滇南诗略》中收有20首,近代又发现《孙髯翁诗残钞本》,收孙诗54题85首,可惜多有破损,此外还有6000字的《拟盘龙江水利图说》钞本等。

中国楹联创作与历代文体、文风密切相关。楹联最早是从古文辞赋的骈词俪语发展而来的,先期受到楚辞、汉赋、唐诗的影响,使用的多是骈文、格律句式,后来又从宋词、元曲中引来词、曲句式,清代更融入了散文句式,不断向口语体倾斜,有的就直接用口语了。不少学者认为，孙髯的大观楼长联集中国各种文体技法之大成，有汉赋的铺陈夸张，有唐诗的精练蕴藉，有宋词的中调长调，有元曲的意促爽劲，有散文的自由潇洒，有经文的节短韵长，无不兼收并蓄，熔铸创新，如行云流水，词句跌宕，音韵铿锵，辞藻繁富，形象鲜明，变化多姿，意境深远，对后世楹联创作产生了深远的影响。孙髯长联和梁章钜的《楹联丛话》是清代楹联发展的重要里程碑，促成了楹联文学的全盛时期，标志着楹联已经发展成为和诗、词、曲、赋、骈文分庭抗礼、媲美争妍的独立文体，甚至成为清代的主流文体。还有学者打出"清联"的旗号，与唐诗、宋词、元曲相提并论，可见孙髯长联在中国文学史上的地位。

身在壁立堂时，孙髯有《寓居夕佳阁》诗曰：
万古一书卷，乾坤七尺床。
卧游宗炳宅，吟倚费公房。
石耸经台翠，云流洞谷香。
夕阳山气好，天海入苍茫。
道在多违俗，名高转误身。
自非天下士，谁是个中人？
鱼鸟忘机尽，江山写照真。
我怀相领取，汩没任风尘。

○长联作者"孙髯"之争

大观楼长联落款明明白白地写着"昆明孙髯翁先生旧句"，长联作者应该清清楚楚了。但前些年，这个"昆明孙髯翁"多次遭到质疑，有人认为，这个"孙髯翁"不是昆明布衣孙髯，而是曲靖文人孙璕。此中提到了"二孙"的年龄、名号、思想等等，都是一堆笔墨官司。如质疑者举出孙髯的好友师范所纂《滇系》为例，称其中有孙髯传，记述孙髯一生成就，但对大观楼长联一字未提，岂不怪哉？辩者翻出师范《东渠遨游近华浦偶成》诗，其中有"孙布衣留绝妙辞"之句，并有师范自注，说近华浦"有髯翁联甚佳"，等等。

这场笔墨官司在社会上影响不小，有关部门还特地为此召开了研讨会，结果还是各执一词，谁也不能说服谁，但"昆明孙髯翁"论似乎占了点儿上风。不过孙髯其人其事，到底还是留下了不少谜，值得后人进一步探讨。

再说孙髯的归宿。据说其老后在昆明孤身一人，生活无着，跑到圆通寺后的咒蛟台卖卦为生，并"以此自终"（《续修昆明县志·人物志》）——直到老死。按此说，孙髯似应死在昆明，但昆明至今不见孙髯墓的遗迹。

迁移前的弥勒孙髯墓和孙髯塑像

然而，1944年，孙髯墓突然在距昆明150公里的弥勒出现了。

当时有人在弥勒县城西门外见到一座荒坟，又从小路边杂草丛中刨出一块石碑，上刻"古滇名士孙髯翁之墓"九个字，署名是民国"弥勒县知事胡道文吉立"。而胡道文说找到孙墓的是1914年的杨杰将军（文旭东《孙髯墓考证》）。由此看来，判定孙髯墓的依据是胡道文的碑，胡道文的依据是杨杰的发现，而杨杰的依据又是什么呢？不得而知。

孙髯墓为什么会在弥勒？孙髯的诗友师范写了本《滇系》，说孙髯的儿子在今天的弥勒一带经商，生意有了起色，于是来接孙髯，但孙髯"未至而卒"———死在路上。弥勒孙髯墓前的碑文也说，孙髯的儿子（或说是女婿）"在弥勒经商"，把孙髯接来长住，"后病逝于弥勒"云云。

尽管是个谜，弥勒孙髯墓仍然命运多舛。1958年，孙髯墓碑成了洗衣石，到1979年才在糕点厂地板石中找回。1981年，被毁的孙髯墓得到重修，被列为云南省重点文物保护单位，墓地上还建起了髯翁公园，公园外还命名了髯翁路。不料20多年后，由于孙髯"墓地所处的位置变成了闹市区，不利于城市建设和墓体的保护"，被迁到一个人工湖边上。那是2007年4月，据说迁建前进行了考古发掘，"出土随葬品有青花瓷碗、铜币等"（《髯翁墓迁建顺利结束》），是否能确定为孙髯遗物，却没有进一步的结论。几个当地人确切地说，孙髯墓原址上已经建起了一个大酒店。

○赵藩：不仅仅有"攻心联"

孙髯长联问世之初，昆明名士陆树堂以行草书刻，挂于楼前。清咸丰七年（1857年），此联与楼同毁于兵火，后据拓本重制，悬于大观楼二楼之上。清光绪十四年（1888年），云贵总督岑毓英重修大观楼，请名士赵藩书刻木联，再挂于原处，除将"幸"字改为"孤"字外，全是孙髯旧句。赵藩所书大观楼长联，楷体工整，雍容遒劲，沉凝端朴，圆润厚重，为孙联增色不少。

赵藩对孙髯之联评价颇高，有《题大观楼》诗曰：

掀翻蒙段劫余灰，金碧丹青壮丽开。

都在髯翁凭吊里，更谁楼上赋诗来？

大观楼上，也有赵藩一联，即前述"滇池非即昆明池"联，又可为孙髯长联之注。

赵藩是剑川白族，光绪年间云南举人，担任过四川永宁道员、按察使等职。赵藩学识丰富，凡经史百家，金石文字，无不博涉详考，诗、书、画造诣精深，时称"三绝"。其书法广学百家，凝重端朴，刚健笃实，丰满浑厚，典雅大方，自树一帜，川滇名胜多存其匾联，大观楼长联即其中之一。

赵藩不唯善书联，更善撰联。其一生撰联不少，见诸《介庵楹句正续合钞》二卷，计有500余联。如今昆明名胜，如西山寺观、筇竹寺、金殿、黑龙潭、昙华寺，甚至于四川之峨眉梵宫、成都寺祠和广东之六榕寺，均可见赵藩题联。其联之最有名者，当数成都武侯祠联：

能攻心则反侧自消，从古知兵非好战；

不审势即宽严皆误，后来治蜀要深思。

上联论诸葛亮五月渡泸，七擒七纵，智服孟获，平定南中。下联论诸葛亮从宽恕法正，挥泪斩马谡，维系三分天下等。但其又含而不露，褒中寓贬，暗指诸葛亮知其不可而为之，六出祁山，劳而无功，酿成悲剧。此联撰于清光绪二十七年（1901年），时四川红灯教、白莲教起事，岑春煊新任四川总督，昧于治道，残酷镇压。时任四川盐道使的赵藩认为岑春煊迷信武力，火上泼油，无益大局，便借题讽谏，撰书此联，以达己意。

赵藩"攻心联"

岑春煊之父是岑毓英，原为云贵总督，赵藩为其特聘师爷，又兼岑春煊的启蒙老师，身份自然不同，劝谏之法，亦自有风格。赵藩楹联榜成，即鸣锣鼓吹，大张声势，送悬武侯祠。后又于祠内宴请岑氏，有意无意之间，使其亲睹联语。岑春煊新官上任，摩拳擦掌，正欲大烧三把火，不料老师迎头一盆冷水，心中自然不快，却又不好翻脸。后来岑春煊果然"好战"而"皆误"，方才暗自"审势"而"攻心"。但赵藩以联为谏，岑春煊自觉大伤面子，赴任两广总督之前，竟借他事将赵藩降调外任。

20世纪60年代初，毛泽东游览武侯祠，反复咀嚼此联，深为赞许，谓其有朴素辩证唯物主义旨趣。后派人主持川政，毛泽东叮嘱其到成都之后，务必到武侯祠一读此联，借鉴历史经验。赵藩所书孙髯之联，深得毛泽东赏识，赵藩自撰武侯祠联，亦得毛泽东称许，信非偶然。

赵藩题联又自有特点，凡品题人物，吊古伤时，数语之间，识见不凡，"深者极奥衍，浅者极轩豁，高者极典重，雅者极千眠。声不一调，体不一格，惟意所适，无施不可"（《介庵楹句续钞序》），亦为奇人。如其广州滇军墓城联，军戈铁马，豪气冲天，亦情意真挚，褒贬得当：

此间萃金碧英灵，大招一曲赓骚赋；
何事洒玄黄血泪，公论千秋付史编。

当年蔡锷领导昆明重九、护国两次起义，功成身死，赵藩之挽联曰：

滇中名士赵藩

身备经险阻艰难，秉钺功成，人格争回大中国；
志不在势位富厚，盖棺论定，众心崇拜古英雄。

○ "三大名楼"为"滇人善联"作证

清咸丰年间进士吴仰贤写了一首绝句，将孙髯翁长联与崔颢、李白的黄鹤楼题诗相提并论：

铁板铜琶鞺鞳声，髯翁才气剧纵横，
楼头一百八十字，黄鹤留题万古名！

黄鹤楼也有孙髯长联之仿联，一长一短，竟有两副：短者110字，上联以"数千年胜迹旷世传来"为始，下联以"一万里长江几人淘尽"开头；长联350字，上联始于"跨蹬起岑楼"，下联始于"蟠峰撑杰阁"。只乏孙髯精神，提不得也。此楼楹联之最，为一滇人所题：

一支笔挺起江汉间，到最上层，放开肚皮，直吞将八百里洞庭，九百里云梦；
千年事幻在沧桑里，是真才人，自有眼界，哪管他早去了黄鹤，迟来了青莲。

唐代诗人崔颢《黄鹤楼》诗一出，技压群雄，诗仙李白（号青莲居士）五十九岁登黄鹤楼，但见崔颢题诗，叹曰："眼前有景道不得，崔颢题诗在上头。"（《唐才子传》）据说此后千年，登楼才人学士无不知难而退，黄鹤楼上，即无佳作可读。清光绪年间云南进士陈宝裕游黄鹤楼，褎然举首，撇下崔颢、李白，大书此联，气势高远，豪迈贯通，非有滇人血性者，不能为之。

湖北有黄鹤楼，湖南则有岳阳楼，亦有滇人之联，高悬杜（甫）诗、范（仲淹）

文之旁：

　　一楼何奇！杜少陵五言绝唱，范希文两字关情，滕子京百废俱兴，吕纯阳三过必醉。诗耶，儒耶，吏耶，仙耶，前不见古人，使我怆然涕下；

　　诸君试看：洞庭湖南极潇湘，杨子江北通巫峡，巴陵山西来爽气，岳州城东道岩疆。潴者，流者，峙者，镇者，此中有真意，问谁领会得来？

　　此联出自云南人窦垿之手，"跌宕纵横，情景逼真"（《滇南楹联丛钞序》），"大力包举，气象万千"（《罗平县志·艺文志》）。窦垿为清道光年间进士，官至监察御史，曾上书主张"求贤变法"，设议政大臣，起用林则徐，惩治琦善、穆彰阿，得到咸丰帝召见，却"言之不行""乃焚弃副本"，愤而辞官回昆。途中经过岳阳，题下此联，今日读之，仍见壮怀激烈、激愤不平之气，"有振衣高岗、俯视一切之概""当与斯楼共垂不朽"（《罗平县志．艺文志》）。书此联者，为湖南人何绍基，其之书法，亦师从滇名士钱南园。非滇人书法，不能畅通滇人气概，信乎！

　　岳阳楼以"五绝"闻名天下，其中两绝就是窦垿之楹联、何绍基之书法，同列"五绝"的还有杜甫、孟浩然的登岳阳楼诗、范仲淹的《岳阳楼记》。

　　窦垿回到昆明，正值多事之秋，受命任团练副使，因与上司意见不合被免，远避四川讲学，此时游昆明西山杨升庵祠，又题一联曰：

　　为父必有子，有子必有父，君孝臣乃忠，莫怪号咷日下；

　　蜀人久寓滇，滇人久寓蜀，公谪我避乱，同是沦落天涯。

　　华夏四大名楼，即有三楼名联出自滇人之手，和赵藩的成都武侯祠之联并称"天下四大名联"。孙联先出，窦联、陈联继之，异曲同工，意气磅礴，得孙联神韵，有三迤风格，其之叛逆，其之血性，足令滇人自豪。人谓"天下楹联十斗，滇人占去八斗"，又称"滇人善联"，实不相欺。正是：

　　与岳阳黄鹤相衡，一样雄奇，各有大名垂宇宙；

　　揽昆海碧鸡之胜，同来眺赏，莫将佳日负春秋。

岳阳楼窦垿长联

老名联

○民间奇联绝对

昆明民间楹联故事不少,曾有多个上联流传,以求下联,却难得佳对。如有人把嵩明县名拆字出了个上联:"山高日月明",征求下联,据说至今没有妙对。嵩明的拆字联还有一个:"嵩明山高映日月",也征下联,这回征得不少对子——有人又用唐代四川县名"洪社"拆字应对:"洪社水共淹木土";又有人用"大理"应对:"大理一人耀王里";有人用"墨江"应对:"墨江黑土建水工";有人用"凤岗"应对:"凤岗凡鸟鸣山冈"等,可惜都不太妥帖。

还有好笑的。旧时黑林铺一个文人出了副上联:

黑林铺出白额虎,红眉绿

民国初年祖遍山和绿水河

眼,黄大嫂亲眼看见。

联中嵌黑白红绿黄青六种颜色,也许是难,或者是不屑,几个月过去了,竟没有人对出下联。最后,还是金马寺的一个补锅匠对上了:

金马寺现银龙驹,铜鞍铁镫,锡老匠铅手拉着!

以"金银铜铁锡铅"六种金属名对"黑白红绿黄青"六种色彩名,也算妙对了。

1931年,昆明存真相馆在绿水河开业,以"绿水河"起兴,悬出连环格17字上联,向社会广征下联:

绿水河,河水绿,绿映双塔,塔影绿水存真相;

有人以"大树营"为对:

大树营,营树大,大整三军,军威大树护国门。

清初有个晋宁人叫凌以恭,学问很好。吴三桂叛清以后,逼凌以恭依附,凌以恭不从,远远地逃到外乡躲避,直到清政府平定三藩之乱,才回到昆明石鼻村隐居,题联述志道:

小结构，在大山大水之间；
有营为，落无是无非以外。
另一联是：
小屋三间，坐也由我，睡也由我；
老婆一个，左看是她，右看是她。

两副对联清新逍遥，怡然自得，暗暗透出对骄奢淫逸的封建官场和贪官污吏的鄙视，耐人寻味。

还有几副鞭挞贪官的对联，大义凛然，充满正气，创作时已是1943年，时代毕竟不同了。当时路南县（今石林县）的特务县长许良安鲸吞积谷，搜刮地皮，迫害人民，激起反抗。许良安如坐针毡，两次出逃失败，第三次半夜潜逃出城。时人人为此拟了不少对联，嬉笑怒骂，无不酣畅淋漓，今天读来，依然痛快：

三只脚本领非凡，倘曹孟德能遇此人，潼关一役，何庸割须弃袍；
两条腿功夫出众，使孟尝君得摹此辈，函谷三更，焉用鸡鸣狗盗。

又有一联：
越狱者有逃犯，无非破壁凿穴潜去，顾此则饱囊而归，左逸右遁，冥冥如脱网之鸟；
临阵者有逃兵，不过弃甲失盔溃奔，看他是易服以行，东窜西溜，惶惶以丧家之犬。

还有一联：
耳闻群怨载道，足乱手忙，已觉置身无所，易服以行，冥冥如脱网之獐；
目睹众怒形色，心惊胆战，不免负隅窥伺，饱囊落荒，累累如丧家之犬。

最后一联短些，气却不弱：
方其下车伊始，耀武扬威，县长俨同省长；
及至出城遁走，销声藏迹，大人竟是小人。
横批：
许多劣迹，良心安在！

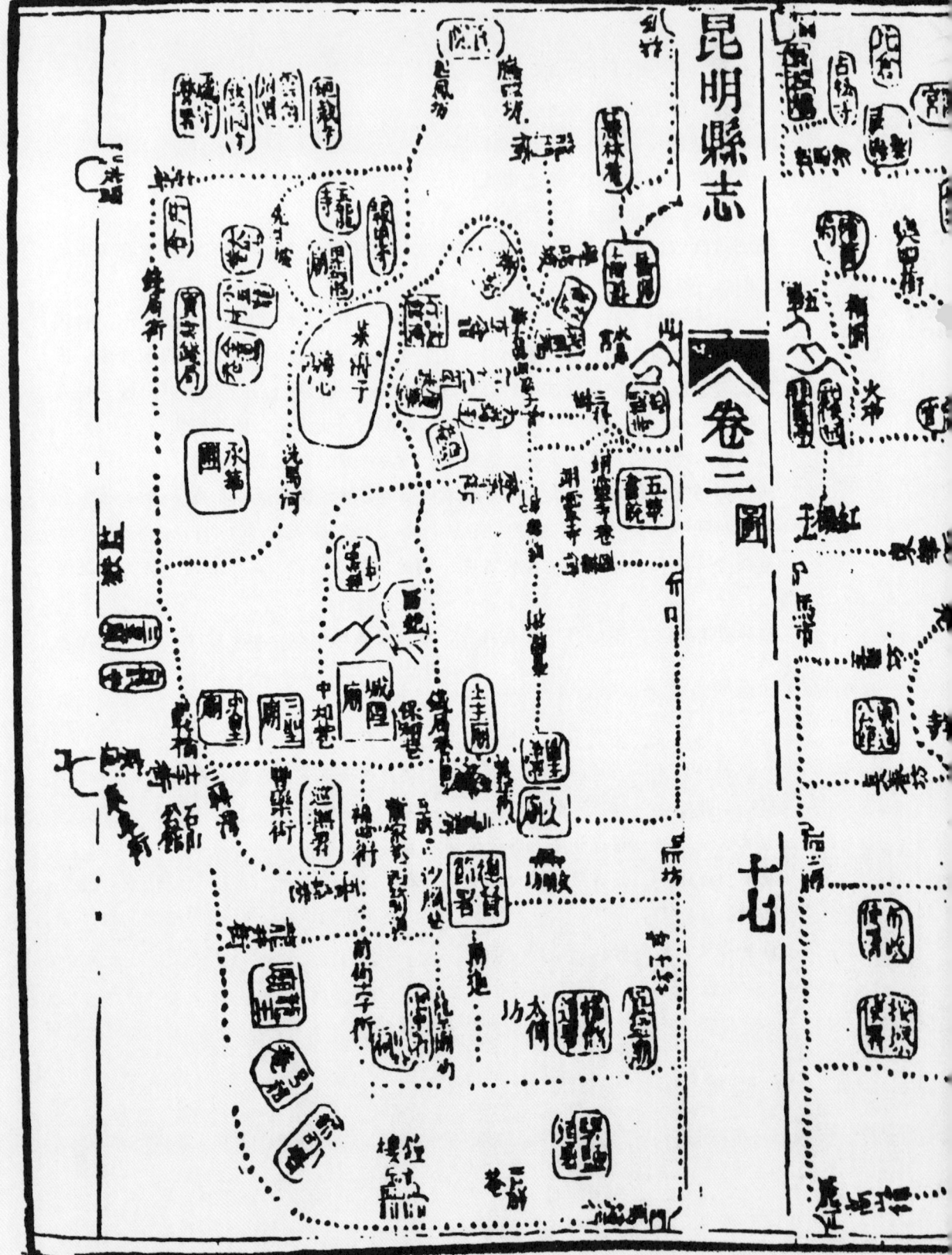

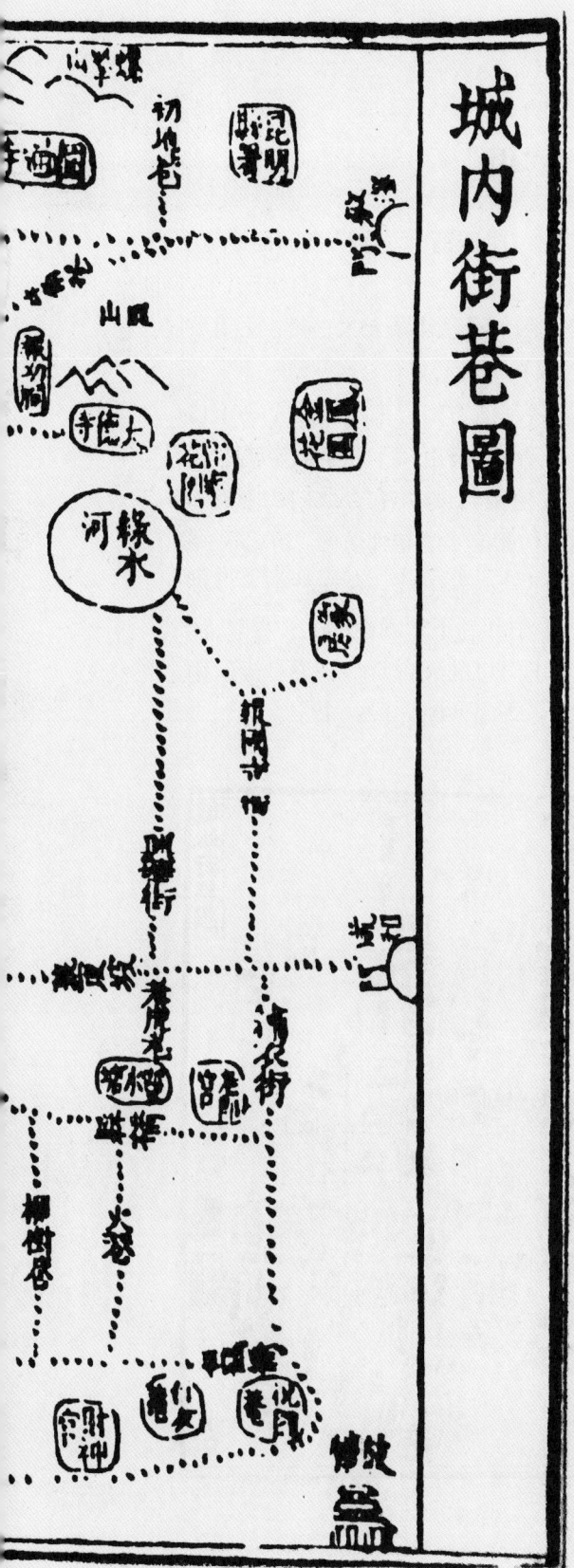

老街名

　　老昆明地域不大,有"三里三分穿城过"之说,却也有两堆、三坊、十三坡、十八铺,城厢内外街道150余条,大小巷道400多条。民国初年的《昆明市志》所载街巷名就有490个,"列市纵横,极为繁盛",各有其名,积淀了大量昆明地理、地貌、环境、历史、人文、民族、民俗、民风、物产、经济、生产信息,成为昆明历史文化的"活化石"。

　　回眸千年城史,昆明有儿歌唱道:
四间高,中间平,样子像个盆。
昆明坝子大,很早就有城。
要问盖城呢事,说也说不成。
谷昌城,苴兰城,有多大,咋个开门?
拓东城,鄯阐城,在哪点儿,住哪些人?
轱辘团转问过来,整清脉络有点儿神……

○ "堆" "坊" "坡"

清末昆明城中有两堆、三坊、十三坡、十八铺（二十四铺），"铺"在前面说过了，其余"堆""坊""坡"可列于下——

两堆：四吉堆，在今华山东路下段；玉龙堆，在今翠湖北路云大一带。另有"昆明十五堆"之说，其余十三堆都在老昆明城外，权且不论。

三坊：一是崇政坊，因南门旧名"崇政"得名，该坊南起南门，北至马市口。二是报功坊，因有奉祀赛典赤的报功祠得名，该坊南起马市口，北至圆通街。三是世恩坊，因有纪念严清（明朝刑部尚书）的"世恩"牌坊得名，该坊在今北门街附近——这里的"坊"意思是"街区"，后成为地名，或因牌坊得名，但与牌坊的"坊"不一样。

十三坡：丁字坡，今云大正门东上圆通山西门处；先生坡，今文林街下翠湖北路处；小吉坡，今文林街下翠湖北路；沈官坡，今中和巷下翠湖南路处；尽忠寺坡，今黄公东街下翠湖南路处；贡院坡，今云南大学正门口的大台阶，一说是今云南大学正门西侧的文林街坡；升平坡，又称逼死坡，今华山西路北段；永宁宫坡，今华

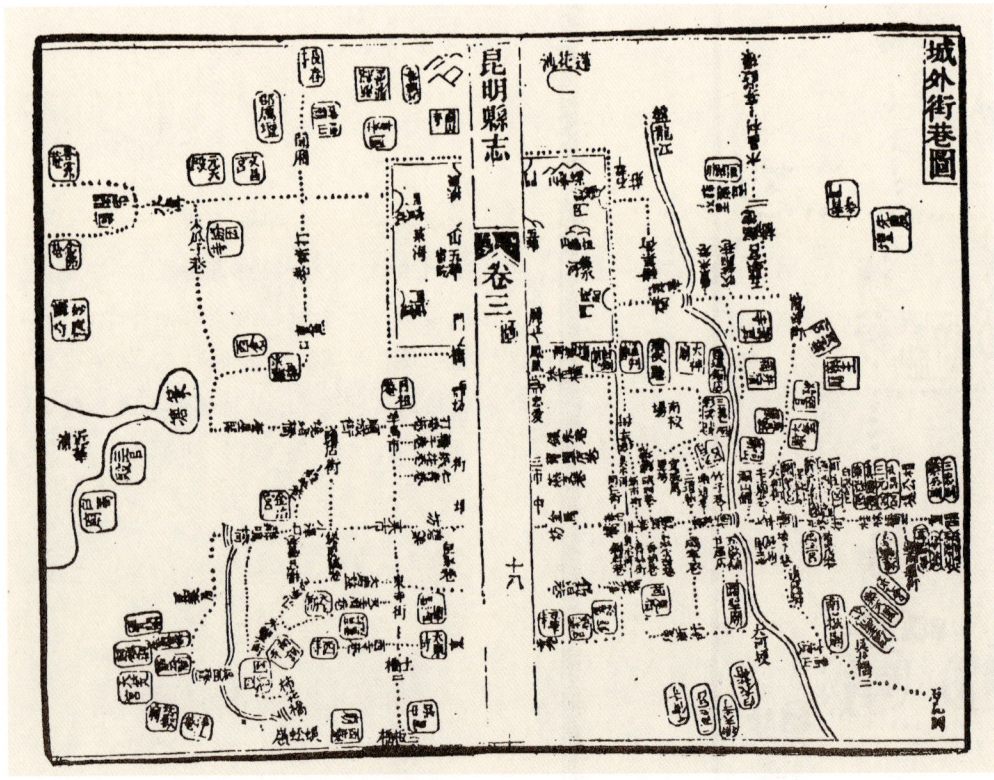

清道光《昆明县志》上的昆明城外街巷图

山东路南段；西仓坡，今钱局街中段至翠湖西路中段；牛角坡，今平政街下节孝巷处；大兴坡，今圆通街与青云路交会处；北仓坡，从北门街中段北上螺峰山数百米，又折回北门街，成马鞍型；熟皮坡，今长春路中段。在这十三坡中，竟有十一坡在翠湖周围，为从翠湖三面山下游翠湖的必经之路，所谓"三山四海一丘田，有山必定就有坡"是也。至于坡的名称，有的因地势得名，如丁字坡、牛角坡等；有的因坡上的建筑得名，如贡院坡因贡院在旁得名，还有永宁宫坡、尽忠寺坡、西仓坡、北仓坡等；有的因市场得名，如熟皮坡因为旧时专营硝过的牲畜皮，所

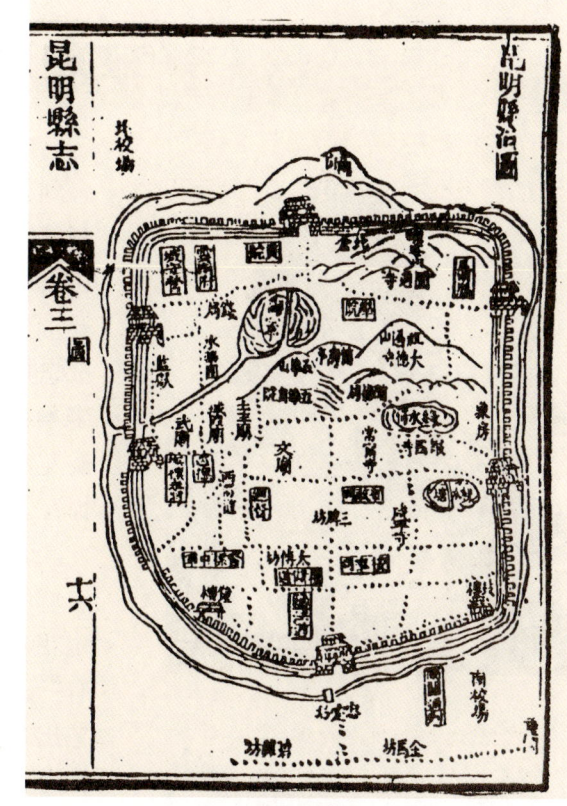

清道光《昆明县志》上的昆明城图

以叫熟皮；有的因历史得名，逼死坡为永历帝殉难之处，今有碑立街头；也有的大概就是图个吉利，如升平坡、小吉坡等。

昆明坊、铺之设，可能始于明代，成为昆明城最早的地名。当时将坊分段，类似于后来的"保甲"，每段派壮丁轮流守夜，以防意外。城门附近有"堆子"，驻一二名绿营老兵，以备盗警、火警，这大概就是"堆"的来源，后青云街有堆子巷、圆通街有小堆子巷等。清末"置警察，改分四区，二十四段"，后再分九区，城内五区，城外四区，至于坊、铺，也逐渐以街、巷取而代之，只有"坡"的名称还保留了下来。今昆明盘龙、五华两区也由此发展而来，而街、巷之外，又有了"路"，如青年路、东风路等等，这些都是后话了。

在老昆明城外还有两个重要的街区：一个是西关厢，一个是南关厢。西关厢在小西门外，包括今天的凤翥街和龙翔街一带。这里是迤西大道的起点，四方马帮云集昆明城，大半在这里落脚，形成一个马店、食馆、农产品和土特产品贸易集中的繁华地带。南关厢在大南门外，包括今天的三市街、宝善街西口和顺城街东口一带。这里有近日楼，有"品"字三坊，早在元代就是昆明的商业中心，近代的绸缎、布匹、棉纱、珠宝、中药等行业都集中在这里，昆明城最早的一批洋行也在这里占有一席之地。

○ "雅美"街名

书林街

景星街

祥云街

宝善街

抗日战争时期的1941年，著名作家老舍到云南讲学，在昆明住了两个半月。初到昆明，住在翠湖边的靛花巷。在老舍的印象中，"靛花巷是条只有两三人家的小巷，又狭又脏。可是，巷名的雅美，令人欲忘其陋"。老舍称赞道："昆明的街名，多半雅美。金马碧鸡等用不着说了，就是靛花巷附近的玉龙堆，先生坡，也都令人惊喜。"（《滇行短记》）

老舍提到的这几个地名都在翠湖边，它们的"雅美"都有些来头。靛花巷又称定花巷，实在不如靛花巷雅美。据说早年有一王姓人家在这里开靛染作坊，因为手艺出众，被称为"王靛花"，此巷也就被称为"靛花巷"（今称定花巷）了。

玉龙堆是翠湖北岸的一片高地，在今翠湖北路一带。"堆"就是积土成堆的高地。明代这里叫佛护里，清代改称玉龙堆，据说就因为这里地势较高，四围低湿，南临九龙池（今翠湖），早年附近建有小玉龙寺、白龙寺和黑龙祠，地随寺名，称玉龙堆，为昆明"十五堆"之一。

先生坡也在翠湖边。清末每年举行乡试的时候，云南各府、州秀才要到贡院（今云南大学东陆园）应试，为了方便，不少人住在这条坡上的馆舍里。当时民间称秀才为"先生"，这里一时"先生"云集，被称为"先生坡"。还有一种说法，乡试之时，不少负责誊录、考务的先生会入住这里的馆舍，所以叫"先生坡"。

旧日云南贡院正门称"龙门",大门之外,西有贡院坡,贡院门口的街道称贡院街,登上贡院的石阶称龙门路。贡院街南原有座石桥,称龙门桥,要登贡院,须过龙门桥,再上龙门路,然后进龙门。在贡院通过乡试,考中举人后才能入京应试,有"一登龙门,则身价百倍"之意,这样就"直上青云"了,于是贡院街又改名青云街。贡院西边直到大西门,是当年各州县应考生员云集之地,大有文士如林的气象,故称文林街。文林街西又有龙翔街、凤翥街相对——"龙翔"而"凤翥",寓意古雅,雍容大气,对仗工整。翠湖东路还有皇华馆,专供主考官在乡试前后寓居。此中靛花巷、先生坡、青云街、文林街、龙翔街、凤翥街等地名保存至今,以证老昆明地名之"雅美"。

再看老昆明市中心,正义路中段东侧有庆云街,西侧有景星街,街名对仗而典雅。祥云街有"彩云南现"之意,云瑞路有"天开云瑞"之坊;四宝巷指"文房四宝",宝华巷寓"物华天宝";远照巷遥对圆通寺,取意"佛光远照";朝阳巷口即太阳宫,以"丹凤朝阳"立意;九成里寓"禹铸九鼎",竹安巷意为"竹报平安";培元巷意即"培养正气";宝兴巷又有"宝藏兴焉";知止巷取"知其所止",达理巷更"知书达理",无逸里出自《尚书》之篇名"无逸";里仁巷出自《论语》之"里仁为美";鼎新街意为"鼎新轮奂",出自唐代的《颜真卿集》;正阳巷取自"漱正阳而含朝霞",出自战国时屈原的《远游》……如此等等,堪称雅美。昆明是世界闻名的春城,地名又多"春"字。如长春路、长春坊、长春观、富春街、知春街、春登街、春泉巷、春登里、殷春楼等,此外还有如安街、景虹街、桃源街、瑞拱巷、静安里等,琳琅满目,"雅美"而不胜收。

老舍在昆明时,盘龙江边的珠玑街还是活猪市场,称为猪集街。后来猪市搬迁,昆明人登报征求新街名,最后取《楚辞》中"玉与石其同匮兮,贯鱼眼与珠玑"之"珠玑"为名,意为珠玉荟萃、美丽之地——"雅美"之至。

距老舍在昆明住的靛花巷不远有条小巷,早年巷中住着两个聋哑小孩,得名小哑巴巷,民国初年改为小哑巷,后再改小雅巷,马上就有《诗经》篇名之意,大见"美雅"。还有个北城脚,也距老舍住处不远,当年偏僻荒凉,荨麻丛生,先叫荨麻地,后称荨麻巷,因地近西南联大,住过不少文化名人。20世纪50年代后附近云南大学、昆明师范学院和昆明工学院迅速发展,三校师生入城多经此巷,一时文化人川流不息,文气骤升,荨麻巷也改名文化巷,大见"雅美"。前面提到的凤翥街,原分三段:北段称关厢;南段称打猪巷,又称长耳巷;中段有马店,歇店之马常在街上拉屎,人称马屎街——不雅之至,后三街巷合为一街,以文昌宫内凤翥楼命名,附近又建成学校区,马上就"美雅"起来了。

有一首《五律》串昆明地名为诗曰:
地势拥长陂,山川六诏雄。

老街名

铜牛常镇水，金马每嘶风。

筇竹连天碧，莲花近日红。

玲珑珠市上，宝气顺成风。

诗中所嵌昆明地名，有长虫山、金牛街、金马山、筇竹寺、莲花池、近日楼、珠市桥、顺城街等，亦无不"雅美"。

○街名诗联

昆明地名雅美，信手拈来，便可入诗入联。早在明代，著名诗僧担当就有《金碧谣》曰：

一关在东一关西，不见金马见碧鸡。

相思对面三十里，碧鸡啼时金马嘶。

此诗二十八字，金马、碧鸡两关的关名、相距的里程还有传说都写到了。

昆明用数字命名的街巷名称不少，这些街巷记起来很容易，如一窝羊、一丘田；二纛街、二允巷、二道巷；三牌坊、三市街、三阳巷、三纛巷、三棵树巷、三台巷、三转湾、三阳巷、三合营、三益里、三分寺、三义铺、三元街、交三桥；四牌坊、四纛巷、四知巷、四吉坡、四端巷、四方井巷、四宝巷、四道坝、四合巷、四通巷、四荫里、四吉堆；五华山、五华坊、五华街、五福巷、五家堆、五家村、五里多、五里乡；六合巷、六甲村；七甲村、七步场；八大河、八角井；九成里、九兴巷、九龙池；十字坡、十字铺、前卫十字街等。数字最高的是"万"，叫万寿巷，因巷中有"万寿宫"得名。早年又有人以数字诗联缀昆明地名，亦可玩味。其一曰：

一丘田，二纛街，

三市街，四荫里，

五里多，六合巷，

七甲村，八大河，

九成里，十字坡。

别有一首：

一窝羊，二允巷，

三转湾，四吉堆，

五福巷，六甲乡，

七步场，八角井，

九龙池，十里铺。

还有谐音的：

一窝羊，双龙桥，
三市街，柿花巷，
五华山，陆家地，
气象路，八大河，
九龙池，石咀村。

老昆明街巷纵横，却无路牌门牌可寻，逛城购物，探亲访友，寻街问巷，几多不便。旧时昆明有童谣唱道：

你家住在哪条街？紧转街。

哪条巷？无底巷。

多少号？一百零八号。

又有人以街巷名入诗，朗朗上口，易诵易记，一诗读毕，街名、巷名也脱口而出，自然方便得多。其中一首七绝写道：

济济人趋万寿亭，
绣衣黼黻疏映星，
皇城鼓角天威远，
觐罢光华曙色高。

诗中嵌有五华山上的万寿亭、五华山东南的绣衣街（今护国路一段），还有五华山前隔正义路相交的威远街和光华街——记的是通往五华山的几条主要街道。

另一首七绝又写：

福照滇南百万家，
长春花接富春花。
书声月朗东西院，
太傅深恩被五华。

诗中嵌有福照街、长春路和大、小富春街，还有东、西院街，即今光华街和福照街，还有太傅坊和五华山——清末云南巡抚衙门左近的主要街道都收在这里了。

昆明大东门外的灵光街上原来有座灵光寺，寺内正殿有块石碑，碑上刻有六

一丘田

三市街

五福巷

句诗：

　　瑞气灵光，雾锁青门；

　　吹箫引凤，凤凰展翅；

　　月照四门，四门穿梭。

　　诗中有五个地名：首句"瑞气灵光"指寺庙所在的灵光街，街上水池有瑞气上升；第二句"雾锁青门"说灵光街上有青门巷，巷内青门寺有温泉，热气蒸腾；第三、四句"吹箫引凤"和"凤凰展翅"说由此往南有吹箫巷，往东有凤凰山；第五、六两句"月照四门"和"四门穿梭"说由此往北有大古楼，一旁则有穿心古楼——此当为一首指路诗，刻在碑上，是做善事的。

　　昆明娃娃也有地名儿歌，那又是另一种感觉了：

　　沈官坡上崴着脚，中和巷首擦点药；

　　圆通山被老虎追，急了跳进八大河。

　　东寺街，西寺巷，茅厕拐拐小楼上；

　　先生坡，贡院坡，拐个弯弯逼死坡。

　　还有一首：

　　梅花开在黑龙潭，昙花开在昙华寺。

　　菊花开在菊花村，莲花开在莲花池。

　　梁家呢河，王家呢桥，

　　潘家呢湾，苏家呢村，

　　张家呢庙，严家呢地。

○ 愿景街名

好生巷

　　老昆明人往往把自己的美好愿望倾注在街名巷名中，如庆云街透出"彩云南现"，祥云街是"祥云如意"，景星街有"景星之瑞"，如意巷则"万事如意"，吉祥巷又"吉祥如意"等。

　　"吉"是个好字，昆明有吉云巷、吉祥巷、吉安巷、吉星巷、吉兴巷等。昆明城中有五福巷，此之"五福"出自《书·洪范》："一曰寿，二曰富，三曰康宁，四曰攸好德，五曰考终命。"——这就是中国传统的福气愿景。折射到昆明地名上，仅这一个"福"字，就有福生巷、福源巷、福升巷、福寿巷、福临巷、福荣里、福昌巷、福庆巷、幸福巷、祝福巷、庆福巷、受福巷等等。

国泰民安是老昆明人寄托在街巷名称中的一大愿景，有光华街、兴华街、华兴巷、宏昌巷、复兴村、安邦巷、兴邦巷、云兴巷、大昌巷、曙光巷、朝阳巷等，有民生街、民权街、民政街、民生巷、民德巷、民强巷等，还有安宁巷、如安街、昆安巷、宏安巷、咸宁巷、致和巷、青宁巷、友谊巷、泰安巷、太平巷、太和巷、宏安巷、居安巷、静定巷、静安里巷、善庆巷等等。环城西路原称西昌马路，突出的也是一个"昌"字，有繁荣昌盛之意，为民国所修环城马路的西段，后经扩建重修，改名西昌路，把那个"昌"字留住了。

还有一些巷名寓有健康长寿之义，如康龄巷、泰安巷、仁寿巷、康宁巷、延龄巷、康寿巷等，这也是老昆明人最为重视的愿景。当然，"富"字虽然俗，也是老昆明人的一个重要追求，于是有财盛巷、富有巷、光宗巷、宏昌巷、庆丰街、裕丰街、乐丰街、兴隆街等。

昆明还有一批以吉祥神物命名的街巷，以此寄托老昆明人祈富避害的愿望。最有特点的是昆明的地方神金马碧鸡，相应地有金马山、金马关、金马村、金马路、金马巷等，又有碧鸡山、碧鸡关、碧鸡巷，二者合一还有金碧坊、金碧路等；老昆明

老街名

幸福巷

民生街

吉祥巷

117

多水患，在昆明人眼中，金牛和金鸡都能镇水，于是有金牛街，又有金鸡巷。龙是行云布雨的神兽，风调雨顺全靠龙，于是昆明就有龙翔街、龙井街、龙井巷、龙王庙街、龙泉路、龙泉巷、青龙巷、双龙桥、双龙巷、龙头街、龙门村、龙院村、黑龙潭、白龙潭、兰龙潭、盘龙路、小龙村等；和龙相对的是凤，昆明则有凤翥街、凤凰村；麒麟也是一大神物，昆明有麒麟巷——都全了。

○教化街名

文明街

崇善街

端仁巷

老昆明街巷名称注重宣扬中华传统文化，又有一定的教化作用。

先说传统的"仁义道德"："仁"有崇仁街、兴仁街、端仁巷、居仁巷、仁寿巷等；"义"有尚义街、正义街、敦义街、义生巷、义兴巷等；"道"则有道义街；至于"德"，巷名不少，有德昌巷、德馨巷、德兴巷、崇德巷、民德巷、敬德巷、顺德巷、光德巷、大德山巷等。

当然，还少不了一条崇善街、一条履善巷，以示"崇敬善良""身体力行"之意，倡导的也是传统美德。另有缘忠巷和尽忠寺坡，讲的又是一个"忠"字。为提倡父慈、妇节、子孝，还有教子巷、劝学巷、节孝巷、孝子坊巷等。而讲求文化，又有文庙街、文华巷、文星巷、文明街、文林街、文化巷、文定巷、启文街，重视读书则有书林街、劝学巷、教子巷、知化巷、学士巷、先生坡、先知巷、四宝巷、小雅巷、石印巷等，都充满了书卷气。

　　翠湖边的中和巷原来是昆明最长的一条巷，以儒家"致中和"得名，所谓"喜怒哀乐之未发谓之中，发而皆中节谓之和"，于是"天地位焉，万物育焉"（《礼记·中庸》）是也。顺城街又有致和巷——致于中和，圆通街还有条四合巷——四邻祥和，非常完美。

节孝巷

○励志街名

　　昆明南城外有条南强街，接近原来的南教场，原来叫南教街。这一带是吸毒者、赌博摊、小偷、流氓聚集之地，后来改名南强街，以呼吁居民"自强自立"，振作为人。宝善街南的公安巷旧时鸦片烟馆、旅店较多，社会治安复杂，1936年成巷时，居民们取名"公安"，以求平安无事。近日公园东南有条福生巷，巷内垃圾成堆，肮脏难忍，后来居民改巷名为"福生"，期望改变巷内"脏乱差"的面貌。东寺街有条巷旧时为贫民聚居之地，取名庆福巷，就有居民祈福之意。益兴巷内居民以小商户多，取名"益兴"，以求生意兴隆。昆明城西北有苏家塘，此地原有荷塘，传说清朝光绪年间，苏、刘两家从南京迁到此地，后刘家衰败而苏家发达，名之苏家塘，也有深意。

南强街

鼎新街

文林街

最有意思的是道义街，据说早年这里住的多是挑扁担的工人，昆明人称"闪扁担"。此街东起报国街，西抵兴华街，当地人有"扁担挑英雄，一头挑'兴华'，一头挑'报国'"之说。后来一位中医到此开馆，大概求医者也多为"闪扁担"，于是赠联曰：

　　铁肩担道义；
　　妙手著文章。

后来此街就定名为"道义"了。

○衙门街名

　　清代对昆明街名的最大贡献，恐怕就是昆明城内林立的官府衙门和官办机构了。当时昆明城内最高衙门是云贵总督府，在今天的胜利堂址。总督府前的甬道就成了甬道街，总督卫队驻守的辕门就成了辕门口（今光华街一段），总督衙门树立大旗，并有祭旗的旗庙，旧时称旗为"纛"，于是树立大旗之地称二纛街，就是今天的民生街，还有一条三纛巷，后扩建为今天的民权街。二纛街有不少制作销售茶壶、锅盆、墨盒、神像之类铜制品的店铺，也算民生；三纛巷棺材铺居多，后改名"民权"，不知何故？

　　类似的官衙地名还有府甬道，原为明清云南府衙门前的甬道；东院街（今光华街）旁有督院（总督衙门）；西院街（今福照街）旁有抚院（巡抚衙门）；鱼课司街上有管理水产并征税的鱼课司；布政司街和藩台街（今威远街）有布政司署，又称藩

如今府甬道

民国初期的昆明甬道街

清代的龙王庙街，民国改称市府东街　　　　　　　鱼课司街

台衙门；营门口（从金碧路到北后街）有清军南营驻地的营门；左哨街（今青云街）有左哨衙门；断事司街（今端仕街）有断事司衙门；劝学巷有劝学公所；省议会东巷、省议会西巷旁有省咨议局；而五华山南的楚姚镇巷里则有楚雄、姚安、大姚三地镇台在此设立的办事机构——"楚姚镇公馆"。民国初年昆明设市，市政府驻处以东的龙王庙街就成了市府东街。

清政府"事业单位"和"国企"的名称也会成为街名，如贡院街（今青云街一段）、书院街（今华山南路）、钱局街（旁有"宝云钱局"）、铁局巷（内有炼铁局）、电报局巷（内有电报局）等等。

○讽官街名

老昆明城官府不少，大官住衙门，小吏住衙外，都在街巷名称中留下了痕迹。如螺峰街地处吴三桂王宫的东北角，旧称皇城角。沙朗巷距胜利堂（清总督衙门旧址）不远，原称沙府巷，是清代总督衙门一个姓沙的官员的住所。还有个康寿巷，是清代把总衙门官吏住的地方。金碧广场旁有条司马巷，因清道光年间司马李际春在此建宅得名。有意思的是桃源街。清光绪年间，贵州人谢幼侯到昆明做县令，在东门外盘龙江边的桃林中修建宅院，号称"潜圃"。谢幼侯为官清正，因时局混乱，在府前题了一副对联"曾经沧海难为水，寻得桃源好避秦"。此地由此得名，先叫桃源口，后称桃源街。

今天的庆云街是明清两代按察司（主管司法）衙门所在之地。此街原名登仕街，清代住户多为官员眷属和商人，前者有势，后者有钱，做官都有捷径，"登仕"者，易登仕途也——据说按察司正门两侧各挂一块粉底黑边木牌，一块大书"惩治贪官污吏"，一块大书"处理冤枉军民"，似乎在宣示什么，却被"登仕"二字揭了底，而那一班饱读诗书的科举官员，竟熟视无睹，见惯不惊。直到辛亥重九起义推翻清

沙朗巷

司马巷

庆云街

端仕街

朝在云南的统治后，昆明上空连续几天出现彩云，这条登仕街才改名为庆云街，以示庆贺。

和庆云街相连的还有一条端仕街，清代这里有个"断事司"（军事法庭）衙门，门前街道就叫断事司街，街上多住官员家眷。清末裁撤断事司，断事司街改称端仕街，既是谐音，更有讽劝司法官员为官端正之意。

昆明曾有条四知巷，就在当年云贵总督衙门（今胜利堂）东边，正义路西侧。总督衙门里也有座四知楼，是总督的居所。此之"四知"——"天知、神知、我知、子知"之谓也，又记为"天知、地知、你知、我知"。典出《后汉书·杨震传》：东汉名士杨震官至太守，家中子孙却常吃菜蔬，外出则多步行。有人劝他"开产业"，杨震不肯，说："给后代留下一个'清白官吏子孙'的名声，难道不是最厚重的遗产吗？"有一次，杨震路过昌邑。昌邑县令王密受过他的推举，半夜跑来谒见杨震，怀揣十金相送。杨震拒绝接受，王密说："深更半夜，没有谁知道。"杨震说了句至今仍然流传的话："天知、地知、我知、你知，何谓无知？"王密大为惭愧，连忙退下。这就是有名的"杨震辞金憬四知"之典。四知巷在原总督衙门左近，住此或过此的大小官吏不少，以"四知"命名，是一个劝讽，也是一个警示。

清代中和巷下段称升官坡，大概是从这里可以上达巡抚衙门、总督衙门等，不少人沿此坡而上，奔走官府，钻营仕途，久而久之，因此得名。后来改称沈官坡，一说是纪念明代流放到此居住的江南首富沈万三,但这个"沈"的另外一个意义是"沉",从"升"到"沉",两字正好相对——是不是有高人从中暗示"仕途有风险,入仕要谨慎"呢?民国时把升官坡、沈官坡和中和巷统称中和巷,但沈官坡三字却在民间流传至今,发人深省。

沈官坡

昆明艺术剧院附近还有个龚家村巷,因巷内多住龚姓人家得名。但为何又称"龚家村巷"?民间传说,清代巷内曾发生凶杀案,府城官吏无能,案子久不能破,担心上司怪罪,官职不保,便心生一计,将案发地龚家巷改名为"龚家村巷",意为案件发生在城外"村"巷,不在城内,与己无关,以为这样就可以蒙骗上司,推卸责任,保全自己。这个传说的由来和结局都无法考证了,但它表现出老昆明人对官员腐败无能的不满,却是可以肯定的。旧时昆明有童谣唱道:

一条深巷分几岔,又栽刺来又栽花。

莫看此间走道小,有钱能通藩台家。

○牌坊街名

明、清时期昆明城内牌坊很多,成为城中标志性建筑,后有不少演变为街巷名称。

据清康熙《云南府志》、清道光《昆明县志》所载,明末昆明城内外有34座,多为纪念官宦、举人、进士而立,南城门内最多,计有"黄门清要"坊、"硕彦咸宾"坊、"群英济美"坊、"十献登明"坊、"进士"坊、"尚书"坊、"天官冢宰"坊、"天路腾骧"坊、"五星炬彩"坊等。云津桥两端也不少,有"太傅天卿"坊、"柱国元老"坊、"太保"坊、"丹陛恩光"坊、"御史"坊等。有的在庙里,三圣庙有"太僕"坊、"民部分曹"坊;城隍庙里有"进士"坊,城隍庙街则有"方伯"坊。大东门内又有"谏垣"坊、"解元会魁"坊,大东门外有"光禄少卿"坊、"武进士"坊。位于街市上的有"父子中丞"坊,在馆驿街;有"兄弟联芳"坊,在东寺街;有"兄

金碧路　　　　　　　　三牌坊

弟进士"坊,在鱼市栅栏;有"科甲英才"坊,在贡院坡;有"桂籍题名"坊,在大西门外;有"十解元"坊,在鱼课铺;有"御史"坊,在祠堂坡;有"台宪"坊,在四道坝下;有"昆明毓秀"坊,在屯田街;有"奎璧天开"坊,在前卫十字街;有"司马亚卿"坊,在府学街。孝子、节妇坊仅有一座,就叫"孝子节妇"坊,在北门外。这些牌坊在明末清初的战乱中全部被毁。

五华坊

清中后期尚存的有"碧鸡"坊、"金马"坊、"忠爱"坊,都在南门外,又有"宣威万里"坊,在南校场口;有"南国文明"坊,原为"勋阀双桓"坊,在文庙前;有"怀柔六诏"坊,后改"天开云瑞"坊,在南门内;有"世恩"坊,在北门内;有"滇南首郡"坊,在云南府署前;有"万寿无疆"坊,在五华山,还有"青灵内境"坊,在东寺庙;有"西寺"坊,就在西寺。

直到清末民初,昆明城中轴线上还坐落着五座牌坊。南城外有金马坊和碧鸡坊相对而立,民间称为"一牌坊",往北有忠爱坊,又称"二牌坊",这三座牌坊呈品字形排列,还被称为"品字三坊"。再往北走,城内有天开云瑞坊,民间称"三牌坊",又有万寿无疆坊,为"四牌坊"。总称昆明四大牌坊。这四大牌坊都走进了地名。金马、碧鸡坊旧有金马大街,后改名金碧路,沿用至今。忠爱坊一带又有忠爱铺,既是地名又是行政地段之名。三牌坊、四牌坊直接用作地名。四牌坊在五华山下，又称五华坊，再演变为地段名，这一带也叫五华坊了。

今长春路西段象眼街口旧时有座长春坊，成为长春路得名的重要依据。光华街东段有南国文明坊，民国初期在此新建街道，就称文明新街，后称文明街。今北门街西段有世恩坊，后来也成为这一带的地名。城东重关（今东站）有迎恩坊，附近也称迎恩铺。

此外，昆明还有不少木牌坊和石牌坊，"十有八九都是为旌表节孝而建筑"。这也会影响到地名，如钱局街西侧有石牌坊巷，巷口原有清光绪年间所立崇节坊；同在钱局街西侧的还有条木牌坊巷，清代巷内有一座木牌坊；正义路中段有孝子坊巷，因旧时巷内有孝子坊得名；东城埂下有节孝巷，"巷内有一坊曰孝子坊，因道光年间大地震而毁，后乃改建'姜孝子祠'"〔《纪我所知集》（《云南掌故》）〕，所在之巷称崇孝巷，再改今名。

○寺庙街名

明、清时期，昆明城内寺庙不少，据统计，到清代后期，城内祠庙庵堂有百余座之多，与此相应，昆明城内以寺庙祠堂得名的街路巷道也不少。昆明有童谣"东寺街，西寺巷，茅司拐拐小楼上"。所唱东寺街以大东寺（觉照寺）、小东寺（常乐寺）得名，西寺巷则在西寺（慧光寺）外——这是昆明娃娃最早的街名记忆。

有的地方直接以寺庙命名，哪怕那寺庙早就没有了。如弥勒寺（今西坝路东段以北）、西岳庙（今环城南路东段南侧）、老郎宫（今南昌街）、水晶宫等。

有的在寺庙庵堂名称后加一个"街"或"巷"，就是地名了。如文庙横街、文庙直街、文庙东巷、文庙西巷、咸宁寺巷（今咸宁巷）、永国庵巷（今义生巷南段）、永宁宫坡（今华山东路北段）、灵光寺街（今灵光街南段）、三分寺街（今龙翔街）、海天阁巷、圣仓宫巷、白衣庵巷（今文定巷）、天王庙巷（今昆福巷）、天君殿巷、宜兴庵巷、仁寿庵巷（今仁寿巷）、白衣庵巷（今白云巷）、地藏寺巷、普照寺巷（今东川巷，原玉川巷）、海潮庵巷（今海潮巷）、静安庵巷（今静安里巷）、静帝庵巷（今静定巷）、静云庵巷、甘公祠街（在今景星街西端）、尽忠寺坡、忠烈祠巷、小土主庙巷（今居仁巷）、翊灵寺巷、报功祠街（平政街）、天宁寺巷（今安宁巷，内有天宁庵）、龙王庙街（今市府东街，内有龙王庙）、敬节堂巷（今钱局巷）等等。

有的略去那"寺"那"庵"，但那"寺"那"庵"仍站在背后。如圆通街有圆通寺，金牛街有金牛寺，报国街、报国巷有报国寺，黄公东街、黄公西街有黄公祠，财神巷（今财盛巷)有财神庙,青龙巷(今云龙巷)有青龙庵、三义铺有三义庙、太乙桥有太乙庙、吉祥巷有吉祥庵、太平巷有太平庵、积善巷有积善庵、华国巷有华国寺、初地巷有初帝庙、吉云巷有吉云庵、万寿巷有万寿宫、麒麟巷有麒麟寺、青宁巷有青宁庵、青门巷有青门寺、大德山巷有大德寺、崇孝巷(节孝巷)有姜孝子祠堂、万寿巷有万寿宫等。

有的仅取寺庙部分元素为街巷之名,如凤翥街以文昌宫内凤翥楼得名,吉星巷以巷内庙中有福、禄、寿三吉星之像得名,德星巷(今德兴巷)以巷内有星君殿得名等。还有的以寺庙方位取名,巷口对着太阳宫,就叫朝阳巷;巷在大东寺(觉照寺)外,就叫东寺巷等。

有的又以多座寺庙取名。如早年土主庙前有土主庙街、城隍庙前有城隍庙街、武庙前有武庙街、史皇庙前有史皇庙街,1937年将此四街与小西门正街"合五为一",统称武成路。一说因武庙和城隍庙两大庙得名;一说因武庙中的武成门和武成殿得名。

另外还有一些地名看似与寺庙无关,实际上也由寺庙而来。清代昆明城文武官员到城隍庙(五一电影院)或武庙(武成小学)参加祭祀大典,为表现敬意,必须提前下马,步行到庙祭典。手下则将马牵到附近井旁饮水,然后到另外一处等待。祭典结束,官员又到此上马,打道回府。久而久之,在城隍庙和武庙附近就形成了下马巷、上马巷和饮甘巷,都积淀了不少历史信息。昆明城南有双龙桥,既是桥名,又是地名。其名所来,一说因老桥两侧桥墩各雕一龙,因称双龙;一说因原来桥东有白龙庙、桥西有黄龙庙,还有一座双龙寺,如此一来,此桥此地就不能不称"双龙"了。

老昆明的郊区还有一批以寺庙命名的村子,其中不少已成为今天的城区了。如城西的波若庵村、观音寺、红庙,城北的廖家庙,城东的白龙寺、两面寺、金马寺上村、金马寺下村、天子庙(今新治村),城南的灵山庙、太平寺、红庙寺、中天台(今玉龙村)、清静寺(今青棚村)等。而城南的护福村中有护福寺、万德村中有万德寺、永盛村中有永盛庵,都从寺庙而来。和寺庙间接相关的村名也不少,如城南的寺后村,因地处护福寺后得名;云溪村取村中慈云阁之"云"和古溪寺之"溪"得名;香条前村、香条后村以村中古福寺的香案(香条)得名;龙马村原名马村,因村中建龙王庙取其"龙"字,更名龙马村。昆明城中又有佛兴村,因村中有北岳庙、白鹤观、肖公祠、宏觉寺、四官阁、斗姆阁和大梵宫,取意佛事兴盛而名,后以谐音改为复兴村。

据统计,老昆明75%的寺庙地名出自清代,可见此时宗教对昆明市俗生活影响之大。

东寺街

东寺巷

老街名

西寺巷

城隍庙街

文庙东巷

天君殿巷

○商业街名

三市街

马市口

熟皮坡（今长春路中段）

老昆明城内商业繁华。今正义路北端有马市口，南端有羊市口，加上前面提到的辕门口（今光华街一段）、营门口（从金碧路到北后街）和县门口（小东门），街市繁华，商店云集，有"五口通商"的美称，又与马市（马市口）、羊市（羊市口）、珠市（珠市街）"三市"并称"五口三市"，同为老昆明城商业最为集中、最为繁荣之地。

老昆明街巷不同，商铺各异，或因行业集中为市，或某店一枝独秀称雄。旧时昆明坊间有花灯唱道：

光华街有的是鞋帽铺，
王运通的膏药拔总毒；
文庙街挨家挨户是小帽铺，
烟锅杆杆是牙骨；
三蠡巷有几家玉石铺，
二蠡街有几家打铜壶；
文明街夜市场的摊子无其数，
古董新书样样买得出；
粮道街也有皮箱铺，
毕家有支大蜡烛。

老昆明的不少街巷名称，简直就是商铺市场的广告，人们但有所需，就可以"望文生义"地冲着街巷名称而去就行了。如买米就去小东门外的米厂心，这里早在宋代大理国时期就是储粮要地，周边形成米市场，明代又建有大粮仓，此地便称米仓心——米仓的中心。因附近有贩猪市场，清末又称猪集上街。民国时改米仓为碾米厂，周围的集市就叫米厂心了。米厂在旁，买米极为方便。城西买米可以到大西门外的庆丰街,那里是城西米市所在地,只是这"庆丰"有点儿绕(一说因街上有"庆丰汇号"得名)。桃源街南段旧称卖米巷,里面也有米市场。

买卖牲畜又有羊市街、羊市口、羊马市铺等,在今南通街,是传统农副产品市场。珠玑街旧称"猪集街",有猪羊市场。大小东门外的马厂北巷、南巷原来有牛马市场,主要是官家做买卖,原来叫马场,后又改称马厂。龙翔街有条大羊巷,是牛羊集市和马店集中之地。长春路中段原来叫熟皮坡,这里聚集着不少制革作坊店铺,也形成了市场。

此外,要打灯油可以到香灯房,在今天的桃源街中段,那里卖香灯油的小铺子不少。买菜就到菜市街,买盐则上盐行街和盐店巷。南华街旧称毡子街,是毡子市场所在之地。南太桥旁有木行街,清代有木料、木器市场。华山西路一段旧称卖线街,集中不少棉线店铺。华山西路另一段旧称篦子坡,有卖篦子的店铺。玉溪街原在近日公园西南,原

钱局街

小银柜巷

有不少玉溪商贩在此经营土布和风味食品,仅玉溪口味饭食摊点就有一二十个,后来又在此建起新兴(玉溪)商场,玉溪街也由此得名。黄公东街原称劝业场后街,就在劝业场后面。今金碧路一段原称广聚街,街上的两广商号不少。如此之类的还有石灰巷、豆豉巷、火腿巷、豆角巷、豆菜巷、螃蟹巷、纸马巷、羊角巷、金鸡巷、洋碱巷、银珠巷、打带巷等——有人调侃说,老昆明卖鱼、卖盐之人,也知道自己应该去什么地方纳税:鱼课司街和盐行街。

老昆明有"文化"含量的市场也不少,在街巷名称上都有反映。如书林街地近元、明时的昆明文庙,早年书生云集,不少刻版印书的四川人在此营业谋生。宝善街东段旧称珠市街,清代有石桥,称珠市桥,桥上为珠宝玉器市场,经营者多为四川人。顺城街一段原称烧珠桥,桥上为烧珠饰品市场。启文街原来叫绣衣后街,多有刺绣店。吹箫巷内原来有不少生产、销售竹器的人家,卖艺人多在此吹、拉、弹、唱,引来

不少游人，既是市场，又是"游场"。至于昆明城南，旧有赵、郝两家挖窑烧制砖烧盆罐，当地得名南窑，后在此建起了昆明火车站，民间也称南窑车站。

旧时走进老昆明，甚至可以凭街巷名称认店。如兴华街原称瓷碗巷，早先有江西人在此经营瓷器；教子巷原名轿子巷，巷内有出租轿子的店铺；知止巷原名草纸巷，巷内有草纸铺；先知巷原为胭脂巷，有经营胭脂花粉的店铺；碧鸡巷原名裹脚巷，巷内有裹脚铺；布珠巷旧称布主巷，巷内有布商；杨俭巷原称洋碱（肥皂旧称）巷，巷口就有家肥皂公司；宏昌巷原称宏昌当巷，巷内原有宏昌当铺；正义巷原称顺庆当巷，也有当铺，就叫顺庆当；通济巷里原来也有当铺，称当铺巷；直道巷原名直当巷，巷内也有当铺；财盛巷曾是兑换银钱之地；大银柜巷和小银柜巷内早先开办有官办银号。

"民以食为天"，不少街巷名都和这个"天"有关。如大德山下的好生巷原称打猪巷，巷内有杀猪坊；香油巷内有香油会馆；盐店巷里有盐仓和盐店；炒豆巷里有人卖炒豆；经常巷原名豆浆巷，巷内原有人家专做豆腐、豆浆；安邦巷原名干巴巷，巷内原有制售牛肉干巴的"专业户"；大饼巷巷口真有一家大饼店，肴美巷原称长美居巷，巷里就有家"长美居餐馆"等等。

还有不少街巷名与手工业有关。老舍住过的靛花巷里有靛染作坊；染布巷里有染房人家，浆染纱帕、小布；知化巷原称纸花巷，有制售纸花的人家；江城巷原名打珠巷，住着一些制作珠宝首饰的工匠；临江里北段旧称打草巷，居民多从事草编织业；九新巷内则有"久新服装店"等——有的巷名连商家的姓都有了，如同一个广告。如马家巷原称马家店巷，原来有马姓人家在此开客店。

还有因为"街巷产业"相同而街巷重名的。如翠花街（今维新街）和翠花巷，都因街巷中有居民制作翠花得名。昆明城里的豆腐巷至少有两个，巷内都有豆腐作坊，为防止重名，其中一个改称祝福巷。金碧路东段有两个杀鸡巷，巷中都有杀鸡为生的住户，后来一个改称履善巷，一个改称泰安巷。

因为城市发展，"街巷产业"有变，街巷名称也会随之改变。长春路中段原称树皮坡，据说元代这里长满名贵的涂杉树，不少人到此砍伐，留下成堆的树皮，称为树皮坡，清代这里聚集了一些硝制皮革的作坊，又改名熟皮坡。大德山下的好生巷原称打猪巷，巷内有杀猪坊，后来换了新住户，认为老巷名不吉利，改为好生巷。致果巷原来叫小火巷，巷里有火扇作坊，后来的新住户认为火有凶气，会导致恶果，不甚吉利，改称致果巷。碑巷和打碑巷都有专门打制墓碑的石匠，碑巷大概也有了新住户，认为巷名不吉利，改称福寿巷，打碑巷之名则一直沿用下来。清末馨香巷里有香料坊，到民国时期，巷口又有馨香包子铺，都有"馨香"二字，这个巷名自不必改。武成路上早先有卖鱼巷，小西门一带农民多在此卖鱼，后来巷内住进了做香料生意的人家，卖鱼人退出，巷名又改为料香巷——老昆明人地名之与时俱进如此。

在这些商业街巷名中，来头最大的当数华山西路的利昆巷。创办中国第一个水电站石龙坝电厂的耀龙公司当年就坐落在这条巷内。有了水电，首先受益的就是昆明，因此称"利昆巷"。

○山水街名

老昆明为山水之城，城外有"三山一水"，内有"三山四海"，从山水得来的地名不少。如今昆明主城四区，五华区得名于五华山，盘龙区得名于盘龙江，官渡区得名于滇池渡口，西山区得名于西山——全是山水之名。

老昆明城中，以五华山为中心，前有华山南路，还有华阳巷和华国巷，西有华西巷和华山西路，其中一段旧称瞻华街，即"瞻望五华山"之街。再西有华山巷，又有登华街，取意"从此可登五华山"，远到翠湖南还有个磨盘山，地处五华山西支余脉，后成为巷名——皆与五华山有关。

圆通山前有圆通街和螺峰街，此之"螺峰"为圆通山旧名。环山又有圆通路、圆通东路、圆通北路和圆西路，附近还有丁字坡和北仓坡，都在圆通山以西的山坡上。圆通山前的大德山下也有条大德山巷，直接以山为名。

老昆明城西有虹山，亦为长虫山余脉，原名银锭山，又称七进士山，俗称虹山，今有虹山东路、虹山南路、虹山西路、虹山北路、虹山中路和长虹路等。

另有因巷内公馆石山得名的石山巷、因地处城南地势较高得名的高山铺等，都与山有关。

昆明地方以水为名首选滇池，如今滇池

华山东路

华山南路

高山铺

大绿水河

小绿水河

黄河巷

周边有海埂、海口、浪泥湾、晖湾——有"海"有"湾"，都从滇池而来。昆明城里也有"湾"，其中螺蛳湾、潘家湾、波转湾早年都和滇池湖湾有关，就连翠湖，早先也是一个滇池湖湾而已。为防止滇池水患，昆明城周边又多筑坝，以坝为名，又有西坝、南坝、柳坝、大坝、四道坝等。草海边一大片沼泽涸为田地，三面临水，如手抚滇池，于是称"抚海"，后改为"福海"。附近临河农房前后常常停有渔船，于是称船房，充满田园风味。

流入滇池的河流也是昆明街巷名称一大来源。最大的入滇河流是盘龙江，大东门外有临江里，小东门外盘龙江东有南河埂和北河埂，大南门外玉带河边也有南河埂，小南门外盘龙江则有大河埂，后来在此设岗巡视水情，又叫巡津堤，堤上有街，民国初年称巡津街。如今城北也有盘江东路、盘江西路，城中有临江路等。

至于其他入滇河流地名，有佴家湾和董家湾，早年为金汁河河湾；有篆塘路，以篆塘河得名；有沿河路，以覆盖玉带河一段盐店河筑街得名；有明通路，以覆盖明通河筑路得名；有江城巷，以地近护城河得名；有江底巷，因直通明通河得名；有至河巷，早先通盐店河，后改名致和巷；有大河埂，在西北沙河边；有金唐巷，因地在金汁河与唐家营之间得名；还有大绿水河和小绿水河，原有泉水成塘，形成两条河，再流出东城洞，后水塘被填埋，河道被覆盖，而以河为名，也算留了一个痕迹。

有"四海"之称的翠湖旧时有海子边，

分为南海子边、北海子边；湖中有湖心亭；湖东面有海潮巷；南面有海源巷，还有蒲草田，原为沼泽；有一丘田，为湖旁坡地。今周边则有翠湖东路、翠湖西路、翠湖南路和翠湖北路等。

因水池得名的街巷名还有一些：昆明城北的莲花池边有莲花池正街；黄河巷因巷口有水池得名；翠湖南畔的水塘子因水塘得名；青龙巷传说原有两个水塘，俗称双水塘，塘中有青龙，清末填塘建房，以青龙命名。此外还有因海天阁得名的海天阁巷、因海潮庵得名的海潮巷，虽然间接，也和"海"有关。

有意思的是，昆明还有两个以浙江的富春江命名的街道，都在武成路旁，一条是大富春街，一条是小富春街——这又与明末清初迁居于此的江南移民有关。

○水井街名

古代建城选址的原则是"高毋近旱而水用足，下毋近水而沟防省"（《管子》）。昆明城在山水之间，有江河环绕，城中又多地下水，凿井方便，不但"水用足"，而且"良水多"，不负风水宝地之名。

据明景泰年间《云南图经志书》记载，当时昆明已有"名井"出现：布政司署（今如安街老昆八中址）有清侯井，为大理权臣高智升开凿，因其号清侯得名；城隍庙（今五一电影院址）有阐侯井，"土人取之濯丝，以织土绵，其色鲜明"。此外还有"四井"：一称白石井，在布政司以西；一称石井，在当时的贡院（今文庙附近）以东；一称阿泥井，在城北江头村；一称青石井，在城西团山下——这些井都"渊深清洌，四时不竭"，成为当地居民、樵夫、牧人、商旅的日常饮水源。此后约170年，到明天启年间，据《滇志》所载，昆明"名井"又有增加，除前述数井外，还有石崖井和广佛井，皆在螺峰山下，适宜"煮茶"；有吴井，在城南菊花村，此井之水特别重，取水贮存，"久藏而不腐"；用来泡茶，香气清洌，即使是苦茶，用吴井水一泡，也会变得甘甜，"弥久如故"；石井有两口，一口在旗纛庙（在今福照街），水质堪比吴井，"以供上官"——专供附近的黔国公府和巡抚公署官员饮用。另外

吴井路

龙井街

五华山下的五华书院前亦有石井，山上居民得水不易，有了这口井，饮水大为方便；南城外有胭脂巷井，用以酿酒，味道"而美"；东城外有茜红井，可以用来染红布，十分鲜艳；城南有海眼井，此井最为神奇，"在觉照寺（在今东寺街）大殿内佛座下，相传为滇池水眼"，每逢佛祖诞辰，四方居民都到此取水沐浴，可谓佛井。景泰《云南图经志书》所记阿泥井这时还在，供"环村而居者"取水。

据清康熙《云南府志》所记，西山罗汉崖下还有一口"牛井"，传说明嘉靖初年有道士隐居于此，苦于山中无水，道人就赶着牛驮着水桶下山取水，多年以后，那牛突然死去，牛倒下之地流出一股清泉，"水味甘冽，盛旱不涸"，堪称神井。此外，清道光《昆明县志》还记载，城南门外燕支巷也有一井，特别适宜酿酒，味"剧美"。

到了民国初期，昆明市区居民生活用水，仍以水井为主。街巷之间，多有公用水井，市民以绳系水桶，取水井中，俗称"打水"。机关、学校、官绅寓所、深宅大院，则有私家大井，大门上钉一"井"字牌，若遇火灾，须开门让人打水救火。居家生活，不可无水，不可无水井，水井在昆明人生活中，至关重要。时有名井，如翠湖边之八角井、四方井等，而以吴井桥之吴井最为著名。在老昆明人心中，水井都是重要地标，自然容易成为地名。同时，以井为巷名，也便于人们关键时刻寻找水井，求得井水，以救急难。这种时候，"井巷名"无疑就是当时的"寻水指南"。

老昆明以"井"为名的巷道不少。有的干脆叫井巷（今武新巷）或水井巷；巷内有水井。有的巷内井大，叫大井巷（又称濂泉巷）有的井小，叫小井巷；有的井有四方石栏，叫四方井巷；有的井旁还有花红树，叫花红井巷（今花红巷）；有的井有两眼，叫双眼井巷；有的不仅有两眼井，而且出水四时不涸，于是叫永井巷；有的竟有四眼井，水涌似泉，叫饮泉巷；一眼水井也能称"泉"，叫清泉巷；井水甘甜，叫饮甘巷；有井任人打水，叫打水巷：文雅一点儿，还有汲水巷等等。

如此井巷，还有重名而不得一再改名的，如小东门一巷内有小井，原来称打水巷，与圆通街东段打水巷重名，后改汲泉巷，但又与如安街中段的汲水巷相近，于是再改龙泉巷，相沿至今。

老昆明的井不但是日用取水之所，还是邻里之间交际、传递信息的平台。附近居家者特别是家庭主妇每天必来井中打水，更在井边淘米、洗菜、洗衣、洗被，邻里在此偶遇，无不谈笑风生，说三道四，成为那个年代难得的社交往来。古人称乡里为"乡井"，是有道理的。

在中国传统文化中，"水"和"龙"总有点儿关系。老昆明最牛的"井"字街巷都和"龙王"有关。如东风西路有龙井街和龙井巷，敢称一个"龙"字，就因为这街巷不但地近水井，还有一座龙王庙。清乾隆四十四年（1779年），人们在五华山北麓打了一口井，一时井水迸涌，清澈甘甜，老昆明人兴奋不已，在井旁建起龙王庙，匾题"水晶宫"。后来此地形成巷道，就叫水晶宫。

○花树街名

昆明"花枝不断四时春"，又"四时无日不开花"。老昆明人爱花爱树，有民谣曰："有城无花，民心窄狭。""有城无树，民心躁怒。""街巷绿荫，凉快爽心。""城多树与竹，疾病不进屋。"认为花木有利身心健康，就是家中，也"莫嫌天井小，多栽花木养小鸟"。

这种"花树文化"也会反映到老昆明的街巷名称中。前面提到老舍笔下的靛花巷，名虽美雅，却非因花得名。但昆明街巷中以花树为名者，确实不少。如栗树头、大树营、棕树营、柏枝营、花园巷、小花园、翠花巷、定花巷、葵花巷、菊花村等。

不少地方是先有花树，后建街巷，花树之名便成了街巷之名。如红花巷原来是一片长满红花的山坡；大柳树巷和小柳树巷早先是一片荒野，长着不少高大的柳树；

小梅园巷

红花巷

青莲街

大梅园巷

柿花巷

果树巷早先是一片树林，其中有不少果树，清初才形成巷道；三棵树巷早先有三棵高大粗壮的桉树；大树巷早先有苍劲的古树；柿花巷原为一片空地，长有柿花树；芭蕉巷据说早先有一片茂盛的芭蕉林；文化巷原称荨麻巷，早先是北城墙脚荨麻丛生之地；苍园巷原称菜园子，早先是个菜园；翠湖南路有蒲草田，早先是城外的一片湖沼，长满芦苇和蒲草，明初划入城内，称蒲草田；金凤花园早先有私家花园，以金凤花著称，形成巷道后，园名就成了巷名；竹安巷、竹子巷，早年巷内有茂密的修竹等。长春路中段原称树皮坡，因元代长满涂杉树得名。华山西路中段最早称篦子坡，一说就因早年坡上树木繁茂，远望形如篦子得名。直到20世纪80年代，昆明市区东部一片农田、菜地上建成了居民小区，也以田园、稻香命名，于是有田园巷、稻香巷等。

一个地方成街成巷之后，种下好花好树，也会以花树为名。如劝学巷原称大树巷，以巷内有大树得名，后又因巷中衙门种有刺桐花得名鹦哥花首府巷；莲花巷原名桂花巷，巷内庭园有桂花，每逢八月，香飘满巷；花椒巷内官宅内有一丛花椒树，以树茂粒大著称；梅子巷内庭院以梅子树著名，巷因此得名；枣树巷中有一棵高大的软枣树；桑梓巷原叫大桑子巷，旧时巷中有三棵大桑树；双梅树巷则有两树梅花；槐树巷里当然有槐树；护国路上有白果巷，巷内有白果树；花红巷里则有花红树；大梅园巷，旧为梅园，清代布衣文人孙髯曾居于此，以爱梅著称，自号"梅园"，近旁又有小梅园巷，内有朱德故居，也是一段地名佳话。

○形状街名

老昆明还有不少街巷以形状得名。

有的形状如字，便以字命名——如小东门外的米厂心呈"丁"字形，原来就叫"丁字街"；贡院（今云南大学东陆园）东侧有小路登坡出北城门，在坡头与北门街"丁"字相交，称"丁字坡"；五一路中下段的甘公祠街与光华街、龙井街、西院街相交为"十"字，早年又称"前卫十字街"。

有的形如某物，便以某物命名——如城中"景虹街"，一说就因街道弯曲如虹得名；城东道义街，一说因其形状平直如扁担，早年又称"扁担街"；报国街有条"褡裢巷"，因形似过去装钱的褡裢得名；清代昆明南门有东、西两巷，两巷相通，如人之两耳，于是称"东耳巷""西耳巷"，今东耳巷不存，仅存西耳巷，简称耳巷，倒也省事。今凤翥街中段临近大西门城脚，向外凸出一段，貌似人耳，也被称为长耳街。此外还有弯如牛角的坡称牛角坡；弯如羊角的巷称羊角巷；大路岔出一街叫岔街等。

有的以街巷的构造命名——如"三台巷"，因由南向北分为三台得名；"四合巷"因早年有四个庭院得名；"六合巷"则以早年巷内有六个庭院得名；如安街的"三转湾"与水无关，而因巷内有三道弯拐得名。塘子巷边还有条"宽巷"，因早先比附近其他巷道宽得名。大观街和大观路原来都是砂石马路，就叫"砂马路"。民权街旁的"石门坎巷"原为清代把总衙门官吏住所，因巷口有道石门坎得名，后改康寿巷。类似的还有"高石坎巷""石板巷""土墙巷""围墙巷"等，只是如今都改了名。

丁字坡

牛角坡

歪巷

○记史街名

老昆明街名寓意最古老的，大约要算拓东路了。唐永泰元年（765年），南诏国王阁罗凤在滇池北岸筑拓东城，今有拓东路，据说就在古拓东城中心。元明时这

纪念唐南诏建拓东城的拓东路

纪念辛亥重九起义的光华街

里为昆明通京大道所在，清代沿路盐商众多，称盐行街，西段有云津夜市，叫云津街，中段有三元宫，叫三元街，而东段有状元楼，称县前铺，1937年后统称拓东路。拓东城遗迹有东、西寺塔，从此又有东寺街和西寺街等。宋代大理国时期在盘龙江边筑云津堤，"云津夜市"成为昆明八景之一，后有云津路，今则有云津市场。

元代在悯忠山上建五华大殿，山也随之改名五华山，现在五华区的"五华"也从此而来。元梁王在城东设帐殿作离宫别墅，蒙语称帐殿为"兀尔朵"，后讹为"五里多"，沿为地名。元代还在城东建了座万庆寺白塔，民国初年拆除，留下一条白塔路。

马市口、羊市口等起于元明两代。昆明有马市、羊市，自然就有"口"了。明代筑金马坊和碧鸡坊，表示"金马钟秀，碧鸡呈祥"，于是有金马大街，后改名金碧路。

近代昆明街名又有不少改动，都和时局变化有关。

清末搞变法维新，于是把翠花街改为维新街。维新不成，辛亥革命爆发，昆明重九起义成功，东方出现景星、瑞云，都是吉兆，于是曾住有不少清朝官员家属的登仕街改名庆云街，又清朝粮道署前的粮道街改名为景星街。还把地近巡抚衙门、多住满族官员的满洲巷改叫华兴巷（今如安街侧），将总督衙门前的辕门口（在今胜利堂）和东院街统一改名光华街，城东的瓷碗巷也改为兴华街，意在"驱逐鞑虏"之后必"振兴中华""复兴中华"之意。为提倡三民主义，又把清总督高树大旗的二纛街改名民生街、三纛巷改名民权街。还把清平巷改称新平巷，圆通山南的无名巷也被命名为肇庆巷，金碧路旁的佛兴村则改名复兴村——昆明百姓把希望完全寄托在辛亥革命后的新政权身上了。

1916年，从昆明首发的护国起义胜利后，昆明大南门也从丽正门改称正义门。1937年，正义门以北，从马市口、五华坊、三牌坊、四牌坊、南正街、瓮城、教子坊，整段改称正义路，意思是"伸张正义于天下"。此外，昆明还筑了护国门，建了护

纪念辛亥重九起义的兴华街　　　　　纪念辛亥重九起义的华兴巷

国桥，修了护国路。1917年，张勋企图复辟帝制，孙中山成立护法军政府，云南起而响应，成立靖国军出师护法，史称靖国战争。此后昆明城西的三节桥改名靖国桥，三节桥村则改称靖国新村，到今天还留下了一条靖国路、一条靖国巷，后来还建了个靖国新村。

抗日战争时期，日寇飞机轰炸昆明，天宁寺巷里的天宁庵被震歪，于是改名安宁巷，祈求全城安宁。日机来炸，翠湖边的一片竹林成了昆明人"跑警报"的去处，日后此地建屋成巷，就叫竹安巷，寓"竹报平安"之意。为招待"飞虎队"等美国援华人员，昆明人在塘子巷建了"谊安大厦"，一旁的"有益巷"就改名叫"友谊巷"了。1945年昆明爆发了反内战、争民主的"一二·一"学生运动，后来城北原西南联大校址前、连接今云南师范大学、云南大学、昆明理工大学、云南民族大学的环城北路一段被命名为一二·一大街，那是以后的事了。

20世纪50年代以后，又有一批新的街名记录了新的历史印迹。

昆明城东南有南岳庙、普贤两村，1952年土地改革时合并称和平村，取"保卫世界和平"之意。1953年以土改结束，昆明城北席子营、凤凰村、栗树头等五个村子组成胜利乡，取意"革命胜利"。

1952年昆明青年人义务劳动拆除东城墙，填平东护城河，建起新街，1955年昆明青年又在新街上遍种行道树，于是此路称青年路。

1952年还拆除南门到大小西门（今近日公园到龙翔街东口）的城墙，并填平护城河建起新路。与此同时，拆除南城护国门，再筑一路，向东延展到太和街，取南屏街之"南"和太和街之"太"称南太路，跨盘龙江而建的新桥称南太桥。1956年，

纪念护国起义的正义路

纪念护国起义的护国门和护国路

此路再延伸到环城东路——两条新路一东一西,与南屏街相接,成为横穿市区的主干道,1960年两路都被命名为东风路,取"东风压倒西风"之意。1980年将近日公园以西路段改称东风东路,护国路以东路段改称东风西路,连接两路的南屏街名称不变,沿用至今。

1959年,又拓宽昆明城以西的迤西大道和西关外大路,从今东风东路往西直达岷山脚下,初称人民路,取意"人民是国家的主人"和"人民事业兴旺发达"。昆明城东交三桥到太和街(今北京路)早在清末已形成街道,东去有通往昙华寺的小道,此时也逐年扩建,辟出一条从北京路往东直到金汁河埂王大桥的新街道,与人民路隔长春路、武成路遥遥相对,形成又一条昆明主城东西交通干道,1979年被命名为人民东路,原人民路改称人民西路,而夹在中间的长春路和武成路后来也改称人民中路——这两条老街没有南屏街的命好,在新街名的"夹击"下,惨遭"吞并"。

不过,这两条古街也是"吞并"了不少更古的街名形成的。长春路明清时有五段:从正义路到象眼街称长春坊,以街上长春观得名;从象眼街到兴华街,元代称树皮坡,以伐木后坡上堆满树皮得名,清代改称熟皮坡,以其地有制革作坊鞣制熟皮得名;从兴华街到小花园称大东门正街,以旧城大东门得名;从小花园到北京路称咸和铺,以旧城咸和门(即大东门)得名。民国时曾将这五段道路合并统称绥靖路,1952年改称长春路,因此路旧有长春观、长春坊,大东门殷春楼等,都有长春之意,而此时命名"长春",更有昆明四季如春、人民事业长如春天的新意。武成路明清时也有五段,就是前面提到的土主庙街、城隍庙街、武庙街、史皇庙街和小西门正街,1937年统称武成路。1998年前后扩建长春路和武成路,两路合并改名为人民中路,但民间仍多叫长春路和武成路。

1966年,贵昆铁路建成,云南从此有了出省铁路。昆明火车客运站设在南窑,新筑站前路，向南连通原来的环城东路，即塘子巷、太和街、咸和铺（街）、福德街、穿心鼓楼一线，直达原米轨铁路的昆明北站，全路改称北京路，取"边疆连通首都北京"之意。后此路下穿北站，一直往北延伸，直抵龙头街以北，成为纵贯昆明新老城区的主干道。

○五行街名

中国传统的五行学说是风水堪舆的理论基础，对昆明地名有很大的影响。五行指大千世界的五种元素或阴阳演变过程的五种基本动态：水、火、金、木、土，五行相生相克，相依相存，奥妙无穷。在老昆明人眼里，地名不仅是个标记，还渗透了五行运势，可以培补风水，营造气场，和谐阴阳，为一地居民造福。如翠湖边有名的中和巷，就源自五行中"土"所代表的"中和"。据传中和巷最早是江南首富沈万三的蒙难之地，这个沈万三（沈秀）曾捐资修筑南京城墙并试图犒劳三军，被朱元璋认为有野心，抓起来要杀，幸得马皇后说情，才得保住一条命，流放到昆明来（《明史·后妃列传》）。来到昆明后，沈万三得到镇守云南的黔宁王沐英优待，隐居在翠湖南边的山坡上。此时的沈万山不得不小心翼翼，苟且偷安，再不敢乱说乱动。昆明人把他住过的小山城称为"沈官坡"，又称"中和巷"，源自五行之"土"。按《礼记·中庸》的解释："喜怒哀乐之未发谓之中，发而皆中节谓之和。中也者，天下之大本也；和也者，天下之达道也。致中和，天

红庙的"红"属火

黑龙潭的"黑"属水

水晶宫自然属水

金碧路自然属金

铁皮巷的"铁"也属金

石桥铺的"石"属土

南通街的"南"属火

北门街的"北"属水

地位焉,万物育焉。"——这个"中和"正是沈万三得以全身而终的至道,是潜藏在五行中的奥义,也是此地居民的福气。

在地名中,五行演化为水、火、金、木、土五字,再融入民间的理解,各有深义。昆明地名含"金"的不少。有金碧街、金马山、金马坊、金马路、金马巷、金鸡巷、金牛街、金唐巷、金汁河、金线泉、金钟山、金凤花园等。银为"金"之一,又有银锭山、银珠巷、银汁河、大银柜巷、小银柜巷等。铁也是"金",有铁局巷、铁皮巷等。"木"则有木行街、木牌坊巷,其他包含"花""树""草"的地名,也大多属木。"水"有水晶宫、汲水巷、打水巷、水井巷、水塘子、双水塘、大绿水河,小绿水河等,更多的是含有"海""河""江""泉""井""湾""湖""池"等字的地名,大都和水有关。"火"有小火巷、火神庙等。"土"有土桥、土主庙街、土主庙巷、小土巷、土墙巷等。"石"也属土,有石桥铺、石安巷、石牌坊巷、石井巷、石山巷、石印巷、高石坎巷、石板巷、石灰巷、西石桥、石嘴等。

按五行之说,金在西方,木在东方,水在北方,火在南方,土在中位,于是又有"五方"。昆明地名以"东""西"为多。"东"有东院街、东寺街、东寺巷、东华路、东华街、东升街、东月城、大东正街、小东正街、大东城脚、小东城脚、东卷洞巷、东道巷、文庙东街、东长村、东川巷、东生巷、东庄、东岳庙等;"西"有大西正街、小西正街、小西月城、外西城脚、西城坡、西关厢、西岳庙、西寺巷、西仓坡、西华园、西华街、西海子边、西岳庙、西石桥、西坝、西坝桥、西坝路、西坝村、西长村、西卷洞巷、西安马路等。"南"则有南大街、南正街、南昌街、南城脚、南教场、南河埂、南海子边、南屏街、南坝、南太桥、南太路、南华街、南强街、南通街、南窑等。"北"有北门街、北仓坡、北河埂、北后街、北教场、北岳庙等。"中"有中巷和前面提到的中和巷等。

　　五行各有色彩，也融入了昆明地名。白色、金色属金，昆明含"金"地名不少，前面已经列举，又有白马庙、白衣庵巷、白塔路、白塔巷、白果巷、白鹤桥、白云巷、白鱼口、白沙河、白龙潭等，都有个"白"字。绿色、青色属木，昆明有大绿水河、小绿水河、翠湖路、翠花街、翠花巷、青龙巷、青云街、青云巷、青门巷、青宁巷，又有碧鸡坊、碧鸡关、碧鸡山、碧鸡路、碧鸡巷、靛花巷等。黑色、蓝色属水，昆明有黑龙潭、黑林铺、黑荞母、蓝龙潭、蓝花沟等。红色、紫色属火，昆明有红庙、红联、红栅子、红花巷、花红巷等。黄色、褐色属土，昆明又有黄土坡、黄瓜营、黄河巷、黄家巷和黄公东街、黄公西街等。

　　按五行之说，土代表"中和"，这在前面已经提到了，金则代表"收敛"，火代表"炎上"，木代表"伸展"，水代表"润下"——按此说反观昆明种种五行地名，会不会另有一番深意呢？

○名人街名

　　老昆明的族体意识很强，尽管历史上出过不少名人，但以名人命名的街巷极少，而以一姓一族命名的地方不少。如佴家湾、潘家湾、董家湾、左家巷、卫家巷、郭家巷、石家巷、朱家巷、孙家巷、周家巷、龚家村巷、黄家庄、王家坝、苏家塘等等。这个"家"也有指个人的，如翠湖公园边有蔡家巷、裴家巷，正义路有邱家巷，圆通街有马家巷，但其中蔡姓、裴姓、邱姓、马姓都是一般商人。

民国时期的黄武毅公祠

　　还有一些街巷名与官员有联系。洪化桥旁有咸阳巷，原名咸阳王巷，为纪念元代咸阳王赛典赤命名——以赛典赤的功德，仅赢得一个巷名，不免委屈。民生街有沙朗巷，因巷内住有一个姓沙的官员得名；圆通街有姚家巷，因巷内

纪念辛亥革命志士黄毓英的黄公东街

纪念辛亥革命志士黄毓英的黄公西街

纪念捐地造城者朱晓东的晓东街

早年原住有一姓姚的官员得名；金碧路有司马巷，原称司马第巷，据说巷名来自巷内清道光年间司马李际春的宅第；武成路有连升巷，据说清末官吏李松轩迁居于此，后得连年晋升，因此得名等等。

昆明也有几个街巷不以某人之姓得名，而以某人之名为名。市中心南屏街旁的晓东街无人不晓，早先这块地面是滇军将领朱旭的私产，朱旭字晓东，后在此建街，即以晓东为名。正义路上有二允巷，据说来自清末一个大户，那大户就叫陈二允；拓东路上有东川巷，原称玉川巷，因民国昆明县长杨玉川住巷内得名。青云街有条希文巷，因纪念民国云南教育界著名人士、达文学校创始人柏希文得名。此中"晓东""希文"，可称名人。当年出入希文巷的还有聂耳，那时聂耳正在云南第一联合中学读书，晚上到此参加柏希文的英语补习班，并学习音乐乐理、弹奏钢琴。

为纪念名人而命名的昆明地名还查得到几个。如昆明城北有座严家山，因山上有南明吏部尚书严清之墓得名。城中北门街还有个世恩坊，既是牌坊名也是地名，纪念的也是严清。清代在翠湖东畔为"滇南翘楚"钱沣建了座祠堂，后来附近形成巷道，取名学士巷，只是没有提钱沣之名。穿心鼓楼南有条薛家巷，因巷内有薛尔望宅和薛尔望祠得名，薛尔望全家于明末清初死节，有名于世。翠湖南面有黄公东街和黄公西街，因街上有黄公祠得名——这位"黄公"是黄毓英，为辛亥重九起义战将，革命武人。景星街西段有甘公祠街，街上原有清初被吴三桂杀害的云贵总督甘文焜祠堂。

昆明地名取自于人，且有名有姓者近乎零。查了一下，明天启《滇志》说昆明城"东一里重关外"有座"焦三桥"。直到清代，桥称如故（清康熙《云南府志》）。据说这座桥是一个叫焦三的人捐建的，民国时才改为交三桥——传说而已，不知焦三为何许人也。

○移民街名

昆明是座移民城市,这从老昆明的街巷名称中也可以看出来。城南的金碧路明代称新城铺,又叫金马大街,清末此地开为商埠,对外开放,滇越铁路通车后,广东、广西商人蜂拥而入,聚居于此,于是改名为广聚街,俗称广马街。除两广之人外,这里还住着不少越南人。1930年以街上的金马坊和碧鸡坊取意,改名为金碧路。

滇越铁路通车后,广东、广西商人聚居的广聚街,俗称广马街

金碧路中段岔出一条同仁街,街上也多住广东人,并设有广东同乡会,街上建筑全为骑楼,尽显广式风格,俗称广东街。再往东走,与同仁街隔着新市街并排而立的还有一条陕西巷,又和巷内居住不少陕西人有关。

清代末年和民国初期,昆明大南门外汇集了不少玉溪(当时称新兴)商贩,在此经营土布、风味食品等。

早年浙江移民聚居的富春街

民国初期,玉溪商贩发起建立新兴(玉溪)商场,同时成立了玉溪同乡会,这里就叫玉溪街了。翠湖以南有个沈官坡,据说是因明初南京巨富沈万三被迁徙昆明、居住于此得名。青年路早年有条绣衣后街,后来有个姓丁的外地人到此购地建房,便以"在昆明安家立业"之意,改名昆安巷。华山南路有条浙江巷,清末巷内有浙江会馆,为旅昆浙江人居住之处。前面说过,武成路上有大富春街和小富春街,明末清初,有江南移民在此建盖居所,形成街道,便以家乡的富春江命名。华山南路有条吉安巷,清代巷中住进一位从江西吉安来的王姓笔墨先生,在巷口挂上一块"吉安王寓"的匾牌,于是昆明就有了一条以江西吉安命名的小巷。

○传说街名

昆明不少街巷名称都和民间传说有关。长春路有条青龙巷,传说巷中原有两个水塘,塘里有青龙(蛇)出没,清末填塘建房,形成巷道,便称青龙巷。距此不远的威远街回龙巷早先也有水塘,传说有小青龙(蛇)出没,称回龙塘,成巷之后,

清末的玉带河和鸡鸣桥

便称回龙巷。

距青龙巷不远有象眼街，是明清时期缅甸和越南向中国、云南边疆向朝廷进贡大象的必经之地。据说此街原名叫鹦哥花，因街东守府衙门和街西藩台衙门都种有刺桐花，昆明人称鹦哥花，花事很盛，这街就以花为名，叫鹦哥花。后来某年，缅甸贡象进城，行至此跪地良久，始起而行。昆明人认为这是吉祥之兆，便在贡象下跪之处，用石块镶成一个象头，石分浅红、淡黑、灰白三色，眼耳口鼻分明，嵌于道中，以为纪念，此街也因此得名象眼街。

昆明贡象故事不少。据说清乾隆五十五年（1790年），耿马土司向朝廷进贡一头母象，以庆贺乾隆皇帝八十大寿。此象有孕在身，行至昆明就生下一头小象，煞是可爱，老昆明人争相围观，不料惊了母象，闯进街市，撞棚毁屋，后被象奴拦回——不知象眼街地嵌象头，是不是想把那可爱的小象永远留在昆明？

过去老昆明人路过这条街，都喜欢摸摸象眼，据说就可以交好运。20世纪50年代末搞"大跃进"，搞"平坦化"，把石象撬走，一抹水泥。呜呼！从此无"象"，徒有"象眼街"之称耳。

距象眼街不远，还专门建有几间高大的房屋，作为贡象暂歇之地，地点就在东城墙埂下，报国寺大门前，老昆明人叫"象房"。

○惊悚街名

逼死坡

昆明地名都讲究吉利，否则，该避讳的要避讳，该雅训的要雅训，但偏偏有几个带"死"带"杀"的惊悚地名，有的还想改都改不了。如城里的"逼死坡"，城外的"死口子"。

逼死坡在五华山西麓，为今华山西路南段一段陡坡。早年半坡上有片小树林，远望如笸子之形，坡上又有几家卖笼子的小铺，因称笼子坡。明末清初，吴三桂陈兵滇缅边境，强逼缅王交出外逃的南明永历帝朱由榔，将其押回昆明，囚禁在笼子坡头的金禅（蟾）寺。康熙元年（1662年）四月，吴三桂用弓弦勒死朱由榔，同时被绞杀者，还有太后王氏、皇次子朱慈煊，明王朝最终灭亡于笼子坡头，后人将此坡称为"逼死坡"。逼死坡坡脚有法华庵，朱由榔被杀之时，庵内有18个尼姑，听说朱由榔殉国，在庵内自焚而死，民间又称法华庵为火烧庵。

朱由榔殉国之时，昆明"天晦黑七日"。吴三桂将朱由榔等焚尸取灰，分赐诸将，一说残骸葬于北门外商山莲花池畔。后来清康熙帝削藩，命令吴三桂"移镇关东"。吴三桂杀康熙使臣祭旗，又祭朱由榔墓，自封"天下都招讨兵马大元帅"，掀起"三藩之乱"，终于身败名裂，那是后话。

立在逼死坡头的南明永历帝殉国碑

清道光年间，云贵总督阮元认为逼死坡之名不雅，更名升平坡，并立碑为志，然而民间仍称之逼死坡。辛亥重九起义成功，云南都督蔡锷以"三迤士民"名义，在坡头立"明永历帝殉国处"碑。此碑后失，1983年寻回，重立坡头。现更建起花园，碑移立花园中，高2米，宽0.5米，下有大理石基座并围栏，碑左刻："民国元年季冬月下澣"，成为昆明的一个重要历史遗迹。

"死"字总有点儿不吉利，不能不忌讳，除非骂人或愤世，昆明人轻易不说这个"死"字，而竟始终坚持"逼死坡"之名，可见对吴三桂痛恨之极。

至于昆明城外，对"死"字似乎又淡然得多。近年被媒体和网络"淘"出来的"死"地名有好几个，如昆明城南有个"死口子"，原来是滇池的一个湖湾，叫邱家湾。后来滇池湖面退缩，水湾入湖口被堵死，就成了"死口子"。昆明东北郊的小哨有"抵死牛沟"，西北郊的沙朗有"羊死箐"，东郊大板桥外有"鬼门关"，安宁六街有"送鬼山"，这些地名听来惊悚，但多和地势、牲口有关。电子地图上还有一些带"杀"字的地名，近的如五华区有"杀羊包包"、官渡区有"杀鸡山"，安宁市有"杀人凹"，远的更多，如寻甸县的"杀牛箐"、宜良县的"杀牛桥"和"杀牛山"，石林县也有座"杀牛山",还有"杀羊坡""杀羊山""杀鸡塘""杀牛坡"等,禄劝县则有"杀冲梁子""杀仕敏""杀羊箐""杀嘎"——这些"杀"疑似为当地语言的谐音,一时无考。至于"人",嵩明县有个"死人湾",寻甸县有个"死人包包",东川区有个"死人塘",明明白白写着"死人",电子地图上不难查到,但出处无考。

○民族地名

近年昆明市区迅速向老城四周扩张,原来隐藏在乡间的少数民族村名、地名演化为社区和街道名,获得前所未有的曝光率,引起了关注。

当地彝族称官渡为"阿勾娄",意思是"螺蛳城"

羊先坡出自彝语"雅西波",意思是长着杨梅和酸多依果的地方

昆明城东有个"五里多",更远又有个"八公里"。"八公里"出于现代,以和昆明老城的距离命名。"五里多"出自元代,本与距离无关。这个五里多原称"斡耳朵",也作"斡尔朵"或"斡里多",是蒙古语(一说是契丹语)的音译,意思是宫帐、帐殿,引申为"行宫"。因为元梁王在昆明城东设帐殿为离宫别墅,延伸为地名,昆明人讹读为"五耳朵"。那里还有元代咸阳王赛典赤的墓地。明清时因为这里地处通京古道,离大南城约五里,因

此称之为"五里多"。昆明城区南马料河边有矣六村，还被写作迤六村甚至一六村，其实这个地名和"一""六"都没有关系，这是一个彝语地名，"矣（一）"的意思是水，"六"的意思是多，"矣六"的意思是水源充足的地方。

昆明东北郊有个波罗村，音出彝语，一说意思是"虎"，源于唐代南诏时期，据唐《云南志》（《蛮书》）记载：南诏称"大虫"为"波罗蜜(亦名'草罗')"，这个"大虫"就是老虎，虎皮"谓之'大虫皮'，亦曰'波罗皮'"。在现代彝族、白族语言中，"波罗"的意思都是老虎。至今大理还有不少以"波罗"命名的地方。按照这个说法，"波罗村"应为"虎村"。另说波罗村另有一个彝语义，意思是"小山旁边的村庄"或"山沟边的村子"，从波罗村的地势看，此说也有道理。

昆明新城区的彝语地名还有不少，理解起来，还得追本溯源，以免望文生义：

北市区有个落索坡，却与"坡"无关，据考也是个彝语地名："落"的意思是多，"索"意思是人，"坡"意思是族，"落索坡"就是居民多的村子。昆明西北有羊仙坡，又说为羊先坡，也和"坡"无关，而出自彝语"雅西波"，意思是长着杨梅和酸多依果的地方。

城东南有个羊甫村，也是彝语地名，"羊"与羊无关，在彝语里说的是鸡，"甫"的意思为族，据说是彝族一支的族名。昆明城郊彝族盛行的公鸡帽，就和这个"羊甫"有关。城南跑马山有子君村，这个"子君"也出自彝族先民"自杞"部一支的名称。昆明东郊有个阿拉村，和"阿拉"上海人无关，这个"阿拉"是彝族对幺儿（最小的儿子）的称呼，因历史上一个"阿拉"汉子的名望很高，被用来做了村名。

城东的普照村也和"阳光普照"无关，"普照"是彝语，原名大普纳，意思是黑彝居住的长有秧草的地方。昆明城南的马洒营也和马无关，这里的"马"是彝语，意思是兵，洒是树林，马洒营就是树林边的兵营，算是个彝汉双语结合的地名。呈贡新区的新册村也没有"新书"之意，而出自彝语中的"西茶"，意思是小河边的村庄。昆明城西还有大小两个昭宗村，和东魏的皇帝昭宗、唐朝的昭宗皇帝、金元的昭宗皇帝和越南黎朝的昭宗皇帝都没有关系，这里的"昭宗"出自彝语，意思是山箐里的村子，如此而已。

城南的官渡古镇原称"蜗洞"，当地彝族称"阿勾娄"，意思是"螺蛳城"，而整个官渡古镇就建在"贝丘"（螺壳堆）上。唐南诏时期，此地成为王公贵族游览滇池的渡口，宋大理时期得名"官渡"。

○洋人街、洋楼街、洋人塘、英国花园

老昆明没有洋地名。青云街早年有条洋碱巷，因当时巷口有肥皂公司得名。肥皂是舶来品，旧称洋碱，洋碱巷多少与外国有点儿关系，但后来不喜这"洋"字，改了杨俭巷。涉及外国的"洋"地名也有几个，多为民间俗称。这些涉"洋"地名多出现在滇越铁路通车以后，清末开设的昆明商埠之内。

巡津街为商埠中心，与滇越铁路总车站昆明站隔盘龙江相望，外国"洋人"和中国"贵人"从中国香港和越南的河内、海防运进大批建筑材料，在此兴建洋楼和豪宅，有法国甘美医院、英美烟草公司、美国三达水火油公司、法国龙东公司、徐璧雅洋行、商务酒店等，法国领事馆还在这里组织了警察，俨然成了变相租界，成了昆明最早的"洋人街"，被老昆明人称为"洋楼街"。巡津街北端的塘子巷、金碧路、拓东路一带，也因洋人聚居、洋货充斥、洋机构林立，被称为"洋人塘"。

光绪三十一年（1905年），英国领事在昆明城北的莲花池畔占地约20平方丈，兴建园林住宅并不断扩大，成为英国领事的别墅，因

盘龙新村的"洋楼"

盘龙新村的"洋楼"

盘龙新村的"洋楼"

巡津新村的"洋楼"

为花木繁盛，人称"英国花园"。1936年，这里曾发生英国领事打伤昆明商校美籍教官事件，此后不久，当局收回了这片土地。

昆明城南的南屏街兴盛于抗战时期，街上银行林立，有兴文银行、侨民银行、云南实业银行、劝业银行、昆明银行、重庆银行、中央银行等等，据说达40多家，被称为昆明的华尔街。南屏街以北有高山铺，美援剩余军用物资买卖盛极一时。南屏街以南有晓东街，开设不少高档商店，专做洋货生意，主要出售美国舶来品，如高档烟酒、化妆品、名贵衣料、珠宝玉器等，还开设了洋酒吧、洋酒楼、洋餐厅，吸引了不少美国援华抗战的大兵，也被称为"洋人街"。

○红专巷、红星街、红卫路、红湖公园

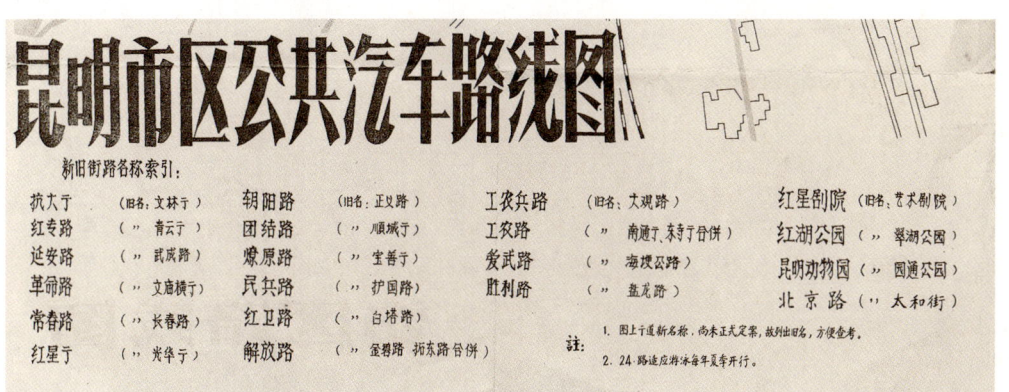

"文革"时期昆明街名改动情况

20世纪60年代中后期兴起的"文化大革命"，以"破旧立新""灭资兴无"为口号，昆明街巷被大规模改名，当时印制的地图上附了一份清单，可以看到，昆明街巷名称"焕然一新"：劝学巷改为红专巷；如意巷改为永红巷；文林街改为抗大街；青云街改为延安路；文庙横街改为革命路；长春路改为常春路；光华街改为红星街；正义路改为朝阳路；顺城街改为团结街；宝善街改为燎原路；护国路改为民兵路；白塔路改为红卫路；金碧路和拓东路改为解放路；大观路改为工农兵路；南通街和东寺街改为工农路；老海埂公路改为爱武路；盘龙路改为胜利路；艺术剧院改为红星剧院；翠湖公园改为红湖公园等。

不过，这些地名都昙花一现，如今几乎踪影全无，只留下一个"红阳新村"，在交三桥附近，经历年大拆迁，如今也难寻找了。据《昆明地名志》记载："1949年前，这里是一片烂泥塘，旁为猪集市，群众叫小猪场。1966年后填塘建职工宿舍，以心向红太阳之意命名。"

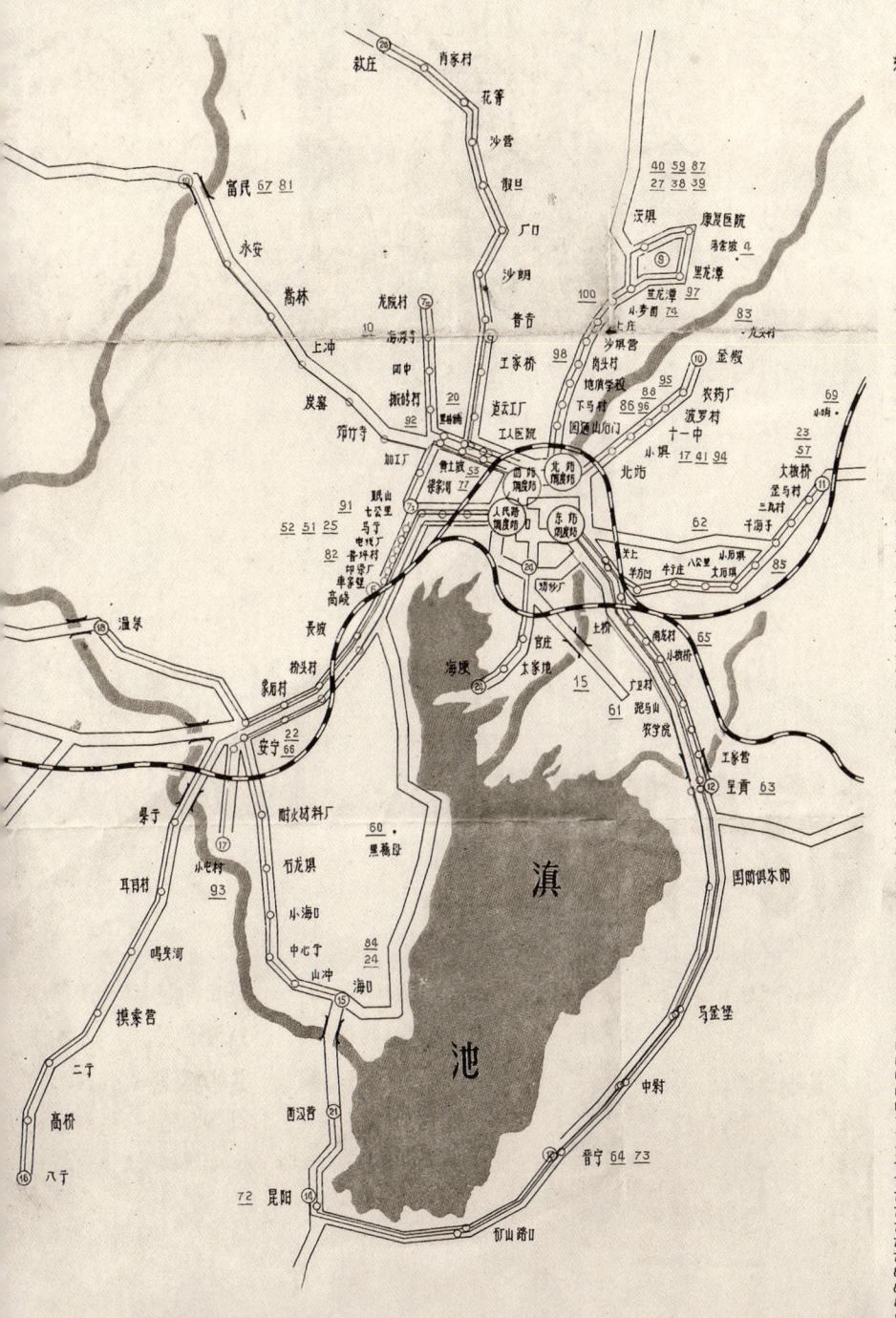

郊区路线图

放紀念

市民公所佈告：

訂於陽曆三月廿六號，曆二月由○口○出大東門，走金牛街，下過申堰，走三府街，進大南門，走南正街，上到省公署，走文林街，下貢院街，走土主廟後，下城隍廟，下錢局巷，走土主廟坡，走左啥街，上岸國旗燈，市鎮燈，大腳燈，小腳燈，二百足踏，○○○○○男女諸君，快注意，快注意啊！

如金碧坊上一段大街一段車馬小轎通過，故違定即懲處不代佛

老市政

　　近代昆明从"城堡"转变为"城市",近代市政管理也应运而生。古代昆明城是云南的政治中心和军事城堡,驻于城中的主要是政治、军事官府和各级官员,城堡的主要功能就是保护官府、服务官员,市政建设也为此而立,单纯而原始,如清代对昆明城墙进行的23次整修等。清代后期实行"与民共有",大量百姓进入城中,城内以衙署、官邸、庙宇为主的格局发生了变化,商业得到发展,街市逐渐繁荣。

　　清末商埠开放,滇越铁路开通,更打破了此前以政治、军事功能为主的城堡格局,昆明经济、商业功能空前加强,商品经济加快发展,城区人口大为增加,迅速从城堡转变为城市,开始向近代城市转化。与此相适应,真正意义上的市政管理,包括工商、交通、治安、文教、环境、卫生、基本建设等,都逐一摆到这座古城的台面上来了。于是,在传统的三级衙署之外,昆明城里又出现了交涉使司署、巡警道署、劝业道署、海关、商埠总局、云贵电报总局、大清邮政局、云南陆军学堂等数十个机关,城市管理机构的近代化也从此起步。

○城街区划·"栅子"·"堆子"·保甲

早年昆明没有警察,维护治安多靠街坊绅士。清同治和光绪初年,昆明城内划为"三坊二十四铺"。从近日楼到马市口为崇正坊,以南城崇正门得名;马市口以东为报功坊,以报功祠得名;城北为世恩坊,以世恩牌坊得名。二十四铺又称二十四段,早先靠"段绅"维持秩序,即选一个绅士充任委员,另一个委员由官府委派,派人轮流守夜,以防意外。城门附近设"堆子",驻上一两个绿营老兵,以备盗警、火警;城坊建有土楼,驻守乡约、保正;街口设"栅子",也建小楼,驻夫役看守,夜间关闭,一般不得通行。各巷口有"土地祠",也是守望的据点——封建统治者防民之威,分而治之,封闭而治之,以至于此。

清光绪二十四年(1898年)推行保甲制度,负责"保卫地方弥盗"。当局"先清查户口",每10家"土著良民"编为一牌,设牌长一人;以10牌为一甲,置甲长一人;以10甲为一保,置保长一人(民国《新纂云南通志》)。清光绪三十年(1904年),当局将城内划为崇东、崇西、报功、世恩4区,以若干保为一段,共设24段,城内16段,城外8段。

○最早的警察和女警察

清光绪三十年(1904年)五月,派往日本学习警务的学生归来,昆明即试办警察,在圆通寺设立"云南通省警察总局",后来改称警务公所。警察局设有讲堂操场,按国外方法训练警察,除各段派有警察负责外,还在4区24段各设"文查总"和"武查总","配置弁兵,分班站岗,昼夜巡查",维持秩序。六城门各设警察7名,专门负责警戒、开关城门,稽查出入人员。

除此之外,警察局还主持"建菜市场",禁止"沿街摊设"的"旧习","以便交通";又在"城内外各择地修厕所,以重卫生"。警察局旁还设立了"自新所",让犯法者做"常工"或"苦工","教以织布、造环等工作",对其中"愚不可教"者,则监督他去打扫街道、清除垃圾。犯人劳动所得,提取一部分作为"工头薪资及苦工被服之用",其余的则存贮起来,待犯人"罪满开释","给为营生资本"。

当时的昆明警察"招自市井,既无学识",亦无经验,履行职责时,难免有出入之处,昆明市民散淡成习,也"不惯干涉",于是警民之间,"动相龃龉",问题不少。然而实行警察制后,昆明"街道清洁,小偷敛迹,酗酒赌博,以次减少",

很见成效。于是于光绪三十二年（1906年）向全省推广，也就在这一年，警察局迁到西院街（民国《续修昆明县志》）。

清宣统二年（1910年），昆明城内外又改设9区，其中城内5区，为内中、内东、内南、内西、内北区等，城外4区，为外东、外南、外西、外北区等。区下设派出所，共设53所。每所设警士长1人，警士5人，分两班执勤。每区设司法1人，处理违警事宜，又设巡官2人，督责警士执行职务。省会警察由此初具规模（民国《续云南通志长编》）。

1934年5月，省武装警察学校招收女生30人，学制6个月，共办两期，毕业后全部到昆明各警署担任警士。昆明街头从此出现了女警察（1996年《云南省志·公安志》）。1935年9月28日，《云南民国日报》刊载《昆明市的女警察》一文，说这些女警执行任务时"挺着胸脯，昂着头，紧张着精神，向着她们一定的目的去做，精神极了。远望她们时，看不出是女子，因为她有男子那样的威武，有男子那样的姿态，萎靡一点的男子，也许还不及她们。"有外地来昆者在杂志中写道："又当见一般女兵、女警察，身着制服，腰佩刺刀，远看几与男兵无异，挺胸阔步，气宇轩昂，另一般老弱残兵自惭形秽，望尘莫及。"

民国初期的昆明市巡警教练所

○撞钟·击鼓·放炮报时

明清时期，老昆明靠撞钟、击鼓报时，当时叫"报更"。昆明南城钟楼上的永乐大钟，声响宏大，据说能传到大板桥一带。早年昆明城门、城中各处的街坊木栅，都是早上开启，晚上关闭，城里城外官民作息，学子苦读，都得听钟鼓号令，依钟鼓而行。旧时地方有人造反，为统一行动，也相约以钟鼓为号起事。清康熙二十七年（1688年），昆明城中张麻子等试图举事，就约定三鼓（三更，即23时）动手。不料事泄，官府暗中安排，让鼓楼敲过二鼓（二更，即21时）之后，就停鼓待命。张麻子老等不到三鼓，正在疑惑，被官兵各个击破，全部捕获。到天亮时，10多个造反者的人头就挂在辕门上了（清·穆彰阿《嘉庆一统志》）。

当时报时要敲钟击鼓、火警要敲钟击鼓、兵乱也要敲钟击鼓，大概是不好分辨，

查不到昆明南城钟楼的影像，只有从民国书画家赵鹤清的作品中一窥钟楼的雄姿了

曾悬挂在南城钟楼的永乐大钟现在保存在金殿的钟楼上

过去不仅南城钟楼有大钟，城内不少寺庙也有大钟，这是抗战时昆明武庙的钟楼

加上清代后期兵乱、火灾、水灾太多，钟鼓便专门用于报警，所谓"警钟""战鼓"是也。至于报时，则以放炮为之。

老昆明一炮而定时辰。至于放炮次数，有资料说每天五次，大概因时而变，也有说四次的：清晨6时放炮一次，老昆明人叫"醒炮"。此炮一响，昆明城门开启，昆明人起床准备当差干活儿，当妈的要叫醒儿子："赶紧起床上学了！"中午12时放炮一次，叫"午炮"。炮一响则学生放学、衙门、机关、作坊下班，最受欢迎。旧时每天下午5时一声炮响，则大东门、小东门、北门、大西门、小西门等五城门关闭。晚上7时再响一次，叫"头炮"。此炮响后，娃娃就得坐在灯下读书写字了。晚上9时再放一炮，也有说连响两炮的，叫作"二炮"或"睡炮"，此时大南门关闭，大家就都收收洗洗上床睡觉了。因为午间市声喧闹，"午炮"和"头炮"难得听清，"醒炮"和"睡炮"都在夜静之时，清晰可闻。天长日久，放炮和老昆明人的时间观念就分不开了，论时间都以"炮"为准——问："明天多阵去花市？"答："午炮前。"

老昆明放炮的方法，是在城楼上摆一门老式土炮，由专人装填火药，点火放炮。据老人回忆，那时的孩子常常溜到城墙上，大家猫腰躲在锯齿形的"城牙齿"后，透过城墙垛的射孔里看放"头炮"。那炮手是个老头，当太阳快下山时，他便将炮扛到城楼的空地上架好，那铁火炮约有老头的腿高，有老头的手腕粗。老头慢悠悠地往炮膛里装上火药，挂上药线，然后坐在石块上，叭叭地抽旱烟。待到太阳落山，老头才站起身来，用旱烟锅点燃药线，三两步跑开。孩子们一见老头开跑，就赶快用手捂住耳朵，霎时一声巨响，两耳震得嗡嗡直叫，一团耀眼的火光冲得几丈高，十分过瘾。

早期确定放炮时间靠铜漏甚至燃香,难免失准。民国初期,昆明气象学家陈一得在近日楼上悬挂标准时钟,指导放炮报时,又准确许多。到抗日战争时期,西南联大的学生搞勤工俭学,甚至包揽了大西门城楼放炮报时的活计,每天风雨无阻,准时鸣炮,质量提高不少。

这放炮报时的方法很管用,据说当时云南不少州县也学着昆明放炮,效果也不错。

随着昆明城的发展,放炮报时已显得落后,终于被汽笛报时代替,每天中午12时,由仓园巷的兵工厂鸣一次汽笛,昆明人叫"烟囱响",又称"烟囱报时"。抗战时期,日寇飞机轰炸昆明,"烟囱"要报警,就不能报时了。此后又有西南联大学生以放炮报时勤工俭学之事,大概"烟囱报时"不成,又重新"放炮报时"了。

○捶锣、击梆报更

大概是夜里放炮扰民,晚间"头炮""二炮"之后,报时报更的任务,便由更夫捶锣、击梆来执行了。办法是把老昆明城厢划为若干地段,如同今天的"网格化",每个地段派一个更夫,巡行街巷,打更报时。更夫每个月从保甲局支领工资和烛水费,但由于工作辛苦,逢年过节,地段上各家各户也会送上几十文铜钱,表示慰问。

按照传统,夜晚分为五个时段,叫"五更",分别称为"黄昏""人定""夜半""鸡鸣"和"平旦",相对应的现代时间大约为19时、21时、23时、夜间1时、3时。每更又分为四点,约半小时为一点。更夫靠滴漏和燃香判断时间,昼伏夜行,不避寒暑,不畏盗匪,踽踽独行,及时报更:捶一下锣表示一更,敲一下梆子表示一点,如果老昆明人听见"三锣三梆",就知道是三更三点了。而更夫定时走街串巷,势同巡逻,对街巷治安,也有补益。据老人回忆,

昆明更夫雕像,打更工具有灯笼、木梆等

夜间的打更声有点像寺庙里敲打木鱼,但声音比木鱼响亮。夜里黑咕隆咚的,只见更夫影影绰绰的轮廓,一手提灯笼,一手握棒槌,铜锣和梆子背在身上,用棒槌一下下锤击。

打更据说起源于原始的巫术,主要作用是驱鬼。清代后期,时局不稳,风雨飘摇,昆明城里一位姓李的原北洋政府议员,每天六更便起床,遍街敲梆,提醒昆明市民勿忘国耻。在他的带动下,一位75岁的芮姓老人也买来一面铜锣,沿街猛敲,与李议员一起号召众人救国。昆明人敬称两位为"李六更"和"芮七锣"。

○老昆明城之"救火"

清代后期,昆明城里几乎都是土木结构的房屋,容易发生火灾。遇到火警,就得马上敲响宣化城楼上的永乐大钟,若火灾发生处接近盘龙江、玉带河或金汁河,附近居民多取河水相救。早年各条河边多有木架平台,可用杠杆吊桶取水。至于一般街巷,凡是私人宅院里有水井的,都统一颁发"井"字牌,钉在门坊上,作为取水标志。听见永乐大钟敲响,各家必须打开大门,让人打水灭火。

早年昆明街头巷尾放置了几十个大石缸,里面能装十多担水,随时有人挑水倒满,以备救火之急,称为"太平缸"。遇有火灾,低处用桶、盆泼水,高处用"铜水枪"射水,据说可以射一丈多高。如果风大火烈,就只有拆除附近房屋、限制火情了。

太平缸分布城中,阻碍交通,后来全部打碎填地。清光绪三十二年(1906年),当局将原来属于原隶督标中协的100名水军改编为消防队,划归警察建制管理,由云南警察总局组织他们练习操作"水龙"和其他消防业务(民国《续修昆明县志》),这是昆明的第一支官办专职消防队。据说昆明民间也曾组织过志愿消防队,如商家组织的"两广消防队"等。

民国初期,九龙池水厂建成,又可利用自来水救火。一旦宣化城楼永乐大钟报警,水厂就马上专人赶赴现场,打开火灾发生地的水闸,同时关闭其他街道的闸阀,以确保消防水压。如果夜间发生火警,必须立即开机抽水,待水池蓄满,方可放水,

早年家中有井的昆明住房,要在大门头上钉上一个大大的"井"字,表示这里是火警时取水救火之处。这是文庙东巷4号门头上的"井"字

至少要半小时之后，水才能流到起火处。就因为"自来水"难"来"，当局又想恢复太平缸，却因耗费太大而放弃。

○"清道夫"和"渣柜"

早年昆明城也有清洁工，被称为"清道夫"。清洁"装备"的标准配置是一把扫帚、一对挑箩、一把铁铲。这意味着他们的工作就是清扫垃圾，铲进竹箩，然后挑走。民国时期，昆明城区正义路、三市街、金碧路、长春路、护国路、南屏街等50多条大小街道都由清道夫清扫，清扫面积为36万平方米。

旧时昆明城内街道的脏乱差

从清末到民国，昆明街巷也设置有垃圾桶，被称为"渣柜"，又称"垃圾柜"。这些"柜"都是用木头制成，设置在各街巷的僻静处，供居民倾倒垃圾。因垃圾种类庞杂，有的含水量大，堆积"柜"中，极易发酵、发霉，腐蚀木质箱体。加上"渣柜"都是露天置放，日晒雨淋，天长日久，就易腐烂，并不实用，到20世纪40年代末，全市几乎没有一个完好的"渣柜"了（2002年版《昆明市志》）。

早年昆明城区的垃圾，多由清洁工人赶着牛车、马车，沿街摇铃收集，收来的垃圾大部分倒进城郊污水沟塘里。部分垃圾而由城郊农民进城收集，运到田间作为肥料。由于一般街巷缺人打扫，垃圾外运力量不足，运不走的就乱堆乱放，不少街巷空地常年堆有垃圾。而在倾倒垃圾的城墙脚下、臭水河边，更是垃圾成堆，蚊蝇滋生，成为一害。有民谣唱道："粪草堆成山，到处臭水塘；路面多坑洼，雨天烂泥滩。"

1929年7月11日，军阀混战，昆明危急，守城者将北门外商山寺中所藏大批火药运到城中北门街江南会馆，因火药沿路泼洒，为防止意外，当局派两个警察"督率"二男二女共四个"清道夫"一路清扫。后发生惨烈爆炸，昆明北城伤亡惨重，两位男清道夫被炸死，两位女清道夫被炸倒的墙压死，两位警察也被炸死。事后两警察各得抚恤金100元，又给遗族抚恤每年50元，共发5年——四位"清道夫"则不在此例，可见当时"清道夫"地位。

○"茅司""官厕"和"粪霸"

早年三牌坊下有小吃摊,有戴枷示众的犯人,竟然还是随地"方便"之所

人有"三急",于是昆明有童谣:
　　东寺街,西寺巷,
　　茅司拐拐小楼上。

这个"茅司"又叫"茅斯",就是厕所,所谓"茅厕"是也。旧时昆明茅厕稀缺,竟成为一个地标,从这首童谣也可以看出来。

早年老昆明家有私厕的不多。大户人家以一侧院为一厕,自然清爽干净,小户人家的厕所就挤得多。原先没有化肥,大粪成为稀缺"农用物资",可以卖钱,大多包给近郊农民,谈好价钱,隔段时间就来掏运一次。有时农民也不需付钱,来掏粪时带点瓜菜之类送给主人家就行了。更多的老昆明人家以马桶行方便,每天早上,有农民挑着粪桶进城收粪,居民则纷纷出门"倒马桶",并当街当巷洗涮,竟成一道街景。

昆明老篆塘边有接驳从大观河运来粮草的马栈和交易市场,称牛市街,附近农民常来此运粪,后改称大惠农巷和小惠农巷,表示"有惠于农"。

旧时老昆明街巷里也有公厕,叫作"官茅厕",简称"官厕"。清末"官厕"极为简陋,罗养儒在《纪我所知集》(《云南掌故》)有段记录:"三牌坊下之景象,以观视上则极其厌人——牌坊下支有木屑桶成十只,一般行人多就此拽裤而溺,丑极。"清末昆明街口的"栅子"有夫役守望,其一大任务就是"防人溲溺"——防止有人大小便,可见当时随地大小便也是常事。

早年官厕归警察局管。那时大粪是农家的看家肥料,厕所淘粪就成了"肥缺"。每年初春,警察局就要搞招标,谁出钱多就让谁承包,从此又出了不少"粪霸"。公厕的修建也由警察局负责招标,不少人以低价中标,又以高价转包给承建者,公厕修建质量就可想而知了。厕所电灯安装也由警察负责,但灯泡常常被盗,厕所卫生极差,多半肮脏不堪。1930年,美国著名记者斯诺来到昆明,就受不了"街上的臭气":"我的上帝,那真是要命。不过,用不了多久,人们也就习惯了,随身带

上一块手帕就可以抵御臭气的突然袭击。"(《马帮旅行》)

1927年初，昆明城里公、私茅厕大粪涨价，官府又限令进城挑粪的农民必须于清早7点前出城，以免影响市容。农民申告无门，农会组织"罢除粪"行动，坚持了一个星期，城内粪便满厕，

昆明郊区农民挑粪下田

街巷臭气熏天。官府不得不同意农民要求，将粪价压到每担2角以下，挑粪出城时间延迟到早上8点。

民国初期，公厕清扫由清扫街道的"清道夫"兼顾，1923年成立第一个清洁队，专门负责公厕清扫保洁。到20世纪40年代末，昆明城区共有官厕44座，几乎全部是男厕，每厕蹲位三四个不等。按当时城区人口计，平均每4380人才有一个官厕。最早的女厕出现在1944年，当时对几个公厕进行了改造，才添建了女厕。这些官厕"除两座为砖木结构处，都为半露天式土坯木结构，蹲坑用木板或条石拼搭，无门窗，雨季需张伞如厕，大多没有电灯照明，加上包租粪便的农民掏运时不注意卫生，甚至相互偷粪，破坏设施，粪便泼洒遍地，使人难以如厕"（2002年版《昆明市志》）。

即便如此，公厕对市民仍然非常重要。著名作家汪曾祺就提到，早年西南联大一位研究生"爱到处遛，腿累了就走进一家茶馆，坐下喝一气茶。全市的茶馆他都喝遍了。他不但熟悉每一家茶馆，并且知道附近哪是公共厕所，喝足了茶可以小便，不致被尿憋死"（《七载云烟》）。

○ "阳沟"原为排灌渠

早年昆明城内外街道铺的多是条石，至于小街小巷，就铺上碎石泥土了事，有点儿像如今的泥结石路面。多半凸凹不平，或宽或窄，或曲或直，并无定制，有路便可。晴天一路飞尘，雨天一路烂泥。

直到20世纪40年代，昆明城区只有几条大街有行道树，稀稀疏疏，约300棵，品种有刺槐、蓝桉等，街道绿地就谈不上了。全城路灯有150多盏，全靠摊派"街灯捐"维持，都是白炽灯，不到60瓦，灯光微弱，上街往往还得打手电。

令人难以想象的是，城市排水，只有正义路、文庙街正儿八经地有条简易的排水阴沟，用片石砌衬、条石覆盖了事，还有不少是陶土管，其余都是明渠，民间叫作"阳

民国初期状元楼下的阳沟

横过昆明街巷的阴沟

沟"。排水系统当然谈不上完整,加之河道淤塞,堤岸失修,每逢雨季,常遭洪涝灾害,绿水河、书林街一带更是下雨必淹。有人形容当时的情景为:旱季污水乱流,雨季烂泥及踝,暴雨立即成灾。

据一些老人回忆,光绪十二三年(1886~1887年)间,昆明城外金马路至相公堤外(今拓东路一带),街道上除了一些零散的铺面外,就是荒地。一条太和街,当街只有一座穿心鼓楼,剩下的地面还都种着杂粮,城内如北门街、大西门、小东门和五华山后皇河一带,还有绿水河、篦子坡、水塘子等处,直到启文楼下、玉龙堆附近等许多地方,不是蔓草荒烟,就是积水淤泥。这些早期的街道并无排水设施可言,使用的只是原来田间的排灌沟渠而已。

排水不畅,污水横流,街不成街,当街道繁华到一定程度时,这沟就非修不可了。昆明街道有沟始于何时,已难查考。光绪二十九年(1903年)年底,昆明修筑从西辕门到大行宫正门之路,开工后先要筑沟,刚刚下挖几寸,忽然发现一条暗沟,石板、沟墙都很完整。工匠喜出望外,立马飞报工务局,查勘的结果皆大欢喜:"只需挖去淤泥,即与新筑无异。"不知何人修筑阴沟,却埋没无闻,可见是有些年代了。这当然是喜出望外之事,只是千万别让贪官中饱私囊——当时的《滇南钞报》报道此事时,也意味深长地加了一句:"将来工竣报销,似应较原估大减也。"

修路开沟,历来是一件大事。1930年,昆明市政当局将正义门以东至护国门以西一段城墙完全拆除,修建南屏街,又修两条大沟,位于新街南北两廊步道之下,以流泻东面护城河及东南城内街面之水。此沟修得较为完整,每沟20丈镶砌沉淀池一个,上罩钢网,以排除沟中淤泥。两沟之间筑为砌石马路,车道3.6丈,步道每边1丈,共5.6丈,这算得是当时的"现代化"大街了。

○清初的"堵桥"和清末的"解堵"

昆明城南门外的玉带河上有一座单孔石桥,地扼昆明城南交通要道,民间称"土桥"。此桥建于明万历年间,桥成时正值八月,桂花飘香,称桂香桥。清初吴三桂大举叛乱,在桥头设立关卡戍楼,派兵扼守,盘查行人,以防偷袭。此桥本来就在交通要道之上,这一来就拥堵不堪,民间称为"堵桥"。吴氏崩溃后,以谐音改称"土桥"——这大概是昆明城最早的拥堵纪录,深藏地名之中,流传后世。

民国初年拥堵的金马坊

清代昆明街道狭隘,商业繁盛之区,更显逼仄。主要街道仅有南门、大东门、小西门内的三条,也不宽展。清末滇越铁路开通,昆明商埠开放,市面迅速繁荣,人口大量增加,从马市口以南,通过四牌坊、三牌坊、南大街至城外三市街,城里有菜市,城外有粮市,内外早晚拥挤不堪,南城门大小瓮洞本来就不宽,两旁又摆设杂货摊,就更难通行——交通拥堵就成了大问题。

大东门门洞立了块石碑,以阻止牛马车进入,这也是昆明最早的"解堵"措施之一

据老人们回忆,当时的昆明城是猪狗满街跑,粪尿遍地撒。垃圾成堆,为老鼠粮库;食摊成排,为苍蝇乐园。大街之狭,行车不能掉头;小巷之窄,挑担难以换肩。民房屋檐,高不过县太爷的轿顶,府台大人的红伞,常挂在屋角之上。南城门口,天天争路抢道;逼死坡头,日日翻

抗战时期昆明三牌坊的交通警察,当时牌坊的一边已被日寇飞机炸毁

车伤人；顺城街上，马帮时时阻碍交通；三牌坊下，菜市朝朝摊贩争地。娃娃街头戏耍，更酿成事故。

清宣统元年（1909年），云南府巡警道员（警察局长）杨福璋发布"云南巡警扬示（告示）"，被称作昆明的第一部交通规则：

滇省街道逼窄，轿马往来不停；乃有居民小孩，成群游戏街心。
家长亦复听任，不顾轿马伤身；一经磕碰伤擦，期时后悔何能？
为此出示晓谕，家长各有责成；以后勤加管束，勿令任意游行。
倘再仍前疏略，定予查明究惩；本道责在保安，尔民其各禀遵。

当时的三牌坊是老城内最热闹的街道，终日人声鼎沸，轿马拥挤，警察用警棍驱逐，不能维持交通。后来官府让三牌坊菜市搬到藩台衙门的辕门以内（今威远街西口），俗称藩台衙门菜门，这是旧时昆明城一大解堵举措。当年为便于军事防守，昆明城门洞仅有一丈（约3米）多宽，外侧还建有瓮城，不少人又在里面建起铺房，空地上则挤满摊贩，加上驮马、牛车、轿子，交通更加困难。在大东门老照片中，可见早年瓮门正中立有一块大碑，据说作用就是阻拦牛车、马车进城，也是一种交通管制措施。

○昆明自辟商埠建起"经济特区"

昆明商埠界址碑

早在百年之前，昆明就实行了最初的"对外开放"。当时中国的许多城市的大门是西方列强用大炮轰开的，而昆明通向世界的大门是昆明人自己打开的。

20世纪初，法国势力自南北上，英国势力从西而来，直逼昆明城下，渗入昆明城中。随着法国人主持的滇越铁路开工，英法领事馆擅自入昆，洋行洋货暗中入城，连邮局都开到了华山南路。当局"拒之不能、留之不可"，十分尴尬。

当时中国的封闭的大门早被西方列强用炮舰轰开，一批通商口岸不得不屈辱地开放。昆明以南的蒙自、思茅（今普洱），昆明以西的腾越（今腾冲）也相继被法、英两国强制开关，海关大权旁落。不少有识之士呼吁，与其被迫约开商埠，不如自行开辟商埠，除弊兴利，以求主动，以保主权，以畅工商。1905年，滇越铁路开工不久，更有人指出，滇越铁路一旦通车，

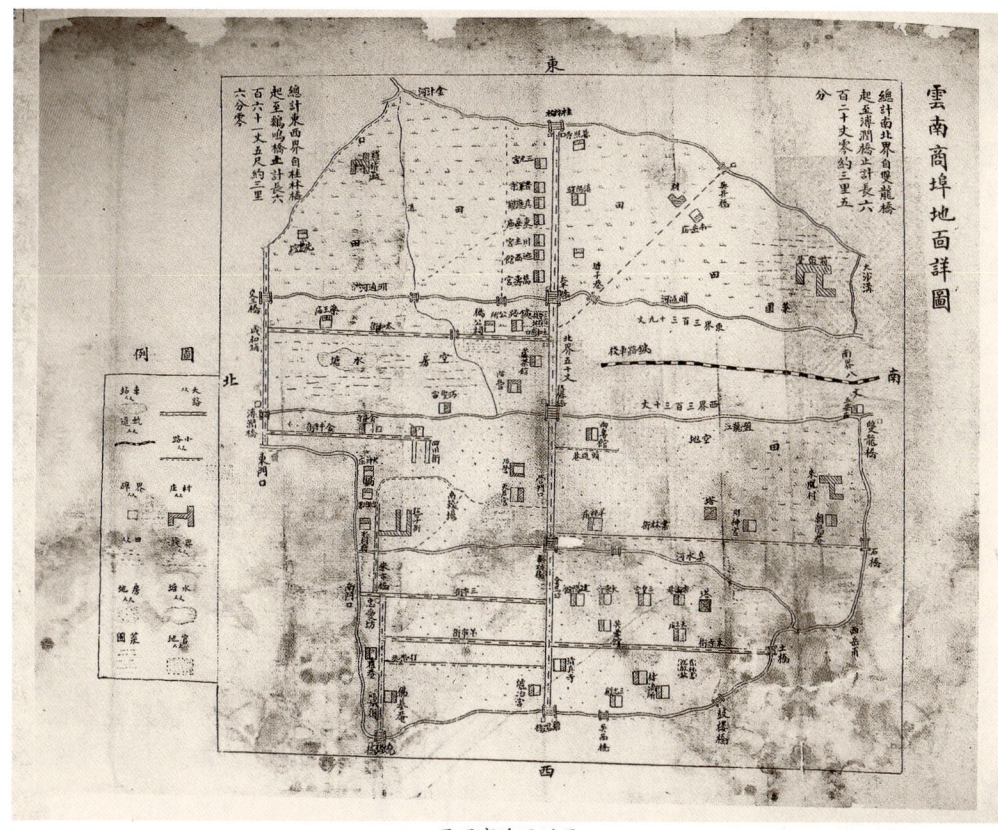

昆明商埠区划图

内外人士、商家商品必然大量涌入，想挡也挡不住，而西方列强迫昆明开关也是迟早之事。为争取主动，昆明开明士绅力促官府上奏朝廷，在滇越铁路即将进入的昆明南城自开商埠。他们的两全之策是：城门基本不开，城外主动开放，自定规则，自行管理，自保利权。

从清光绪三十一年（1905年）到宣统二年（1910年），两任云贵总督应昆明士绅请求，奏请自辟商埠，历时五年，终于"申办"成功，成为中国西南地区唯一自辟商埠的城市，也是中国最早的自辟商埠之一。制定办法时一拖再拖，而那边英、法公使被"照知"后，却说"限制过严，碍难承认"。英人、法人无视中国主权，擅自在昆明城外开洋行、建住所。官府却拿他们没有办法。

1910年，当时担任云贵总督的是李鸿章的侄子李经羲，再次奏请完善昆明开埠管理，成立商埠总局，制定详细章法，扩大商埠范围，维护行政、警察、司法、税收主权，邮政、电报不许外人插手，并对守法中外商户"一体优待"等。这样一来，商埠秩序稍见稳定。后来法国人要求在昆明"展界租屋"，英国人要求改为通商口岸，以谋地谋权，但因昆明自开商埠在先，英法当局的要求没有实现。在戊戌维新惨遭

昆明市规划馆的昆明商埠示意图

镇压、八国联军踏破京城、西方列强狂掠中国的危机中,昆明人为维护中国主权赢得了宝贵的一分,也标志着这座千年古城开始从封闭走向开放。

这片昆明最早的"经济特区"设在昆明南城门外东南,大致以盘龙江为轴心,东起金汁河,西到玉带河,北至溥润桥,南达双龙桥,划定之后,又由官府绘签为据。这一带本来就是昆明的重要商业区,自开商埠以后,中外商行云集,人流物流攒动,街区迅速繁荣。

昆明开埠引来了新的商业和工业,希腊人的哥胪士洋行和若利玛洋行来了,法国人的帮沙为利公司来了,日本人的保田洋行来了,英国人的英美烟草公司也来了。与此同时,中国的大清银行也来了,造币厂来了,印刷局来了,军械局来了,邮政局来了,电话局也来了。接着不可避免地发生了"土货"与"洋货"之争:"土烟"

与"洋烟"大战、"土布"与"洋布"大战、"土火"与"洋火"大战、"土伞"与"洋伞"大战等等,结果是落后的自然经济逐渐解体,许多城乡手工业者破产,而坑蒙昆明人的日本洋行也遭到抵制而出局。昆明开埠又打造出了新式商人和买办"华经理",出现了一批大商巨富,民族资本逐渐积累,甚至靠私人资本建起了中国的第一座水力发电厂。

20世纪初,昆明城内多为官府,以明清建筑居多,形成老城区;南门外为商埠,聚集了大量的法式、广式近代建筑,在巡津街、同仁街、广聚街一带处处种着法国梧桐,形成了特殊的新城区。

滇越铁路的开通和昆明商埠的开放加快了昆明的城市近代化过程,政府职能迅速向"市政"延伸,不仅要设官、练兵、屯垦、开矿,还要通商、办厂、建学、修路、架桥、供水、供电、电话、电报、邮政、消防、排污等等,要增加民众就业,要提高职员收入。清末的昆明城里,除了传统的三级衙署之外,还有了交涉使司署、巡警道署、劝业道署、海关及商埠总局、云贵电报总局、大清邮政局、云南陆军学堂等数十个机关,民间也成立了商会、农会、工会、教育会、禁烟会、天足会等新式团体,昆明人开始悄然从"皇民"转变为"公民"。自开商埠、自办邮电带来的不仅是商业的繁荣,还是先进生产方式、生活方式的引进,新的阶级、阶层的出现,新的思想、观念的传播,新的政治力量的崛起,新的历史潮流的兴起,接着就是新的革命风暴的来临了。所有这一切,都是清朝统治者始料不及的。

○昆明第一批近代市场

昆明自开商埠后,迅速建起了海关、火车站、洋行、银行、工厂、仓库,出现了近代工商业和近代市场,商店、旅店、茶馆、饭馆林立,商业迅速繁荣。据统计,到1923年,老昆明城内外大小商铺达4000多家,涉及84个行业,从业人员约1.5万人,

早年城中空地上的露天市场

早年西院街(今如安街)的旧货市场

民国初新建的劝业市场　　　　　　　早年近日楼前的玉溪街市场

占市区总人口的 13%，平均每 30 个市区人口就拥有 1 个商业网点。当时昆明还有 36 家规模较大的商业公司和商行，另有洋行 15 家，全年大宗商品销售额 3000 余万元。

民国初期，昆明还先后建起了四个比较集中的新兴市场：劝业场、云津市场、玉溪商业场和昆明市拍卖场。

1912 年，昆明就在城隍庙（今五一电影院址）前建起了劝业市场。上上下下共有 100 多个房间，开始时租给商户营业，计划办成一个模范市场，作为昆明和全省新型市场建设的样板。但当时这一带比较偏僻，人流较少，招商受阻，只好把劝业场楼上部分改为商品陈列所和实业改进会阅书报社，后来又开办拍卖场，每逢周日开场拍卖，成交后照价提取 10% 的手续费。

1919 年，当局又在南城外商埠旁（今书林街中段以东）建起了云津市场。这个市场建成一个棋盘式的楼街格局，共有店铺 140 多间。吸取劝业场选址的教训，当局在云津市场选址上也费尽心机，把它建在云津夜市原址上，想把夜市的人气传给新建的市场，并把它建成新的模范市场。出乎意料的是，新建的云津市场仍无法汇聚人气，入场营业者太少，留下不少空屋，只好租给市民居住。后来更在市场里设立妓院，试图激起人气，也悲哀矣。

1920 年，玉溪旅省同乡会集资在昆明大南门外忠爱坊东侧建起了玉溪商业场，大概是总结了劝业场和云津市场的教训，玉溪市场建在南门下，这里是进出城交通要冲，本来就是商业繁华之地，加上更好的环境，很受商家青睐，上下共 140 多间商铺，全部租出，商业繁盛一时。

对于昆明百姓来说，这些"模范市场"最大的特点是，一般店铺下午四点就关门了，而市场里最有担当的店铺会"模范"地营业到夜间十一二点。

○警察催店铺开门

昆明自古有"日中为市"的习俗。明天启《滇志》就记载滇中街子"日中而聚,日夕而罢"。直至民国初期,此风犹存。老昆明街上的稀奇事,最让后人好笑的,就是店铺的老板、伙计慵惰疏闲,好睡懒觉,早上晏起,除早市外,一般到九、十点钟都不开铺。冬季更是畏寒怕冷,要到九、十点才慢腾腾地起床洗漱,十一二点才开门做生意,已成积习,以至早上常常要警察去催叫店铺开门营业。

辛亥革命以后,当局于1913年裁撤云南府(辖今昆明一带),保留昆明县,直属省政府,而人口稠密的市区建制上属昆明县,但市政划归省会警察厅管辖。1919年实行"民治",在翠湖湖心亭建立"云南市政公所"。1921年,顾品珍率军回滇主政,"云南市政公所"被裁撤,市政仍由省会警察厅负责。1922年8月,唐继尧回滇后,重设昆明市,建立昆明市政公所。这里提到的"警察催店铺开门",就是清末民初"警察治市"的遗事。

民国初期警察在天开云瑞坊下巡视

当时警察敲门催店铺开门,还有法规可依。1912年8月28日,云南军政府巡警局向省商会总局行文,称"省城内各街铺户,积习相沿,每日早晨开铺时间,七、八、九点钟不等,甚至有延至十点余钟始行开铺者。此种陋俗,殊非民国肇基、咸与维新之气象"。如此"早眠","不特于事业难期发达,实于卫生上诸多妨碍"。警察"职司警政,有正俗之责,应亟革此陋习",于是"拟定简明规则,出示晓谕,并通令各区,每日饬警认真查察"——每天派警

老昆明街头的警察,是在观察哪家店铺还没开门吗?

老市政

察查究晚开店铺者。其"简明规则"共有六条,规定"各街铺户统限以每日早七点钟一律开市,若逾限开者,按归类时间每过半点钟,罚金二角";"各铺户有本日因事停开者"有"早间有事故须至午间或午后始开者",都必须事先报派出所,"以便稽查",否则,"无论有无事故,本日停闭不开而不先报知本段派出所者,仍以违规论,照第一条办理",也要罚款。这还不算,"受罚铺户每旬由本管区局将招牌、职业、姓名、号数及所罚金额,扬榜晓示"。此规定生效期为1912年9月1日,辛亥重九起义胜利不到一年。

有资料说,直到抗战时期,外地人大量涌入,受其影响,老昆明人早眠晏起的习惯才逐渐改变。

○从碎石马路、条石街路到细石街道

清末昆明小街的石阶路

清末昆明城内小街的石板路

清末昆明城外街巷的乱石路

民国时期昆明城内的条石路

清末昆明城内外街巷狭窄,多为土路,下水道小而不畅。仅少数街道铺成石板路,中间一排长石板,两边铺碎石,以利马帮行走,叫作马路。因年久失修,坑坑洼洼,凸凹不平,人马行走不便。

1912年,刚刚推翻清王朝统治,当局就对昆明马路、街道进行大规模整改,把破烂的马帮路改修为碎石马路。当时改建的有近日楼外的三市街、敦义街（今金碧路西段）和金马坊到滇越铁路总车站（后来的火车南站）的一段马路（今金碧路东段和拓东路西段），还有小西门城外到大观楼的路面（今大观街和大观路）。这算是近代昆明最早的城市道路改造工程。值得注意的是，通过多次改造，昆明城南的商埠一带被规划、建设成方形"网格化"街区，与城内的树型"枝干型"街区不同，这里街道更为规整，更为宽阔，临街面积扩大，商业功能加强，进一步向近代商业城市靠拢。

如今登华街还有昆明仅存的一段石板路

大概也因为是第一次城市改造，没有经验，或者是因为偷工减料，工程效果并不好。南城外的一段，修好没有多久就塌坏，天一下雨就满道泥泞，行人不堪，反而不如改造之前。后来整修辕门口（今光华街一段）、劝业场前街（今五一路北端）、珠市街（今宝善街东段）的时候，就全部改建成条石马路，效果就好得多了。取得经验后，当局又把从马市口到大南门的马路（今正义路）也改铺成条石。大概因为修建条石马路成本太高，1923年，昆明市政当局再次拓宽马路、大修街道时，就决定把剩下的碎石路面全部改铺为细石路面。

○辟建护国门：破解昆明城墙的先声

民国初期，昆明城区人口从8.5万增加到11万多，市政压力骤增，从城内到城南商市，内外通道仅有近日楼下的"城门瓮洞"可行，轿马、行人拥挤于此。据当时人称，此处"肩挑背负，车载马驮，昼夜不绝，加以民间婚丧嫁娶，均以进该城为荣，以致平时月城（瓮城）异常拥挤，交通诸多窒碍，警察取缔，甚为困难"——前清之时，出殡要行南门，必须官在四品以上，或者有一、二品封诰，还得求请当局许可才行。进入民国后，此制取消，百姓出殡也可享受"四品待遇"，径自从南门而出，更加剧了此处的拥堵。用袁嘉谷所撰《护国门碑记》的话来说，就是"众日集，市日戥，肩摩毂击，涂为之塞"，成为昆明城内外交通的瓶颈。1918年，当局对民间治丧争相通过南门的陋俗进行了限制，但收效不大，拥堵并未因此减少。此时就出现了拆除昆明城墙的呼声。

民国初期辟建的护国城，民间又称小南门　　横跨护城河的护国桥

这是立于护国门旁的《云南会城护国门碑记》，撰写碑文的是云南"状元"袁嘉谷，书写碑文的是云南进士陈荣昌，碑额篆书"云南省会护国门碑"则出自另一位云南进士陈度之手

1919年1月，省议会议员段居提出拆城议案，称由于战术进步，城池早已失去保卫能力，如果将其拆除，可以利交通，改良风俗，而用"以工代赈"的方式来做，还可以救济部分贫民。同时可利用城墙地基创办纺织工厂，扩充市场，增建居民住宅，大有利于国计民生，而在城墙原址兴建马路，培植风景，更是建设城市的要务，况且"共和国家，不宜保有专制时代之城池"。按照段居的设想，昆明城墙拆除后，可以南城门为中心点，东西两边兴筑两条马路，为"护国大马路"和"靖国大马路"，两旁统一规格，统一形式，建盖西式楼房，路中每隔百丈留一街口，设置警察守望所，以维护治安。以行距一丈种行道树，马路上多备马车、汽车、电车，以便交通。按段居估算，建街道可收入130多万，拍卖南教场空地，又可收入100万，除支付拆城墙工程的各项开支，还有余款可兴实业，扩教育。段居还提出，拆除城墙的同时，应保存六城门和城楼，作为文物，但为交通计，须改建为"十字穿心城楼"。同时为加强城防，可以在昆明城墙原址四角修筑四大炮台等。

当时拆墙开城已成共识，但护国战争刚刚结束，当务之急是医治战争创伤，恢复经济民生，此事只好搁置。主管市政的省会警察厅提出打破城墙包围，新开东南、西南两道城门，首先缓解城南交通堵塞。1919年，当局决定先在昆明城东南、正对昆明商埠的方向挖开城墙，新开一道城门，为纪念护国起义，称护国门，民间称小南门。

新城门一反旧式城门木门瓮洞、高大厚重的传统，设计为四柱三门：立起四根方形花岗石门柱，中开三道大门，高5米，总宽18米，又有拱形门楣，上为半圆形铸铁花棂，中门嵌有铁匾，上铸"护国门"三个大字。又铸六扇铁花棂大门，上设铁栅，下铸图案，全为西式风格。城门两侧各建一座三层门楼，四坡歇山，重檐翼角，沉稳厚实，又显中式风格。新城门中西结合，"崇而坚""宏而整"。门则阔大通透，以利交通，楼则高大坚实，兼顾城防，为一全新的城门建筑。

与此同时，又在护国门前的护城河上新建一座圆弧双拱石桥，长23米，宽17.5米，拱高4米，跨度大而桥面低，以大青石铺砌，与两端路面平行相接，过渡平稳，行走方便安全。桥两侧镶有石雕龙头、象头、云朵共18个，又立起高1.2米的铁棂护栏，与护国铁门呼应，再显西式风格，中西合璧且古朴典雅，被命名为护国桥。

护国门建成，由清末"状元"袁嘉毅撰《护国门碑记》，由昆明进士陈荣昌书丹，另一位进士陈度题额，立了一块《护国门碑》。袁和二陈有"滇中三杰"之称，此碑又被称为"三杰碑"。碑文称护国门工程"费六万余金，不劳民力"云云。而据有关档案材料，当时护国战争刚过，"市民日多，乃辟护国门，以利交通，以纪大义"，本为好事。"然此门一开，改街变巷，拆民房屋，故昔日之四川街及其他等处房屋而被拆者，先虽领有收具价，万不能补其一。故当日被拆之民，因是激而死者有之，激而病、而聋、而瞎者有之。更至今流离失所，无所归依者不知几许矣"。"况教场有房屋之民，本属贫困，又困年荒，更是度日如艰"（昆明市工商联有关档案，见《昆明市志长编》）。

20世纪50年代，护国门被拆，迁往工人文化宫，护国桥被填埋。1999年在护国路口重立铁门，护国桥也"出土"重建，成为那段历史的见证，被公布为云南省重点文物保护单位。

○昆明"市长"朱德

民国初期，老昆明市区划归省会警察厅管辖期间，朱德正担任云南陆军宪兵司令、云南省警务处处长，并兼任省会警察厅长，管过昆明市政工作，成为没有"市长"头衔的"市长"。当时的省会警察厅设在龙王庙街的原巡警道署，后来这里成为民国昆明市政公所和昆明市政府的办公地，龙王庙街也改名叫市府东街。

从1921年初到1922年初，朱德任职时间仅一年，期间时局动荡，"维持补救，

朱德任职的云南陆军宪兵司令部

云南全省警务处和省会警察厅

百端待理"（《朱德赠昙华寺映空和尚诗碑》），做过的实事不少，如招请商界人士捐款修筑下水道，着手重修昆明马市口到大南城（今近日楼）的正义路，组织防治流行一时的白喉病等。朱德让收费低廉的警察医院对社会开放，惠及城市贫民患者，成为带慈善性质的医院，并由此改名为"宏济医院"，后来成为昆明最早的市立医院。为解决宏济医院落和养济院等公办慈善机构的经费，朱德向在酒楼设宴的食客开征入席捐，并提高戏院、电影场的税费等。朱德还筹备在新建成的云津市场举办为期两个月的大型花会，以"启发观感，振兴市场"。

后来发现了一封朱德在省会警察厅长任上致云南省实业厅的亲笔公函，函中称昆明"火车站西盘龙江东岸六家桥左近河岸崩塌数处，若不乘时修理，势必愈塌愈多，贴补更觉困难，修费亦因之浩大，拟请函知水利局派员查勘修理，以固沙埂"。盘龙江河岸崩塌是警察厅行政科工作人员清丈商埠时发现的，修培河堤当时由省实业厅水利局负责，事关人民生命财产安全，朱德与相关单位几度周旋，亲笔函告以求解决问题，让人印象深刻。

○近日公园和环形马路

明清两代，昆明南城门内外都是昆明的主要商业中心。辛亥革命以后，近日楼仍然"画栋雕栏，固庄严犹在也"。但是，由于这里"重门叠设，皆阔仅丈余，窈然深黑，而又络以月城（瓮城）旧址，廛屋参差，露贩杂陈，市人熙来攘往出入其间者，肩背相摩，有如万蜂穿穴，充塞无缝之势"（民国《整理城南交通工程记碑》）——其时商事繁盛，货物多经滇越铁路进出口，而以近日楼内外为货物集散地，近日门狭隘拥塞，不堪重负。

1922年，市政公所着手整顿南门，"先将南门月城（瓮城）以内及其附近民廛，凡数十间，尽收买之，然后举月城（瓮城）城垣与正门楼同时拆卸。而于近日楼则加以修饰，使增壮丽，并就其东西两端各辟一口，接沿月城（瓮城）旧址，筑石块马路为环形，使出入异趋，以利交通。路中有椭圆广场，则缭以铁槛，筑池种花，营为市街公园，以资游息。路以外东西两端余地，则起楼房各数十间，亦如环形，以为模范市场。更空其当中一间，而通以横巷，巷以外则分置菜市、食馆与夫浴场、车店之属，使市内应有公用设备，而此一隅皆尽有之"。此工程于1924年完工，外城门楼构件被移到古幢公园重建，命名为"劝农亭"。近日楼得保留，又新建公园，公园因楼而名，称"近日公园"。为纪念反对袁世凯复辟帝制的护国起义，公园内立拥护共和纪念标，称"唐公再造共和纪念标"，近日楼内设"护国纪念博物馆"，城门改名"正义门"，环形马路称"正义东路"和"正义西路"，后来的正义路就以此得名。

近日楼之重修，又仿北京正阳门之制，雕梁彩绘，画栋飞檐，"近日楼"烫金大匾高悬檐下，楼上有周仲岳之集联：

目极云峦自高峻；
步登城阙聊回首。

近日公园一带，还曾经是昆明民主运动的舆论中心。在有名的"一二·一"运动和"七一五"运动中，昆明大中学

民国初期改造前的丽正门（原载民国《昆明市志》）

民国初期改造后的正义门（原载民国《昆明市志》）

民国初期兴建的近日公园护国纪念标（原载民国《昆明市志》）

生和各界群众在城楼城墙上贴标语、文章、漫画,反内战、反饥饿、争民主、争自由,昆明市民争相观看,亦为盛事。

20世纪50年代以后,为拓宽市中心道路,便利交通,近日楼被拆除,近日公园经多次修葺扩建,已建成一圆形街心花园,为正义路南北两段、南屏街、东风西路、宝善街、玉溪街交会点,是昆明最繁华的市中心和商业区。公园南重建了忠爱坊,三市街和南屏街改建为现代花园式步行街道,成为老昆明的缩影。

○拆除南城墙建起的昆明"第一街"

民国时期的南屏街

如今南屏街口的老建筑

20世纪30年代,昆明工商业继续发展,人口继续增加,由此带来的交通压力仍然集中在南城墙内外,此时打开南城墙,不但可以大大改善城南交通,还可以打通东西交通要道,开辟新的市场和经济增长点。1930年,当局决定先拆除近日楼以东到护国门的城墙,以墙土填平护城河,修筑新马路,兴建新市场。当局一开始就规定了新街道的宽度、标高和横向道路的交叉口,车行道宽定为12米,步行道每边宽3.3米,两廊建铺面260多间,每铺开间3.6米,进深13.3米,铺后余地又可建造住房,由业主在红线外自行设计建造——如此大规模的街道,确实算得上是"昆明第一街"。这里地处城南,横贯东西,宽直平坦,得名南屏街,有"城南屏障"之意。

然而,南城墙拆除后,石砌马路几年都修不好,铺面也难以起建。正在磨磨蹭蹭之时,风云突变,1935年和1936年,中央红军和红军二、六军团先后长征过云南,两次威逼、佯攻昆明。此时南城墙被拆,形成一个巨大的缺口，当局慌了手脚，急急忙忙在还未修好的南屏街上用沙袋构筑掩体、工事，外侧又架设铁丝网，中间还设置了木柜马，白天移开让行人走，晚上堵住街道设防。南屏街西端的近日楼上布满了机枪、迫击炮，东端则关紧护国门的大铁门，又用沙袋添筑工事。整个昆明城风声鹤唳，很是惶恐了一阵。不料红军虚晃一枪，调虎离山之后，乘虚北上、西击，渡过金沙江，跳出重围。南屏街这才撤防。

在兴建南屏街的同时，当局还对南正街、金马街、三市街、大观街、永丰街、绣衣街、威远街、大小东街进行了改造，城内铺面多建为中式，城外铺面多建为西式，部分路段还建立了人行道，种上了行道树，并在市区周围修筑环城马路等。直到1937年，南屏街才铺上沥青路面，成为昆明第一条沥青道路。

抗日战争时期，昆明成了后方重镇，大批内地军队、机关、工厂、学校、商店迁到昆明，昆明人口膨胀，商业空前活跃，南屏街建设进入高潮，建起大量临街西式建筑。因统一划线，各自兴建，难免平面单调、立面杂乱，但这些建筑多用"水刷石"外墙，骨料不同，颜色各异，在统一中又有变化，简洁大方而富有质感，成为昆明最富于现代气息的商业街道。

当时南屏街上商业建筑鳞次栉比，其中有昆明最高的楼，昆明最大最多的银行，还有昆明最漂亮的南屏电影院、昆明戏院（后来的新昆明电影院）等，加上处处酒吧、舞厅，大亨、洋人来往进出，花天酒地，附近晓东街的洋货交易、高山铺的美援剩余军用物资买卖，都盛极一时，迅速成为云南以至大后方的一个重要金融中心，成为旧时昆明的商业和娱乐中心。

南屏街建成后，曾上演了不少历史活剧：1945年昆明"一二·一"学生爱国运动中，各校宣传队在街头进行声泪俱下的演讲；1949年2月12日，国民党政府的中央银行发行的金圆券恶性贬值，中央银行昆明分行又公然拒绝兑换面额为50元的春花色金圆券，激起民愤，许多人冲进营业室，当局抓了200多人，21人惨遭枪杀，陈尸安宁巷口，造成"南屏街大惨案"。

○ "凹楼"奇事

在南屏街西端、近日公园旁的医药大楼原址，有一座造型奇特的"凹"字形楼，十分引人注目。而这"凹楼"的由来，就更奇了。

那是1942年，当时的昆明商业银行代理美国商人从滇缅公路运来的洋布、洋纱和汽车，发了大财，就跑到大南门外的商业宝地购买地皮，兴建大楼，好光耀门面，扩大生意。银行有洋人撑腰，财大气粗，一方面以势压人，一方面用高价引诱，逼小铺主们就范。一家金铺的房主因为地皮金贵，舍不得割爱，又受不了银行依仗洋

近日公园"凹楼"

人,趾高气扬的派头,偏要煞银行的风景,就是不买账。传说银行出了高价,一道瓦沟之地出一根金条,用38根金条买金铺那38道瓦沟,房主却不动心,银行又提出用其他黄金宝地作交换,结果还是碰了一鼻子灰。银行见单凭洋人的势力不行,又通过当时云南统治者的外戚游说当局干预,不料那金店店主的后台也不弱,马上借助青帮请当局主持公道。双方势均力敌,闹来闹去,最后不了了之。银行无可奈何,只得三面围着金铺建高楼,同时还存着一线希望,留出钢筋结头,不过这接头最后还是什么也没接上。

等到这幢当时号称昆明最大、最漂亮的大厦完工,脚手架一拆,昆明人惊奇地发现,这座六层高的昆明商业银行大厦半腰竟然缺了一大块,可笑地呈现出"凹"字形状,中间嵌着一幢只有它一半高的三层小楼,真是昆明建筑一绝。20世纪50年代以后,银行大厦成了医药大楼,金店成了小杂货店。1988年,也就是这座"凹楼"建成40多年之后,终于"绝"到了头,和那幢"死对头"小楼一起被拆掉,那是后话了。

○南城外公园:昆明最早的公园

昆明最早的公园建于清末,位于城南今省第一人民医院址,称"南城外公园"或"南关外公园",又因在鸡鸣桥以东,称"鸡鸣桥公园",还因为地处昆明商埠,还叫"商埠公园",而民国初期,"因地近金马碧坊",被命名为"南城金碧公园"(民国《昆明市志》)。

南城外公园是清代昆明建成的唯一公园。早年这里是一块旷地,林木繁盛,其间有荷花池、蜈蚣岭,其旁有玉带河,为昆明人游憩之地。清光绪后期,有人捐资在此建盖亭子,官府也在此扩种花木,增置亭

民国金碧公园内景

榭，培植园林，并首次将"公园"二字引入昆明，命名为鸡鸣桥公园。清宣统二年（1910年），公园内建起云华茶园，上演京剧、滇剧，公园也交茶园管理。民国初年先后将昆明城内外所拆牌坊搬进园内，又立起辛亥革命志士、昆明人杨振鸿的铜像，"经逐年修整，渐臻完美。留春、披风、话雨、望云、延月、浮香等亭，而竹木花卉葱郁艳丽，亭楼池沼参差错落，风景极佳，游人络绎不绝"（民国《昆明市志》）。

金碧公园一开始就是个多功能综合性公园，还曾是省实业司的办公地，开办有花市和林业实验场，园内建起了几个大型展览室，举办过全省送展巴拿马万国博览会产品的预展、物产品评会、花木博览会等，同时又是昆明大型集会之地，当时举办过法国国庆电影招待会、国耻纪念会、赈灾游艺会，在第一次世界大战中献身欧洲盟国战场的马毓宝迎灵仪式也在此举行。1919年6月4日，昆明各团体在此召开万人国民大会，通电全国，声援北京"五四"大游行的学生，为南城外公园写下了浓墨重彩的一笔。

后到1930年，这里又建起了金碧游艺园，有茶楼、酒馆、戏园，"有京戏、电影、京韵大鼓、三弦拉戏、空中拉戏、双簧、相声"（《昆明市志长编》）等。入园要购买通票，每票定价1元，约相当于1斤猪肉的价格，可以游园、听鼓书、听清唱、打弹子、溜冰、看魔术、武技等。如果要看戏、看电影，还得另外购票。京剧特等包厢竟高达10元，消费之高，

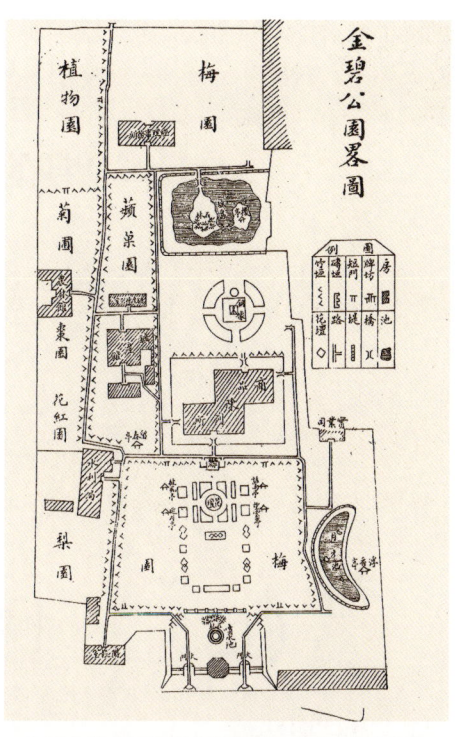

民国金碧公园略图（原载民国《昆明市志》）

民国《昆明市志》所载金碧公园照片

民国金碧公园石碑坊

创下了纪录,以致舆论大哗,后来降到7元,仍然居高不下,"但毕竟是昆明的新东西,游人还是踊跃的"(万揆一《昆明掌故》)。

○民国初期的"园林都市"建设

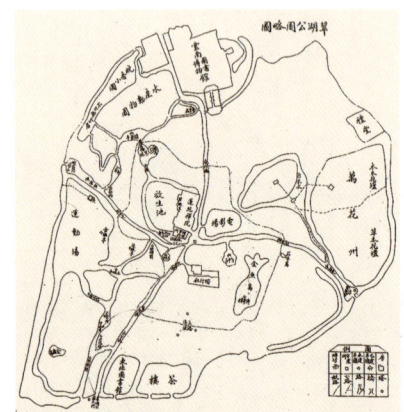

昆明翠湖公园略图(原载民国《昆明市志》)

民国时期的翠湖公园

1922年,昆明市政公所成立,提出要把昆明建设成"园林都市",并拟定了《昆明市管理公园规划》,着手整修旧公园,建设新公园。一年之后,大观楼公园、古幢公园、圆通公园、近日公园、西山公园等五大公园相继建成开放,原有的金碧公园、翠湖公园也整修完毕,加上老昆明人经常登临的龙泉观(今黑龙潭)、太和宫(今金殿)和筇竹寺,昆明主城区的名胜公园格局由此大体而定。

此期昆明"园林都市"概况,可见于民国《昆明市志》:

民国时期的翠湖碧漪亭

民国时期的翠湖公园

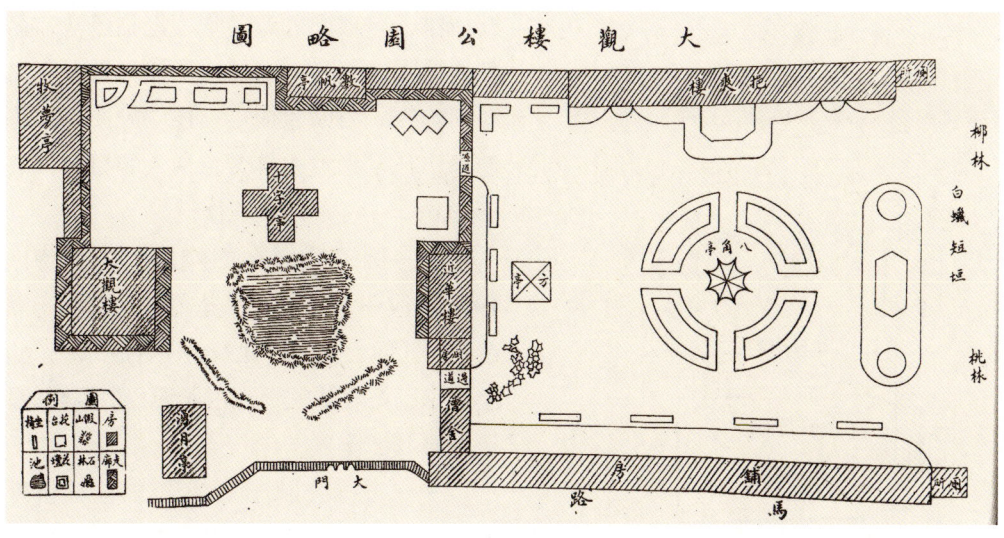

早年大观公园略图（原载民国《昆明市志》）

民国时期的大观楼外门

民国时期的大观楼

——金碧公园建于民国初年，是昆明最早的公园，"经逐年修整，渐臻完美"，园内树立辛亥革命先驱、昆明人杨振鸿铜像，有留春亭、披风亭、话雨亭、望云亭、延月亭、浮香亭等，"而竹木花卉葱郁艳丽，亭楼池沼参差错落，风景极佳，游人络绎不绝"。

——翠湖公园始建于1920年，由市政公所顾问赵鹤清兼任经理，"以九龙池、海心亭当其中，阮堤、唐堤纵横交贯，荷田花畦，错综如画，树林密茂，流水清漪，绿荫丛中，虹桥隐现，散步纳凉，尤推佳景"，又有水流轩、云在轩、锁翠亭、浸绿亭、亦足亭等，"以点缀焉"。

——大观楼公园以大观楼为中心，增建挹爽楼、牧梦亭、数帆亭、望湖亭等，"极

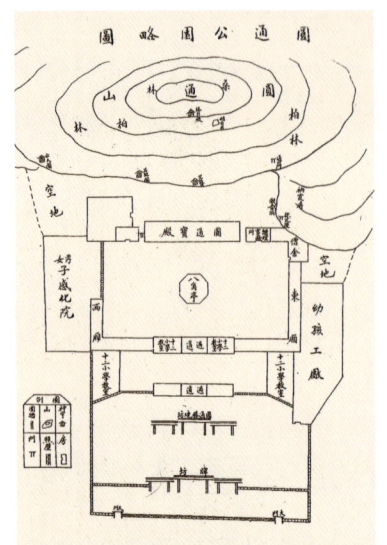

早年昆明圆通公园略图（原载民国《昆明市志》）

圆通公园在连云巷新辟入口处建起的仿石牌楼大门，简洁素朴，庄重大气

为建设园林都市服务的昆明园艺研究会

其清雅，登楼则远眺太华，近临昆池，名胜于滇中，每日由篆塘河乘船往游者，络绎不绝"。公园建成后，还"贮图书，陈博物，凡足以益人神智，悦人心目者，莫不毕具"（《重修大观楼记》）。

——圆通公园在螺峰山下圆通寺，1923年改建，其内有采芝径、衲霞屏、潮音洞、咒龙台（今称咒蛟台）等胜景。"庙宇宏深，石岩陡峻，古柏参天，亭楼巍峙，风景极其清幽"。

——古幢公园于1923年以桂林桥外的地藏寺改建而成，因其地有宋大理国梵字塔幢（今称大理经幢）得名。"金汁河绕其旁，树木苍翠，风景宜人"，建有劝农亭、未归亭、迎宾馆、观瀑棚等，"以增风致"。

此外，"市内小公园尚随时计划增设，如拆南月城（瓮城）以其旧址改修之近日公园即其一也"。这个近日公园内有"唐公再造共和纪念标"，"四面各筑喷水一，杂莳花木无算，颇壮观而便游息"（民国《昆明市志》）。

此期昆明公园建设和使用的一大特点，是利用公园设施举办各种展览会，以促进社会经济的发展。如金碧公园内设有商品陈列所、农林馆、矿产馆等，1914年为参加在美国举办的巴拿马博览会，当局在金碧公园举办"巴拿马出品协会"展览，向全省征集特产参展，从中遴选名品赴美参展，这是昆明最早的产品展览会，云南和昆明第一批名优产品从此脱颖而出，如玫瑰黑大头等。

1918年在大观楼公园举办"物华会",评出优品,给予奖励。1920年在圆通公园举办花朝会和云南第一次物产品评会,1921年,当局又在金碧公园举办云南第二次物产品评会。1922年举办云南省劝业会,征集各种产品在金碧公园陈列评奖。1923年又在金碧公园举办昆明市花木展览会,在圆通公园举办菊花会等。1935年,工商界还举办国货展览大会,以抵制洋货,推动国货销售。这些展览都有相当规模,促进了地方经济的发展。

1917年,从小西门外到大观楼的大观马路建成,全长3.2公里、宽7米,这是昆明的第一条名胜公路,1934年改为泥结碎石路面。到1937年,从老昆明市区到黑龙潭、金殿、西山太华寺、安宁温泉等公园名胜区的公路都已修通。

民国初期的古幢公园（原载民国《昆明市志》）

古幢公园的镇园之宝：大理经幢（原载民国《昆明市志》）

○民国昆明"秘密共产党市长"和市政工程

20世纪30年代初,昆明近代城市建设提速,其中起到承上启下作用的一位昆明市市长熊从周,竟是中国共产党的秘密党员。这位熊从周是一位传奇人物,玉溪人,早年弃医从军,参加过昆明重九起义、护国战争、北伐战争和广州起义,在云南和广东多地担任过县长,与中国共产党人结识,并深受影响,1928年任临安(今建水)县长时秘密加入中国共产党。

1930年7月,熊从周在陆良县县长任上时,中国共产党发动的陆良暴动失败,熊从周派人护送暴动领导人转移,然后张榜悬赏缉拿,又亲自坐堂审问,保护了参加暴动的被捕者,惩治了一些坏人。最后以"无名散匪假借共产党之名,行抢劫报仇之实"结案并上报省当局,竟得传令嘉奖,并于1931年5月调任昆明市市长。

熊从周任昆明市市长时,正是国民党反共清党高潮之际,中共地下党被破坏,

熊从周画像

大批党员被捕入狱。熊从周直接参与办案,他暗中销毁证据,敷衍审讯,以证据不足、"误捕"之名释放了不少地下党员。就是关在省监狱里的地下党员,熊从周不能直接过问,也通过各种关系营救了一批,其中就有后来参加红军、成为开国少将的徐文烈。

1932年,熊从周提出改造昆明旧城楼计划,报告省政府称,昆明的6座城门"年久失修,城门朽坏,城洞则砖石崩塌,城楼更属倒塌不堪,只正南门一处,因作近日公园,迭次修葺外,此外皆极破烂,若不修理,不惟对于城防不免妨碍,即观瞻亦觉不雅,兼且危险堪虞"。在昆明市市长任上,熊从周致力于城市改扩建,填埋大南城外污水沟、建设新市场(今南屏街)、扩建三市街(现正义路)和金碧路、威远街、马市口等,还于1933年主持填埋旧篆塘、增辟新篆塘工程开工。虽然一些工程没能在熊从周任期内完工,但熊从周功不可没。

1932年9月,在整建昆明街道之后,熊从周还主持修改了昆明主要街名。当时"旧有街名纷繁,殊觉不便,为化奇零为整齐起见,特先将各主要市街分别合并,改称为路":将马市口、南大街、正义东路、正义西路、三市街合并,称正义路;将护国街、绣衣街合并,称护国路;将金马大街、碧鸡大街合并,称金碧路;将云津街、三元街、聚奎楼合并,称拓东路;将土主庙街、武庙街、小西正街等合并,称武成路;将平正街两头、永宁宫坡合并,称华山东路;将卖线街、升平坡合并,称华山西路;将永丰街、大观街合并,称大观路;将福德街、太和街、塘子巷合并,称环城东路等(《昆明市政府政治报告书》,见《昆明市志长编》)。昆明此前只有"街",从此以后才有"路"。

熊从周在市长任上,也有自己的性格。他官至市长,没有公馆,仅租普通民房两间,里间作卧室,外间会客,每天步行上下班,生活十分简朴。城市改造中往往会损害下层市民的利益,如威远街拓展街道,兴修市场,让商民自建铺面。据相关档案材料,1932年11月,不少"贫困小户"上书请求缓行,陈述"每间铺面非凑集滇票万元不能着手",小民"何有此余力","若一动工改造,多有饿死"。熊从周也不相逼,"耽延日久不见动工",上司斥责"市政府执行不力,殊属不合",下令至迟在1933年5月以前"一律修建"(见《昆明市志长编》)——就在此限期后不久,1933年7月,熊从周就被调离了。当时的旧城改造拆迁,致使不少人家"流离失所，无所归依者不知几许矣"（见《昆明市志长编》）。

熊从周在市长任上推动的最大市政工程是兴修昆明环城马路。当时以昆明城为起点，通往四方各地的公路相继建成，急需一条环城公路连接。此路称环城马路，规划于熊从周任前，推动于熊从周任上。环城马路起于迤西汽车站（今西站），南下大观街口、篆塘河、弥勒寺，跨西坝河到西岳庙，东转双龙桥与滇越铁路相交，再过塘子巷，北上太和街、福德街，经穿心鼓楼到菱瓜塘，跨盘龙江到圆通山下一窝羊，再到东陆运动场（今云南大学东院）而西转虹山三分寺（今云南师范大学），最后在迤西汽车站（今西站）合龙。这条环城马路为碎石路面，全长10.57公里，车道宽11.52米，两旁人行道各宽1.6米，是当时规模空前的市政工程，需迁移民坟3226冢，占用上、中等民田213.2亩，并拆迁塘子巷、太和街一线不少民房。有官绅带头当"钉子户"，致使工程受阻，熊从周亲自出马，先拆其屋，工程得以推进。但此后不久，熊从周就被调到江川当县长去了。

此后环城马路工期拖延，到1934年仍未完工，当时省政府下令严查，称"环城马路原定一年完工，乃逾期两年之久，用去公款至一百一十余万之多，而全部工程尚未完工，足见负责人遇事拖沓，殊堪痛恨"。更为恼火的是，工程拖沓但"亏欠挪用已至二十余万之多"，省府下令"此款经查实，系市府各职员及各工头挪移亏欠者，应饬一律从严押追，职员饬即日赔清款项"（见《昆明市志长编》）。经此一查，工程提速，终于当年竣工，时人称"路幅宽阔平坦，车马通行，人人称便，真近交通史上一可纪之事业也"（《云南交通长编》）。环城马路后来发展为今天昆明的"一环"干道：从环城西路、环城南路、塘双路、北京路中段、园西路到一二·一大街，仍然是昆明主城区的交通要道。

○民国时期的"大广告"和"小广告"

昆明最早的日报不叫"日报"，叫《滇南钞报》，光绪二十九年（1903年）十月创办于华国寺巷（今华山南路华国巷内），是清末"新政"的产物。《滇南钞报》以土纸铅印，四开大小，每天出版，自称以"开启民智"为目的，内容主要是皇帝圣旨、大臣奏折、地方官府政令，也刊登粮油盐布甚至鸦片的价格、银子与铜钱比价等市场行情，还有少量从北京、上海的报纸剪辑的国内外简要新闻和评论，同时刊登一些商业广告。

进入民国以后，随着商业的发展及报纸、杂志、广播等新式媒体的出现，报纸广告、招贴广告、书刊广告已普遍使用，路牌广告、霓虹灯广告、电影幻灯广告、广播广告也相继问世，对促进生产，对扩大流通，指导消费，活跃商品经济的作用越来越大。但早期招贴广告因成本低、针对性强、影响大，也越来越多，影响市容。

1932年，正是"秘密共产党员市长"熊从周在任时，昆明市政府发布《昆明市广告取缔规则》：一切张贴广告，须经市政府核准后，方可张贴并按规定付手续费；广告应贴于公共广告栏内，不得任意张贴；广告未经登记或审查不予核准，任意张贴者处于罚金。

贴在高山铺安宁巷的小广告

金马坊也贴满了广告

昆明街头广告和报纸很诱人

○宪兵手持"大令"巡街

1935年，一个外地来昆的徐姓旅游者和一个外地军人夜里上街，遇到一队身穿制服的武装人员，前面举着一面旗帜。相遇后那队里有人高呼："大令！"两个外地人没听懂，仍然走自己的路。不料那制服队长跑了过来，把外地军人训斥了一顿，责怪他听见"大令"不敬礼。后来他们了解到，"大令"是滇军的传统巡查令箭，代表当地驻军最高长官的军令，有它就可以当场逮捕及格杀一切人等。军人见到"大令"要敬礼。外省的军队早已奉令废止此项规矩，只有滇军仍然承袭旧制而不改（徐鸿涛《在云南》）。

这里的"大令"就是令旗，因为旗上大写一个"令"字得名，还因为旗杆上端套着一个铁制的箭镞，又叫"令箭"。"大令"是中国古代军队传达命令的标志，一直使用到清末。进入民国后，"大令"成为军队护兵（即宪兵）的旗帜，手持令旗就意味着当地军队最高长官到此，见旗如见人，所有军人必须敬礼，接受检查。若查出逃兵或触犯军纪的军人，轻者可抓捕，重者可就地正法。徐先生遇到的应该是滇军的宪兵，而非他所说的巡警。否则被训斥的就不仅是外地军人，非军人的徐先生也难免被教训一顿了。

直到 1935 年，民国已建立 24 年之久，军队的"护兵"早就成了"宪兵"，但仍然抬着古代的令旗执法。内地早已经废止此制，而昆明却"古风犹存"，也是一桩奇事。从这段记载还可以看出，当时游走昆明街头的士兵不少，对治安也有影响，当局派出专门纠察士兵的宪兵队，日夜巡查，维持秩序，成为城市管理的一个重要方面。

所谓"大令"，就是从清军那里传承来的令旗

民国初期在街市巡查的警察

○老昆明的"跳舞"与"禁舞"

清末民初,西风东渐,交际舞传入中国,在沿海城市首先登陆,初起于"洋人"和"近洋人"圈子,渐渐扩散民间。到20世纪20年代后期,内地沿海城市出现了营业性的舞厅,同时出现了第一波"禁舞"浪潮。昆明地处偏远,未被波及。抗日战争爆发后,内地移民大量涌入昆明,交际舞随之而来,昆明一些大旅店开办舞厅,举办舞会。这种"舶来舞"为风气保守的昆明所难容。有昆明花灯调这样唱道:"大都会里天天在跳舞,男女搂着挪着还抱住。"当时有文章分析道:"有些人根本反对国难期间的跳舞,另外一派人并不反对中国人和中国人的交际舞,他们只反对中国女子,尤其是女大学生和外国人跳舞。他们只以为中国女子和外国人跳舞并不是正当的交际,而是别有企图,于是就有伤国格。"(王力《龙虫并雕斋琐语》)

1938年10月,"云南王"龙云在一次省府会议上首先发难,提议"严禁男女跳舞,以维民风"。参会人员群起附和,称"本省民风,向来朴素,理应维持,近闻各酒店场所,时有男女相聚跳舞者,实属不明大体,况当此国难期间,尚复有此项浪漫之举,尤为不合",下令"各治安机关,以后无论任何男女,在任何场合,有此项举动者,应从严禁止,当敢故违,立即查拿究办不贷。"(《云南民国日报》)龙云的决心很大,昆明交际舞一时绝迹。

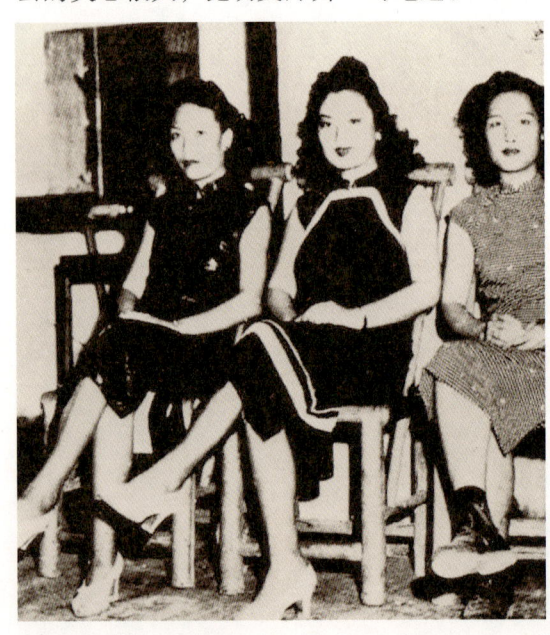

抗战时昆明美军招待所里面的舞女

20世纪40年代初,大批美军入昆助华抗战,美军官兵爱跳舞,昆明当局也拿他们无法。当时崇仁街还有了个同盟联欢社,专为美军举办舞会,虽称"内部",但对社会影响也很大。昆明人听多了"慢三步"舞曲,对洋鼓洋锸敲打的节奏印象深刻,把这种西洋舞形象地叫作"嘣嚓嚓"。当时文林街一家卖茶卖咖啡的茶馆每逢星期六也开舞会。到时候把茶馆门一关,奏起《蓝色的多瑙河》和《风流寡妇》等舞曲,就知道"里面正在'嘣嚓嚓'"(汪曾祺《泡茶馆》)——人之所好，大势所趋，龙云也无可奈何，但求洁身自好。友邦办舞会来邀请，龙云很少参加，一般高官贵人举办私人舞会，也从来不敢请他。

抗战胜利后，龙云被蒋介石赶下台，昆明营业舞厅迎来"春天"，从地下走到地上，越开越多，竟有20多家，大的有国际花园、皇后饭店、百乐门、金马、乐乡等，不少旅店、餐馆、茶楼都办起了舞厅，不但有了"教舞"职业，还有了职业舞女，还成立了"舞业同业公会"。当时杂志刊文，称昆明"最使人目迷五色耳乱的男女跳舞，风行一时"，"有些摩登少女少妇，因生活关系，以此为业者，亦不在少数"（1945年《建国月刊》），"美丽的不善讲英语的女郎，和一群不善说华语的美国兵，形成昆明复杂的社交生活"（1946年《旅行杂志》）。

"舞业"的疯狂发展激起了"保守昆明"的强烈反弹，由当时的云南省参议会发难，当局再次决定"禁舞"，除社团机关的内部舞会外，其余一律"切实取缔"。后来内地城市"开禁"，昆明舞厅趁机申诉，亦无结果，大多关闭，有的重新转入"地下"。此后的1946年11月，太和街"国际花园"舞厅被查办，经理、乐队全被警方带走。1947年4月，昆明发生"巨商卢公馆被盗案"，全城震动。案犯之一跑到"大都会"舞厅花天酒地，被警方发现而最后破案。

1949年12月9日，当时的云南省主席卢汉在自家的老公馆设宴招待各国驻昆领事，觥筹交错，歌舞升平，以此为掩护，把驻昆国民党嫡系军队、特务首脑诱到新公馆"开会"，全部逮捕，然后宣布起义——如果老公馆的这一幕也是舞会的话，那就是民国昆明的最后一场舞会了。

（见万揆一《昆明掌故》、李迪《民国时期昆明女性生活史论稿》等）

○街巷拓宽、建筑限高：昆明最早的城建规范

1928年，昆明正式设市，成立了市政府，"对于市街建筑、市容整顿，猛勇迈进"。城区范围逐渐扩展，东至席子营、苏家村；南到俚家湾；西接六合村、蔡家营；北连林家院、大马房。同时出台了一些城市建设规定，如街道改造，"就其交通情形、商业繁简、住户多少、区分等等，规定宽度"。街道细分四等：特等街宽38至80尺（约13～26米）；一等街宽36尺（12米）；二等街宽30尺（10米）；三等街宽21尺（7米）。巷道分为三等：居民20户以上为一等巷，宽15尺（5米）；居民10户以上为二等巷，宽12尺（4米）；居民10户以下为三等巷，宽9尺（3米）。要求路面铺筑纯用石料，分块石、碎石棉、砂石三种。道路两侧砌排水沟，盖上条石，分干沟、支沟。人行道全用三合土铺筑（见《昆明市志长编》《云南概况》等）。在此期间，修整了38条街道，临街商铺统一建为西式或中式门面，统一建筑样式，统一建筑退线，

清末金马坊下的衙门仪仗队

抗战时期的正义路

抗战时金马坊下迎来史迪威公路通车后的首批车队

民国初期的南正街（正义路）

民国初期的单门洞状元楼和石板拓东路

抗战时期扩为三个门洞的状元楼和拓宽后重新铺路的拓东路

改造建筑色彩，并兴建市场、设立公园、开发城南，取得了一些成效。

1933年，昆明市政当局制定了《昆明市建筑条例》，规定凡建筑物在两层以下者，建筑面积不得超过该地面积的70%，若在三层以上者不得超过60%，临街建筑物高度不得超过街道宽度的一倍半，若在窄街，高度不得超过街道宽度的两倍。此外，还专门制定了建设封火墙的规定：闹市区房屋在五间以内建筑防火墙；凡铺面相连者，也应该建筑防火墙，以防止火烧四邻。

1942年，正是抗战最艰苦的时期，昆明当局颁布了《昆明市建

民国初期近日楼下的街市

抗战时近日楼内正义路两侧的中式店铺

抗战时中印公路通车，车队经金碧路穿城而过

城市改造后近日楼外三市街的西式店铺门面

筑规划》和《昆明市建筑细则》，其中对昆明城建筑物的高度都有详尽的规定。如主干道两侧的临街建筑高度不能超过道路的宽度，如在次干道两侧房屋不能超过道路宽度的2倍，如支路及街巷侧的房屋均以3层为限，以保证道路的畅通和整齐美观。1943年提出的《昆明城市建设计划纲要》中，也提出住宅区建筑不得超过3层，高度不得超过12米。

○抗战初期昆明扩城规划设想中的超前意识

　　1939年，在南京多年从事地理教学、研究的昆明学者周光倬回到故乡，在杂志上发表了一篇《扩大昆明市区的一种建议》，近年被重新发现，其中显露出不少早期城市规划理念中的超前意识，十分珍贵。

　　周光倬认为，当时抗战已近两年，沿海沿江的都市多落入敌手，变为黑暗地狱。"前方都市的繁华，受此严重打击，逐渐向后方转移。政府机关、银行界、富商巨贾、投机分子，悠闲资产阶级，好似潮涌一般，接踵而来。因之后方都市，显露头角，一种畸形的发展，实无法避免"。周光倬注意到，昆明本属云南全省政治中心，此时工厂"大规模地在进行中"，商业空前活跃，交通路线和工具突飞猛进，"可以说，昆明的新兴工业，已经像雨后春笋，他的进程纵然抗战结束，也不致中断"。因此，"我们须知道，昆明市的发展，不是暂时现象。将来滇缅铁路叙昆铁路完成，为三条铁路的焦点，欧亚航空线的交点，公路的中心点，绝无问题的发达。昆明市的扩大计划，势所必至。顾虑的问题是在将来，并不是现在"。因此，要规划先行，"事先慎重，有一整个全盘的计划，以期实现合理的新都市"。

　　周光倬提出了城市功能区划问题："凡一都市的建设整理，应规划有条。昆明在过去，颇有明初南京的遗制。昆明有木行街、福照街的故衣铺，二纛街的铜锡铺，文庙街的象牙铺，都是集团地经营手工业或商业，这是很合理的都市制度。""近代新的科学化的市政原理，划为全市为若干区域，依其性质的类别而建树之"，如行政区、教育文化区、商业区、工业区、住宅区等。

　　周光倬建议把行政区安排在城内的五华山、圆通山和螺峰山，而且"无须征用民房，以空中栈桥或地底隧道联络之"。"最好用钢筋水泥筑成坚固的隧道"，平时用来作来往通道，战时可以作为防空设备，"一举而两利"——今天读来，此说仍然让人"脑洞大开"。

　　周光倬提出，教育文化区"以在市外为优"，"以大小西门外，沿虹山西南之地带为宜"。这一带"背山面湖，环境清幽，极适宜于求学研究，陶冶性情"，而又可以"远离尘嚣，求学安定，又不致习染恶风气"。至于商业区，可以"近日楼、护国路、金马大街、正义路、绥靖路（今长春路）为中心市场，以城内东南两大干路和城外东南一带为商业区域"，因为这里接近火车站，计划修筑的叙昆、滇缅两条铁路将在此接轨，地缘优势突出。而工业区则应在市区外安排。

至于住宅区，周光倬提出可分为新旧两区，"凡旧市区内的住宅，划为旧住宅区"，而另建新住宅区。他认为"老住宅区为

清末马栈前的污染

染布污染洗马河

原有，凌乱不整，殊无整理的必要"，而"拆屋盖屋，吃力不讨好，容易引起市民的误会，又不符合经济原则"，"只要注意干道的整理放宽就够了"。新建住宅区则要避免扰民，应"沿着环城马路东部、南部、西部三方面，再向塘子巷延伸至吴井桥南天台一带，又由岔街延伸到长村和定光寺一带，以接归化寺"，这是"市府的财源所寄托处"。可以先通水、通电、通路，铺设地沟或地下管道，然后投标拍卖土地，限期建房，过期收回土地——如今不少土地开发政策，周光倬早在80年前就想到了。

周光倬还指出新开发区地名的重要性。他说，新区开发要"拟定干道和支路，即确定其名称，名称为求其有意义，固定而永久，最好将滇省边的地名分列其中，以表示使一般市民知边疆的重要而引起注意边疆的兴趣"。

至于公共设施，周光倬也有考虑，他说："一市区内为数十万市民生活的调节、精神疲乏的恢复起见，公园与广场的设计，不能不特加注意。昆明市内原有的翠湖公园，富饶天然风景，应加爱护培植，市郊的大观公园若能重新整理，亦足供市民

赏心悦目之所矣。而广场的增加，亦市区内要政之一，如近日楼，金马两坊间，塘子巷太和街口，小西门，大东门外太和街口，均应列入计划中。"

在这个"建议"中，周光倬还提出了一些在当时堪称超前的观念：

一是保护自然环境。周光倬认为，"昆明市区原甚狭隘，为维持全市清洁和卫生，工厂不宜设于市区内，要远离市区，在十公里以外，一方面不碍市区卫生，一方面又合乎近代都市疏散的原则"。周光倬还关注到了昆明市区的风向，"昆明最著名的风向，为西风，西南风和南风，东风除非雨季转变才行，北风很少见"。他提出，昆明"工业区的建立中，不能设于市区的南部和西部，不然将来工厂的煤灰，因风向要影响全市的公共卫生和市民健康，不可不加以注意"——这是在昆明城市规划理念中较早提出的环境保护规划设想，至今仍然是昆明城市规划的一个重要原则。

二是新区建设要节约用地。周光倬说："要顾虑到地面经济的利用，切毋滥征耕地，以妨碍生产事业。我们大家知道，云南全省是一个山乡，平地的面积，只占了十分之一还不到。丰富的食粮生产，就靠着这些平地的改进。昆明坝子，在全省中面积可以说是数一数二，不过比之长江大湖的肥野，真是数不上。所以第一步划定的市区，以荒地为原则。出于不得已，才圈用耕地园圃。并且凡公私的建筑，应该向竖的发展，减小横向的发展，就是说，昆明市的建筑，可以建筑五层以上十层以下的形式，免去面积的侵占，以求适合昆明市区的环境，并不违背土地经济利用的原则。"

三是防止形成贫民窟和富人区。周光倬说："今后为建筑新区，整饰观瞻，对于建筑样式，应有规定，不能听商民自由建筑，有碍市容。至住宅样式，大家公认昆明房屋有北平风趣，我觉着有保存或改进之必要。"他提出，新住宅区建设"应就该地自然风景，另行设计，使所取材料及建造模型要经济化合理化艺术化，切莫再蹈一般都市畸形发展的恶劣影响。市府所投资的，注重平民化，使都市上多数的平民，不致感受住宅的恐慌，由不合理不卫生，变为真正的贫民窟，有伤都市的观瞻，也和政府施政的本旨违背。中上等的住宅，亦应有规定的束缚，非经市府的审查不许起盖。"

四是把昆明打造成旅游城市的构想。他认为，"昆明的气候，是全国最为理想最适于休养的地方。所谓四季无寒暑，一雨便成冬的特殊天候，比之瑞士有过之而无不及。瑞士号称世界公园，然冬季冰雪封山，户外活动已受极大的限制"。而"昆明不唯可以避暑，并可以避寒，四季干燥，蔚蓝色的天空，真是万里无云万里天，高爽的空间，增进人的健康，是全中国最理想的优越环境，何莫非气候的赐予。明末清初，我国大旅行家徐霞客流连忘返于这些地方，不是无因罢！"正因为"昆明群山环抱，湖光点缀，绿野芬芳，加以天候温和，四季如春。既无严寒，又无酷暑，实为休养至佳的环境，大可吸引游客，繁荣本市，增加本市收入的大宗财源。瑞士号称世界乐园，国家财政来源，半数以上恃此。日本近年来亦正在宣传，吸引世界游行家，增加游资"，而"昆明市有此天然的优良环境，对吸引游客方面的设置，要从速准备。招待游客，要预为训练人员，名胜风景要特别人工培植，旅馆要特别布置，名胜地的客舍，要另行改建，使宾至如归，游客恋恋不舍忍去。昆明市在过去，法国人每年夏季自东京来避暑者，无虑数千人。各省人士，凡因事莅滇者，亦无不交口称誉，认昆明为全国不可多得的地方，心焉羡之。明末清初，中国大地理学家大旅行家徐霞客数次往返于滇南，足迹遍三迤，盖极向慕滇中天然山水的乐趣，有伟大无比的吸引力。现在交通日便，将来滇缅、叙昆两铁路完成，内地人士慕名而来，或休养而来者必踵相接。瑞士、日本的景物，蜚声于世，然属季节的旅行地，不似昆明四季无寒暑的理想气候，不独可以避暑，且可以避寒。故昆明市更胜瑞士日本一等。吸引游客的潜势力殊大，中外游伴必趋云者如鹜。是昆明市非仅为工商业都市，且为游览都市。每年间无形收入必随着增加。现在市区内的风景，大都天然有，人工不足。果能再加人工的设计点缀，交通给以种种便利，旅客得舒适，则昆明市发展实极乐观也"。

最后，周光倬还提出了把昆明建设成国际都市的远景。尽管当时抗日战争才刚刚开始，中国不断丧失国土，昆明惨遭日寇轰炸，但周光倬仍然对未来充满信心。他说，我们要负起责任，建设好故乡，"使昆明的光芒，不仅在抗战时期为后方的重镇，且将在将来成为全国西南永久的中心都市，全世界人士景仰的国际都市。此种希望，是绝无问题可以达到的，是一种自然的趋势"。

○抗战时期的"大昆明市规划图"

民国初期，昆明当局出台的一系列市政建设规定中，已出现城市规划的先声。但总的来说，昆明城市建设仍处于自发、自然状态，头痛医头，脚疼医脚，缺乏科学的、长远的发展蓝图和规划。

抗日战争时期，昆明成为抗战大后方，内地人口、学校、工厂、机关大量涌入昆明，推动了昆明的城市化进程，原有的城市格局捉襟见肘，"自发""自然"的发展已经难以适应。1939年，就在日寇飞机的狂轰滥炸中，昆明工程技术人员拿出了一份《大昆明市规划图》，这是在近代城市规划理论指导下完成的第一个昆明城市发展规划。

《大昆明市规划图》出自中国留德学者之手，图宽1米，长2米。让人吃惊的是，这个"大昆明市"以滇池为中心，把沿滇池各县都囊括进"大昆明市"来了。图中规划了环湖公路，把昆明主城区和环湖各县连接起来，形成"大昆明市"的主要陆

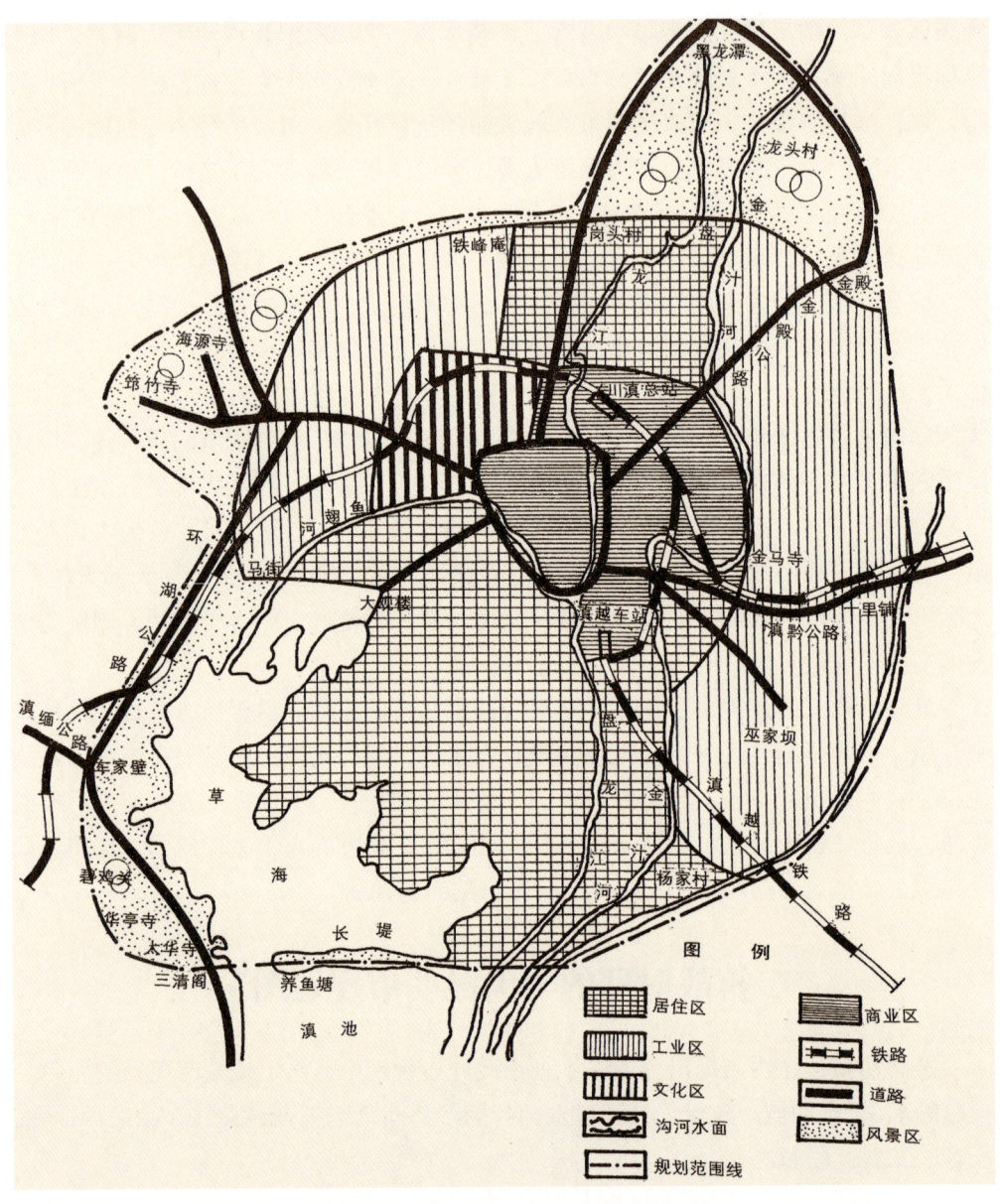

1943年昆明功能区规划图（原载《春城昆明》）

上交通网络，还规划了滇池水上航线和沿湖主要码头。值得重视的是，这份规划图标注了沿湖主要风景名胜古迹，标明了出入滇池的主要河流，把滇池沿岸定为游览和疗养地带，以控制沿湖新建项目——保护滇池的意识也有了。时过70多年，这个"大昆明市规划"仍然值得重视。

1943年，抗战进入最艰苦的阶段，《昆明城市建设计划纲要》又出台了。这个同样出自留德学者之手的文件也没有抛弃和破坏昆明老城，而主张以同心圆方式向外发展，东达十里铺，西到碧鸡关，北到黑龙潭，南到海埂，拆城墙建设为一环，以当时的环城马路为二环，沿市县分界线建三环，而在未来城区边缘兴建四环。

　　值得重视的是，这份《纲要》还对昆明中心城区进行了功能分区，有工业区、商业区、教育区、风景区、住宅区等八大区域，已接近今天的城市总体规划大纲。其中公共设施占市区面积25%；商业区占18%，向城东滇越铁路、盘龙江边等水陆交通方便之处扩展；文化区占10%，集中在城西北，和西南联大、云南大学连接在一起；行政单位占2%，主要在五华山附近；工业区占20%，设置在城东、城西和城北的黄土坡、普吉、海口、马街、黑林铺等地，离主城较远，已有防止污染主城的考虑；生活住宅区占20%，主要设置在两处：城东北今金刀营一带，城西南滇池边到海埂一带，并划分了大小不等的住宅地基面积，便于市民认购，自建住宅。此外，《纲要》还规划了30平方公里的风景区用地。《纲要》还提出，建筑面积与基地面积之比，住宅区不得超过50%，商业区最高为80%，其余各区域为70%。

　　《大昆明市规划图》和《昆明市建设纲要》的出现，在昆明城市建设史上是第一次，在全国也是少有的超前之作。表明了昆明人对抗战胜利、对未来的信心。也由于超前，两个文件都被束之高阁，但毕竟为昆明城市科学规划开了个好头，仍然有重要的意义。后来当局曾有拆除全部昆明城墙、修筑宽30公尺沥青路面的计划，并准备修建全市下水道，分乌龙、兰花、明通三河系统等，都与这两个文件有关。

　　还值得一提的是，抗日战争期间，昆明当局委托"飞虎队"进行城市航空测绘，共拍摄照片107张，使用99张，完成地形图49幅。这是中国第一次将航空摄影技术用于城市地形图的测绘。1940年，市政当局还委托内迁昆明的上海同济大学测量系组织实施了昆明首次城市控制测量，在市区布设三角网测量，东起东站，西抵弥勒寺，南至双龙桥，北抵北站，面积为27平方公里（见2002年版《昆明市志》）。

　　顺便提一句，据清人倪蜕的《滇云历年传》记载，早在清康熙五十三年（1714年），就有"钦差西洋历法费隐等绘《云南舆图》，以仪器定山川高下远近"。这位费隐是德国耶稣会教士，奉旨绘制云贵两省图。据说所绘之图"其法之精，从古未有"，"按之足迹所经，无不吻合，其于滇之山水，百不失一"（清·赵元祚《滇南山水纲》）云云——云南以"仪器"测量地形地势并绘制地图，殆始于此乎。

老建筑

　　老昆明城以正义路为中轴线,分布有"两堆、三坊、十三坡、十八铺"。全城列市纵横,店铺林立,街前街后,各式建筑琳琅满目,有土木结构、硬山抬梁、临街出檐的商铺;有重檐歇山、斗拱飞檐、八面临风的角楼;有穿心券拱、重檐攒尖顶、四面回廊的阁楼;有三间四耳、倒厦天井、白墙灰瓦的民居;有"四合五天井""走马转角楼"、雕梁画栋的豪宅;有四柱三门、斗拱翼角、重檐歇山的坊表;有红墙黄瓦、如意斗拱、重檐碧甍的殿宇(《五华建筑史话》),还有金碧辉煌、重檐歇山、繁复雄丽的庙堂;有石券门窗、黄墙红瓦、规制严谨的洋楼——堪称一座巨大的建筑博物馆。

　　论及昆明城的老建筑,有研究者提到了"宽容大度"四个字,即昆明这座移民城市的包容性。清代昆明民居住宅大多是"一颗印""三坊一照壁"的四合院,一般为两层土木结构,甚至还有草房,不仅背街背巷如此,正街大道也如此。滇越铁路通车、昆明自开商埠之后,西式建筑文化进入昆明,传统建筑、欧式建筑和中西合璧建筑共存一城。有的传统建筑使用了西式建筑材料,如地面花瓷砖、彩色滚地玻璃、柚木拼花地板等;有的是中西合璧的建筑,如讲武堂的"四合院"、光华街的胜利堂、尚义街的"石房子"等;有的更建为完全西式的建筑,如巡津街的甘美医院大楼、东陆大学的会泽院、鼎新街的青年会楼等。不仅军政办公楼和达官贵人的住宅崇尚西式,街道两侧也建起了法式风格的洋楼,被昆明人称为"洋式房"。这些建筑多为两三层楼,平面为一字形或凹字形对称布局,外墙为浅黄色,转角处用白色块石作锯齿形镶砌,屋面或为坡形,以红色平瓦覆顶,或为平顶,以宝瓶围栏为女儿墙。一些留法多年的中国学者都说,当年的昆明酷似法国的小城镇(徐鸿涛《在云南》)。

　　不少学者认为,老昆明的建筑融合了外来风格与传统特色,体现了多元性、丰富性、原生性和独特性,形成了"无派之派"的"昆明派"建筑,留下了一份厚重、珍贵的历史文化遗产。

宗教建筑

　　汉地寺庙建筑风格可分为两大类：一类近于民居，如江南、四川等地寺庙建筑，崇尚简洁素雅，以青、白为主色调，白墙灰瓦，少有精美的雕刻、繁杂的装饰；一类近于官署，如中原地区寺庙建筑，追求富丽堂皇，以红、黄为主色调，红墙黄瓦，多精致的雕刻、繁复的装饰。云南地近四川，人近江南，而寺庙建筑风格却近于中原，金碧辉煌、繁复华丽，气势宏大。如果说中原寺庙有皇家之风，云南寺庙则有王者之气，这和云南历代封王者不少，统治者自以为需要王者之气镇压一方有关。

　　清末民初，随着天主教和基督教进入昆明，还带来了一些具有罗马、哥特风格或中西结合风格的宗教建筑，使昆明的宗教建筑更加丰富多彩。

○圆通寺：中国罕见的退坡水院式佛教建筑群

圆通寺背靠圆通山南崖，前临圆通街，是昆明最大的佛寺，也是昆明最古老的寺庙之一，在东南亚享有盛名。圆通寺始建于唐代南诏时期，原称"补陀罗寺"，为中国最早的观音道场，宋末元初毁于兵火，后在故址附近重建，历十八年建成，改称圆通寺。"圆通"是观音三十二名号之一，观音又称为"圆通大士"，此寺号称"圆通"，与普陀山、布达拉宫并列中国三大观音道场，是云南省重点文物保护单位。

据元代《创修圆通寺碑记》记载，重建后的圆通寺殿堂高大，佛像庄严，普陀崖上建有观音大士殿三间（今圆通公园接引殿），南建藏经楼三间，再南则建圆通大殿，金碧辉煌，光耀夺目。大殿南有钟楼，鼓楼，两侧各有一塔，还有斋舍、厨房、方丈室等，齐备完全，为当时昆明一大名胜。

明初修建云南府砖城，圆通寺和圆通山一道被圈围入城。经过多次修葺，圆通寺形制宏伟，焕然一新。明景泰《云南图经志书》说圆通寺"得盘谷之幽"，寺中有日本僧人建的"翠微深处"轩和"古木回岩"楼，大殿以西又有心印堂、悠然斋等，幽深清静，修行胜境。清初吴三桂大修圆通寺，将山门向南移出数百步，直到今天的圆通街，又立了一座"圆通胜境"牌坊，奠定了今天圆通寺的规模。

和一般佛寺相比，圆通寺独特之处不少：

老建筑

清末的圆通胜境坊

民国初期的圆通胜境坊

抗战时期的圆通寺大殿

如今的圆通寺水院

一方"元封元年春元月奉召书于富嵩之石壁"的"寿"字摩崖石刻把补陀罗寺（圆通寺）的始建年代定格在唐兴元元年（784年）

圆通寺大殿双龙盘柱奇观

一、全国罕见的"退坡"水院佛寺建筑。

从建筑地势看，从佛寺山门到大殿，总是前低后高，逐层上升，称之为"步步高"，以显尊荣。圆通寺却正好相反，前临五华山，后靠螺峰山，建在两山之间的谷地里。进入山门，由南向北，就是一路向下的缓坡。从"圆通胜景"牌坊到弥勒殿、放生池、八角楼，沿中轴线一路走低，而以圆通宝殿为最低点，低于寺门达10米，寺后普陀岩又突兀而起，于是有"进门才见寺，进寺才见山"之妙，被称为"倒坡寺"，全国罕见。

坊间有人说，圆通寺坐落凹地，北靠螺山，西临翠湖，南有闹市，背有依靠，左右扶持，寺前开阔，整个地形有"聚宝盆"之妙，奇贵无比。实际上，这种寺院建筑布局和佛教的观音崇拜有关。圆通寺前身叫补陀罗寺，"补陀罗"和"普陀"一样，都是梵语的音译，指观音菩萨的道场。最早传入南诏的佛教是阿叱力教，主要供奉的是观音。补陀罗寺——圆通寺的"步步低"设计，就暗含了观音退水、伏镇罗刹之说。

圆通寺建筑群的中心是一个方形放生池，面积2000多平方米，池水正中小岛建有一座八角楼，楼高两层，双层出檐，八角攒尖顶，上下围廊，大红亭柱，斗拱画梁，黄琉璃瓦覆顶，楼中立有观音像，又暗含观音居于南海之意。放生池南有天王殿，北有圆通宝殿，又各有一座三孔白石桥与八角楼相连，寓意"普度众生"，由此形成全寺的中轴线，层层递进，把天王殿、八角楼、圆通宝殿连成一个整体。放生池东西两侧为抄手回廊水榭，绕池连接对厅，构成园林式水院格局，与肃穆的佛教寺庙浑然一体，成为独特的退坡水院佛教建筑群。

二、观音殿供奉如来佛。

"圆通"是观音菩萨的名号之一，补陀罗寺

圆通宝殿释迦牟尼佛像前柱上的善财童子塑像，据说是迁移观音塑像后留下的

圆通宝殿释迦牟尼佛像前柱上的龙女塑像，据说也是迁移观音塑像后留下的

圆通宝殿后侧阿弥陀佛身旁的比丘肋侍塑像，据说塑的是吴周二号人物胡国柱

圆通宝殿后侧阿弥陀佛身旁的将军肋侍塑像，据说塑的是吴周大将马宝

称圆通寺，寺中大殿又叫圆通宝殿，供奉的主尊菩萨就应该是观音。考察圆通寺史，从南诏始建的补陀罗寺起，一直是观音道场。南宋后期，蒙古军队强攻昆明城，补陀罗寺被毁。元代中期重建圆通寺，主持换成了禅宗僧人。清初吴三桂再修圆通寺，规模又得扩大。清同治年间，圆通寺遭受水灾，佛像损坏，到光绪年间才得重修。

圆通寺后咒蛟台上的南传佛教铜佛殿

圆通寺大殿前左方的藏传佛教普光明殿

圆通寺大殿经多次重修，仍以观音法号为名，称"圆通宝殿"，但大殿供奉的主尊却改成了释迦牟尼"三身佛"，唯佛座前柱上还立着观音菩萨的侍从"龙女"和"善财童子"，这又是"中国唯一"。

三、男、女身观音聚于一殿。

经历次重修后，原本立在大殿里的观音菩萨被移到殿南放生池中的八角楼里，共有两尊，一南一北，一刚一柔，背对而立：一为男身檀木千手观音，一为女身白玉净瓶观音。唐代南诏佛教自成一家，为独特的阿叱力教，主要供奉的是阿嵯耶观音，为男身。当时兴建的补陀罗寺（今圆通寺）是观音道场，供奉的就是阿嵯耶观音。按佛经的说法，观音菩萨本来就有"示现三十三身"，出现男身并不奇怪。还有人据佛经称，观音从印度传入中土时就是"勇猛丈夫""善男子"，传入中土后，不但能救苦救难，还被赋予"送子"的神力，引得闺中女子竞相参拜。为避免尴尬，观音就以女身出现了。内地寺庙中也偶见男身观音形象，唯昆明地方文化包容，既能"容"女身观音，也能"容"男身观音，更以一寺一殿而兼"容"男、女相观音，浓缩了一部观音形象发展史，堪称一奇。

此外，圆通寺天王殿（弥勒宝殿）中还有一尊端重庄严的"女身弥勒"像，和通常所见袒胸露腹、笑口常开的弥勒佛像大不一样。原来弥勒佛也有各种化身，女身弥勒虽不多见，却也是有来历的。早在东汉之时，中原就有《弥勒为女身经》流传于世，今存部分经文，称弥勒菩萨曾受女身并为佛所度化。有学者认为，女身弥勒"体现了弥勒信仰对女性的宽容，是大乘佛教时期女性地位提升的表现，获得了较多的女性信仰者"（唐嘉《＜弥勒为女身经＞探微》）。

四、三大佛教体系聚于一寺。

圆通寺大殿面阔七间，重檐歇山顶，黄琉璃瓦屋面，殿前埗台阔大，大殿四周围廊，大红廊柱，彩绘斗拱，气势宏伟，庄严华丽，和寺中天王殿、八角楼一样，都是汉传佛教禅宗佛殿的布局。1985年，为迎奉泰国佛教界赠送的释迦牟尼铜像，在圆通宝殿后兴建了铜佛殿，为泰式建筑，精致纤巧，流光溢彩，被称为内地最早的南传佛教佛殿。殿内释迦牟尼鎏金铜佛高3.13米，重4.7吨，体态轻盈，手臂浑圆，曲线流畅、面貌端庄，体现了南传佛教佛像特点。后来又在大殿东侧兴建一座"普光明殿"，又是藏传佛教殿宇，供奉"摩诃古日如来佛"即释迦牟尼佛祖，旁边是格鲁派（黄教）祖师宗喀巴和宁玛派（红教）祖师莲花生，两壁有浓墨重彩的藏式壁画。这样，圆通寺以一寺而融合汉传佛教、南传佛教、藏传佛教三大体系，为中国寺庙之绝无仅有者，充分体现了云南佛教文化包容的特点。

圆通寺铜佛殿内挂有四幅彩图，表现释迦牟尼出家、成道、初转法轮、涅槃四圣迹，分别由昆明华亭寺、宾川鸡足山、西双版纳总佛寺和香格里拉松赞林寺敬献，象征着云南汉传佛教、藏传佛教和南传佛教的和谐共荣。而圆通宝殿、铜佛殿、密宗殿内的释迦牟尼造像，又显示了佛教三大教派之间的差异，代表了云南佛教体系完备的特点，让人大开眼界。

五、佛、道、儒三教相融于一寺。

圆通佛寺还包容了不少道教元素：从大门到牌坊再到天王殿，距离之长，有如道教的三天门；"圆通胜境"牌坊上有木雕八洞神仙、南极仙翁、福禄寿三星等道教神仙；大殿东西两壁塑有道教

圆通寺后纳霞屏上的张三丰石刻像

清末圆通胜景坊下的乞讨者

文武仙官、护法天君等24尊塑像，与佛教诸佛、菩萨罗汉共处一堂；寺后衲霞屏上，还有清人所刻砂石碑观音像，相传为宋代画家吴道子手笔，有清康熙年间所刻儒将关羽像，有清末民初摹刻的张三丰仙师像、济公活佛像、纯阳大帝像等，而早年沿普陀崖而上，还有一组道教建筑，如一天门、二天门、灵官殿、吕祖阁、大士阁、文昌阁、玄天阁等，铁索危蹬，云出阁底，风自下生，都是绝好之景，佛、道、儒

兼容，气度不凡。

六、兼容帝王将相、凡夫俗子。

圆通宝殿内主佛两侧有龙柱一对，高达10米，雕有张牙舞爪的青黄二龙，一说与镇蛟除害有关，一说与天子有关。"龙"为皇帝标志，据说明初建文帝朱允炆出家避难，曾暂居圆通寺中。清代塑龙，有暗示历史之意。又传说清嘉庆年间，昆明连日大雨，殿中泥龙曾飞出大寺，与翠湖九龙池的九龙相斗。

据说清代吴三桂重修圆通寺时，在大殿正龛后面塑了自己和两个亲信胡国柱、马宝的造像，以"供养人"自居。后来吴三桂塑像被推倒，重塑西方三圣像，而在阿弥陀座前保留了马宝和胡国柱的塑像，为主尊阿弥陀佛的两个胁侍：一为将军身、一为比丘身。一说马宝在明末清初的混战中保全过昆明城，百姓感念，因留其像。胡国柱则是吴三桂女婿，与马宝同为"顾命大臣"，扶立吴三桂之孙吴世璠为帝，最后抵抗清军而死，为何留下其塑像，成为一谜。除此之外，大殿东壁上还有传说中的许仙之子高中状元后赴雷音寺还愿的塑像等。

由此看来，圆通寺之"大肚能容"，不但容得下佛教各派，还容得下道教神仙，容得下帝王将相、凡夫俗子，可谓"有容乃大"。圆通寺的"圆通"，是昆明文化包容的"圆通"，是真"圆通"。圆通宝殿有一副楹联以"圆""通"开头，上联有"圆如满月丽天，靡幽弗现，广照大千世界"之句，下联则有"通喻慈航泛海，无往不达，普度亿万众生"，都有包容之意。当然，圆通寺也有不能容之事。清光绪二十五年（1899年）七月，法国人没经任何许可，强占圆通寺八角亭，作为他们的"领事馆"办公地。当时昆明县衙就近在咫尺，竟然奈何他不得。庙会时期一到，昆明人不能进寺，1000多人愤而绕山道进入寺内，与法国人理论。纷乱之中，法国人不得不退出。当时有纪录说昆明百姓"众志成城，奸夷丧胆，即日迁出"。一方圣地，终于得保。

○东寺塔、西寺塔：昆明最古老的镇水"灯塔"

昆明建造最早的佛塔有两座：东寺塔和西寺塔。两座佛塔都在昆明城南，隔东寺街、书林街遥相对峙，与城北大德寺双塔南北遥望，成为昆明的重要地标建筑，如今都是全国重点文物保护单位。

东寺塔原在常乐寺内，故又名常乐寺塔。西寺塔在慧光寺内，又称慧光寺塔。两塔始建于唐代，但具体年代有三说：一说为唐贞元初年，一说为之后的唐元和三年（808年），一说为唐宣宗大中八年（854年），和大理三塔的兴建大致同时，为南诏弄栋节度使王嵯巅所建，主持者是王嵯巅从内地掳掠来的工匠（一说是僧人）

尉迟恭韬。近代维修两塔时发现部分塔砖印有汉字和梵文，或为佛咒，或为窑户姓名，可以为证。

如今的东寺塔高40.57米，底座边长10.2米，无地宫；西寺塔高35.54米，底座边长约7米，下有深1.5米的地宫。两塔均为方形十三层密檐式空腔砖塔，形制与西安小雁塔、大理崇圣寺主塔相似，可见三者之间的文化联系。塔身第一层较高，南面壁设有门洞，内有木梯，盘旋直上第十层。第二层以上各层奇偶交错，设有佛

早年从东寺塔年西寺塔

早年从西寺塔看东寺塔

龛或券门，佛龛内有砂石佛像和菩萨坐像，雕刻精致，气势不凡。塔身至第七、八层最宽，往上呈抛物线骤然收紧，轮廓独特，塔刹由相轮、圆光、华盖、宝珠组成。1979年3月，东寺塔的塔刹被大风刮落，1981年请大理工匠修复。

自古以来，东西寺塔就是昆明城的标志，以"双塔挺擎天之势"（元·王升《滇池赋》）著称，清人李翊有《昆明竹枝词》曰：

东塔兀兀入层霄，西塔隐隐出云标。

两塔日夜长相见，不似狂夫去独遥。

东、西寺塔屹立千年，奇异之处不少：

其一，两塔重建，互为蓝本。

东西寺、塔建成数百年间，历经磨难，两寺毁而两塔存，而两塔也多灾多难。明代的弘治十二年（1499年），昆明发生大地震，西寺塔倾倒东寺塔存，4年之后比照东寺塔重建西寺塔。而到了清道光十三年（1833年），昆明又遇大地震，这回

抗战时东寺塔已见倾斜

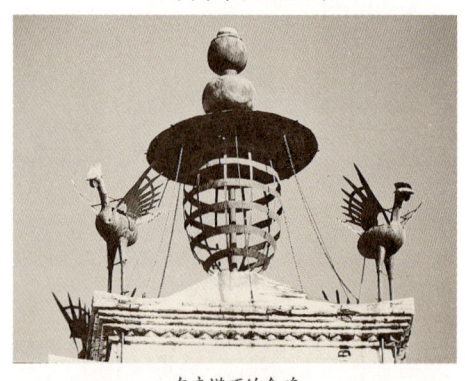

东寺塔顶的金鸡

东寺塔身的佛龛

倒的是东寺塔,不倒的是西寺塔。50年之后,到清光绪九年(1883年)才重建东寺塔,蓝本又是西寺塔。二塔先后毁于地震,又先后按对方的样式重建,这在中国古塔建筑史上独一无二。"由此可以证明,二塔皆保有唐代式样。"(王海涛《昆明文物古迹》)

其二,斜塔之秘。

东、西寺塔还是有名的斜塔,而且倾斜明显,一望即知。据1981年和1984年测定,东寺塔顶部中心向西南倾斜52厘米,西寺塔顶中心也向西南倾斜43厘米。一般认为,两塔的倾斜是地基沉陷引起的。但两塔倾斜方向都正对昆明地区的信风口,迎着印度洋刮来的西南风,这又引起了猜测:是不是古代建塔者有意为之,以倾斜的塔身来对抗猛烈的西南风?此说根据不足,全国佛塔建筑亦无此例,难以理直气壮。但昆明东、西寺塔的另一奇观却给了"斜塔设计"说一个依据:昆明东、西寺塔顶四角都立有铜质金鸡,高约2米,东西寺塔因此又称金鸡塔。据考察,置于两塔塔顶西南、东北角的两只金鸡腹中空空,口中装有哨簧,西南风吹袭之时,便会发出"喔——喔——"之声,如雄鸡长鸣,因口笛锈蚀,金鸡长鸣景象不再。而立于东南、西北的两只金鸡则口中无笛,不会发声,民间称是母鸡,自然不会鸣叫。可以看出,东、西寺塔的建造者已经有了利用西南信风鸣笛的设计,进而建一座斜塔以对抗强悍的西南风,也不是不可能——昆明"斜塔"是天作还是人为,又是一谜。

其三,两塔曾为灯塔。

明代之东、西寺塔,既为佛教圣塔,又为夜行者指路灯塔。西寺塔曾于明弘治十二年（1499年）地震时倾倒，后于弘治十六年（1503年）重修，留下《建塔存功记》石碑，置于西寺塔第六层南佛龛内。据此碑所记，当时东、西寺塔"高千四百尺，蠢然十三级，其中梯转其上，四面启砢户四十空，暮夜燃光明，华灯移照，灿烂宛如列宿，环曜下土，铃铎声闻四野。四方来者至碧鸡、金马，竦视而先悦焉。此一方之伟观也！"

500多年前，东、西寺塔距滇池湖岸并不远，南面就是螺蛳湾，为早年盘龙江入湖口，徐霞客就曾在此乘船直抵晋城。东、西寺塔夜间灿如星宿，自可为夜渔、夜行者导航，实有今天"灯塔"之用也。

其四，金鸡非鸡。

东寺塔顶有铜球、铜刹，又有铜质金鸡。民间传说，金鸡原为金制，名副其实，后曾被洋人偷去，金鸡马上化为铜鸡，不鸣一声。洋人见其无用，便弃之野外。金鸡复又大鸣，昆明人寻回此鸡，重立之塔顶，铜鸡又变回金鸡，日日长鸣，令人警醒。

据考证，东寺塔顶之"金鸡"实为佛教"天龙八部"中的迦楼罗。按佛经之说，迦楼罗以孽龙、害龙为食，是镇压水患的护法天神。昆明濒临滇池，境内水网纵横，有盘龙江、九龙池（翠湖）、黑龙潭、蓝龙潭、白龙潭等，历来为所谓"藏龙"之地，古代昆明人认为，这些龙一旦作祟，兴云作雨无时，昆明就有水旱之灾，于是把迦楼罗请来，高踞塔顶，坐镇城南，面对滇池，认为可以威慑恶龙，让水旱缠身的

早年的西寺塔

西寺塔龛里的佛像

西寺塔上的唐代塔砖

昆明风调雨顺，五谷丰登。

昆明民间传说，当初建塔镇压恶龙之时，恶龙问何时能放出来，得到的答案是要到"铁树开花马长角"之时。后来有人在东寺塔前晒花被子，塔下就传来隆隆的响声，塔基也震动起来。有老人说这是恶龙以为"铁树"正在"开花"，正在准备复出。于是人们赶快把花被子拿走，东寺塔才恢复了平静。昆明东、西寺塔之间的一口井被称为"锁龙井"，据说人们用两座塔镇住了恶龙，又怕恶龙拼命挣扎，镇压不住，为防万一，便开凿此井，定时打开井盖，让恶龙透气，同时进行祭祀，以安抚恶龙——这些传说也从一个侧面证实了建塔之用。

其五，街、寺名称相异。

昆明西寺塔在东寺街，东寺塔在书林街，被称为昆明一怪：东寺塔不在东寺街。

原来，东寺塔以金鸡震水，却难防震。清道光十三年（1833年）七月二十三日，昆明大地震，东寺塔倾塌，直到50年后的清光绪九年（1883年）才兴工重建。因为原来的塔址地势低洼，基础不实，便另外选址，向东移数百步，仿照西寺塔式样、规模重建。东寺塔原在东寺街旁，这一来就移到书林街那边去了。

其六，营造之秘。

东、西寺塔的建造，民间相传和大理三塔一样，均为"堆土造塔"，即先垫一层土，再修一层塔。塔建好，又将土挖去，塔身显现，这又叫"挖土现塔"。昆明东、西寺塔屡毁屡建，已非原物。1979年维修大理千寻塔时，发现塔身四面方孔成排，许多方孔外塞砖块，内嵌木料，非常紧实。有学者认为，这些木料应为当时搭脚手架时的横排木，拆架时没有取出，留存至今。这证明古代建造三塔并非"堆土造桥"，而是"搭架造塔"——若此说成立，则昆明东、西寺塔也应为"搭架造塔"而成。

○大理国经幢：滇中佛像雕刻艺术极品

大理国经幢全称"佛顶尊胜宝幢"，又名"地藏寺石幢""梵字经幢""梵字塔"等，俗称"古幢"，1919年在拓东路地藏寺废墟上修建公园时出土，后留置园内，称"古幢公园"。经幢现藏昆明市博物馆内原出土处，是云南现存最古老的佛教建筑之一，为全国重点文物保护单位。

在明代天启年间的《滇志》中，这座经幢被称为"梵字塔"，在云南府城（今昆明老城）东边的地藏寺。相传是外域僧人用来镇压邪魔的，塔上建有小阁。从前有人拆下塔顶，但见一股黑气直喷而出，只好重新封512。据清道光《昆明县志》记载，这座经幢有七级，"高二丈余"，为八面体，周围刻满梵文。而今考证，大理国经幢为实心石塔，七层八面，高约6.73米，通体雕佛、菩萨及天王等佛像共262

尊。第一层雕刻段进全所撰汉文《佛顶尊胜宝幢记》和梵文《佛说般若波罗蜜多心经》《大日尊发愿》《发四宏愿》；第二层刻四大天王和梵文《陀罗尼经》；第三层以上浮雕释迦牟尼、菩萨天王、楼宇殿堂、九龙飞禽等。其中第三层北龛内有四十手观音，手持各种法器，雕刻在手掌般大小的石块上。第六层雕刻四座仿木结构庑殿，有瓦当、滴水及十字斗拱，又可供研究宋代大理地方建筑。全幢雕刻技艺精湛，线条鲜明细腻，形象惟妙惟肖，具有浓厚的地方民族艺术风格。据清道光《昆明县志》记载，经幢"其上五级皆刻佛像，五色填之"——原为彩色佛像，今出土后，全为石料本色矣。云南地方学者方国瑜称其"雕刻佛像最精，世人咸为惊异，滇中艺术，此其极品也"，更被誉为"中国仅有之作"。

这座经幢的建造时间，从《佛顶尊胜宝幢记》中可以推知为南宋末年。建造者是大理政权的高级官员袁豆光。唐南诏中期，佛教传入云南，到大理时达于极盛，无论国王臣民，皆笃信佛教。袁豆光建造此幢，就是为了赞颂鄯阐（今昆明）侯高明生的功德，以示效忠大理国王之意。经幢出土于拓东路金汁河边，这里是古代大理鄯阐城旧址，1923年改建为古幢公园。

经幢属于汉传佛教的密宗系统，盛行于唐初，全国都有。和昆明的这座大理国经幢一样，多刻有《尊胜陀罗尼经》。这部经书记载了佛祖的说法：此经能净一切恶道，除一切生死烦恼，如果有人听见这个经的一句，他前世所造的一切要下地狱的恶业全都消灭。于是建经幢刻《尊胜陀罗尼经》盛行一时。据说顺时针方向绕此经幢七圈，口诵《尊胜陀罗尼经》，就能消灭罪孽。北宋以后，经幢随着密宗的衰竭而衰竭。从这个意义上说，这座建于南宋末年的大理经幢自有特殊的研究价值。

早年的大理国经幢

大理国经幢上的站姿雕像

关于这座经幢，昆明民间也有不少传说。一说旧时昆明九龙作乱，洪水横行，后来一位和尚收伏九龙，锁在井中，自己坐在井盖之上，诵经不止，昆明得免于水患。后来和尚要远行，便造经幢于此，上刻和尚所念经文和菩萨，作为化身继续镇压蛟龙，声称蛟龙想出井，除非铁树开花。传说有一新任云贵总督入昆明城，在地藏寺歇息之时，天热难耐，就把官帽取下放在经幢围栏之上，忽然听见井内涛声如雷，经幢震动，乌云汇聚，暴雨在即，总督大人不知所措。当地官员说井中蛟龙误认总督官帽上那"顶戴花翎"为"铁树花开"，因而作怪。总督慌忙将官帽取下，于是风波停息。但这位总督最后也未能治好昆明河池，水灾频频，终被免职。清道光《昆明县志》和民国《昆明市志》都记载说："相传昔人有折其顶者，黑气垒涌而出，封之如故。"传说大同小异。

其实，经幢下面并没有水井，经幢所在之地原有一座地藏寺，大概同时也就建了这座经幢。后不知何年何月，地藏寺倾毁无存，石幢也被埋在地下数百年之久，直到1919年才出土，于是建公园保护，称"古幢公园"。种种民间传说则反映了昆明历史上水患频繁的现实和昆明人治水的愿望。

○筇竹寺五百罗汉："东方雕塑艺术宝库中的明珠"

昆明玉案山筇竹寺五百罗汉为中国古代泥塑佛像珍品，有"东方雕塑艺术宝库中的明珠"之誉。

筇竹寺五百罗汉塑于清光绪年间，出自民间雕塑大师黎广修师徒之手。黎广修是四川合州（今重庆合川区）人，少时曾读诗书，后随父辈从事雕塑，能诗善画，颇具佛学修养，曾塑四川新都宝光寺五百罗汉，名扬一时。当时筇竹寺长老梦佛法师云游四川，见黎广修所塑佛像不同凡响，与之攀谈，更觉奇人，便邀黎广修到筇竹寺塑像。

清光绪九年（1883年），黎广修率其徒林有生、飞良等五人来到筇竹寺。传说黎广修见梦佛法师资财不足，难以为继，便向总督岑毓英募化。岑毓英面有难色，黎广修于袖中手捏其形，出示岑氏，称要将其塑为罗汉，世代香火供奉。岑毓英近前一看，惟妙惟肖，轻轻一捏，像犹软湿。岑毓英啧啧称奇，

流光溢彩的筇竹寺

据说这位罗汉就是按黎广修自己的模样塑成的

配殿里的罗汉塑像

栩栩如生的罗汉塑像

大为叹服，一口应承，于是动用府库，捐助功德，塑像终得完成。

佛教中的阿罗汉正在修炼成佛，非人非神，在人神之间，创作空间极大。黎广修所撰筇竹寺联云：

大道无私，玄机妙语《传灯录》；

仙缘有份，胜地同登选佛场。

在黎广修看来，佛道无私，人皆有佛性，人皆可成罗汉，同登佛场。有此独到之想，就有独到之作。黎广修师徒出自社会底层，各色人等，音容笑貌，胸有成竹者不少。传说其塑像之中，甚至有其本人和五个徒弟的形象。唯其又不满足，塑像之时，又千方百计在市井中捕捉形象，熔铸其中。传说黎广修每觉塑像难以下手，便至玉案山下黑林铺茶馆小坐，但见相貌奇特、性格特别者，即细心观察，即时勾画草图，捏出小样。每逢城中街天，黎氏师徒便赶早进城，暗访市场各色人等之性格、神态、衣饰，作为素材。有了丰富的积累，黎广修塑像时得心应手，不落俗套。据说黎广修甚至把当时进入昆明的外国人形象也纳入了他的五百罗汉中，黎广修的大胆塑造、

据说这位罗汉就是按当年外国人的形象塑造的

梦佛法师的宽容,正体现了"佛法广大,无所不包"的精神(白化文《汉化佛教与佛寺》)。

从清光绪九年(1883年)至光绪十六年(1890年),七载寒暑,呕心沥血,黎广修终于将彩色泥塑的五百罗汉呈现在世人面前。

与一般罗汉塑像相比,黎广修之罗汉大不同处有二:

其一,"人味多而神味少"。黎氏借罗汉形象,佛教题材,表现凡人面貌,生活气息,极为精到。观其五百罗汉,或虎背熊腰,袒胸露腹;或形销骨立,皮里抽肉;或三五成群,高谈阔论;或左顾右盼,声气相求;或低头沉思,窃窃私语;或慈眉善目,笑容可掬;或劳天拔地,口渴面赤……皆栩栩如生,神采奕奕,无一雷同,如见清末社会各阶层人等。

其二,黎氏之塑罗汉,不但精塑其身,更精塑其心,体姿风度,各具妙态,无一雷同。更夸张极致,张扬个性,极尽俯仰屈伸之妙,喜怒哀乐之情,是为绝品。

据专家之论,黎氏雕塑手法独特:其线条纤细,兼工笔画之精妙;其神色写意,有水墨画之风韵;其之着色,多袭传统之法,重彩艳丽,对比鲜明,协调大方;其之用颜料,则以矿物研末自制,久不变色;其衣饰贴金,片薄纹美,植物胶粘,熨帖自如,至今仍闪闪发光;其塑罗汉之身与外物,衣带折叠扭转、内外穿插,则以镂空、圆雕为之,流畅劲健,玲珑剔透,自是不凡。罗汉手中之花、之杖、之鞭,亦多从就近山中采择,略加制造而成,古朴自然,浑然天成。

筇竹寺五百罗汉塑像分布于大雄宝殿两壁及梵音阁、天台来阁,塑像高约一米,分上、中、下三层,上、下两层多为坐像,中层多为立像,中间一层,举目即见,至关重要,为黎广修亲手所作,颇多精品。据说黎广修师徒的形象也在五百罗汉之中,不知是何模样,让人想象。

○曹溪寺："天涵宝月"和"日映佛肚"

曹溪寺是汉传佛教曹溪宗寺庙，位于安宁葱茏山间，螳螂川西畔。寺中大雄宝殿全系木结构，以斗拱为梁柱支撑点，古朴庄重，抗战时古建筑学家梁思成曾到此考察，认为有宋代建筑特点，梁柱结构以斗拱为支点，力学计算精确。20世纪50年代维修时，曾于梁柱上发现宋朝年代的字迹，证明大殿建筑仍保留宋代建筑构件，时人多称"南宋古殿"，为云南现存最早和比较完整的木结构建筑古刹。大殿中供奉木雕"华严三圣"坐像，高约一米，大小近似真人，造型庄严肃穆，雕刻精美，经专家鉴定，为国内有数的宋代木雕造像。

抗日战争时期的曹溪寺大殿

在寺中大殿两侧，有元代种植的优昙树和梅树。明嘉靖年间，四川状元杨慎来到寺中，得见"昙花一现"，曾赋文赞颂此花为"天宫分种"，祥瑞所钟，另一侧的元梅名列云南四大古梅之一。大殿前又有一座日晷，依靠铜质标针的投影测出时间、节令和方位。抗日

曹溪寺大殿上方有个独特的圆孔

战争时期，1943年，原交通部技术厅机务室驻在寺中，经测算后设计制作了这座"曹溪日晷"。后来被毁，却再得恢复原貌，成为文物，实属不易。明嘉靖年间，曹溪寺得到重修，居住在寺中的四川状元杨慎为此写了一篇《重修曹溪寺记》，由萧柅集唐代著名书法家李邕的字体组写，再镌刻成碑。碑文出自状元，写的是云南名胜，

书法用名家之体，故称"三绝"碑，如今立在大殿一侧的碑亭中。

曹溪寺大殿前方上下檐正中，有一木质圆窗，外方内圆，直径42厘米，圆内凿为空洞。据传每逢甲子年中秋之夜，秋分节令在酉年中秋之时，皓月东升，高至50度时，月光透过圆窗，直射释迦牟尼佛像前额，其圆如镜，先悬额端，随月亮渐渐上升，光影渐渐下移，沿大佛鼻梁直下，嵌于胸前，又移至肚脐，顷刻涤然而逝。曹溪寺大殿正门上有"天涵宝月"大匾，说的就是"曹溪映月悬宝镜"奇观，此景又称"曹溪映月"，誉称"天涵宝月"，民间则说是"月映佛肚"，成为"安宁八景"之一。此情此景，

佛像上方的"天涵宝月"匾

据说和昆明城的"金碧交辉"一样，60年才得一遇——所谓"金碧光辉之时，是正值'月印佛像'之日"（民国·杨黎《萍踪识小》）。抗日战争时期，著名古建筑专家梁思成等考察曹溪寺称："曹溪寺始建于宋，现存建筑为光绪七年（1881年）重建，其主殿'天涵宝月'殿仍保留着宋元建筑的特征。在'天涵宝月'殿的上檐正中留有0.3米径的圆孔。据说每逢甲子年中秋月夜，月光直射佛像，由鼻子至肚脐，人称这是'月印佛像佛印月'。"（《中国古建筑图典》）当地也有民谣唱道：

八月曹溪寺，圆光照佛陀。

如遇风雨时，甲子等闲过。

近年有人指出，地球在太空的位置变化，并不以60年为一周期，因此，"曹溪印月"60年一遇之说不确。清初《安宁州志》就有记载，每逢二月、八月十五日前后，多在春分、秋分时节，"月照佛胸，其圆如镜"。还有人说，除了"月映佛像"之外，曹溪寺还有"日映佛像"。"月映"仅两三天而已，"日映"可长达一周。近年有专家证明了"日映佛像"，时间是3月中旬的上午，阳光投影不在佛像正中，而稍偏右，而沿着佛像右耳位置下移。此后曹溪寺又迭经大修，大殿前额正中的圆窗仍得保留，但无法确认是不是仍在原位，"日月之映"还能验证否？

○官渡金刚塔：中国最古老的金刚塔

昆明官渡金刚塔为石结构座式方形喇嘛塔，按塔基墙上所嵌清代康熙年间的《重修妙湛寺塔记》石碑所说，此塔始建于元代至元年间（1271～1340年），而据另一块明代天顺年间的嵌壁石碑《新建妙湛寺石塔记》记载，始建于元代的是妙湛寺，此塔则新建于明天顺二年（1458年），两说相差百年之久。有人折中，称此塔始建于元代至正年间，后来被毁，明天顺二年（1458年）重建，清康熙年间遭地震破坏，又得重修，留存至今。即使按明天顺二年计算，此塔也是中国现存最古老、保存最完好的金刚宝座石塔，更不用说，此塔全部用砂石砌成，在中国绝无仅有，已被公布为全国重点文物保护单位。

早年的官渡金刚塔

官渡金刚塔台基高4.7米，边长10.4米，上层周边围有石栏。台基上立有5座佛塔，代表佛教密宗的金刚部五佛祖，正中为主塔，代表大日如来佛，四角各立一座小塔，分别代表东方部主阿閦佛，南方部主宝生佛，西方部主阿弥陀佛，北方部主释迦牟尼应身佛。主塔高达16米，下为正方形须弥座，边长5.5米，高2.7米，四角雕有拱卫力士，四面有五佛坐骑狮、象、双马、孔雀、迦楼罗浮雕，刀法娴熟，古朴生动，为古代石刻的精品。主塔塔腰13层，中间收缩为葫芦形，下半部为七圈莲瓣，又称七宝金刚圈，上半部状

大塔基座上的浮雕和四角的天神雕像

如覆钵，四面开眼光门佛龛，内有佛像，称四面佛，其上有塔刹、宝盖等。四角的小塔形如主塔，高约5米。五塔一主四副，参差错落，成为供养金刚界五部佛祖的神坛，并由此得名金刚塔。

和国内现存金刚塔相比，官渡金刚塔特点不少：

第一，其形式为"法曼陀罗"，在金刚塔中境界极高。

按密宗佛教的说法，表现金刚界五部佛祖曼陀罗（神坛）的佛塔有多种境界：

金刚塔基座十字券洞穹窿顶部镶嵌的铜铸雕版。四角云纹，中心浮雕八叶莲花，跌坐八如来。正中大日独坐，共是九佛。这是表现金刚界佛众的法器，叫"金刚界九会曼陀罗"。

塔身四壁刻满菩萨像为"大曼陀罗"，塔身不刻菩萨、仅刻佛的法器以暗示佛的存在称"三昧耶性曼陀罗"，如果不刻佛像和法器而刻写密宗咒语"种子真言"以示神佛的存在又称"法曼陀罗"，级别最高。（王海涛《昆明文物古迹》）官渡金刚塔北券洞门额刻有梵文六字真言，南券洞也有"真言"门额，但多半剥蚀，残留的梵文已无法辨读了。与繁复精致的"大曼陀罗"金刚塔相比，官渡金刚塔显得简洁明快，古朴典雅，境界不凡。

第二，位居闹市、随机度人的方便法门。

官渡金刚五塔下的台基开有东、南、西、北四座券门，有券洞十字贯通，可供路人穿行，民间又称之为穿心塔。东券门上方石额刻"延寿法门"四字，西券门上方石额又刻"功德宝塔"四字，券洞十字交汇的中心穹顶嵌有一个铜铸金轮，四角饰有云纹，中间雕刻有八叶莲花，各有一尊如来佛坐像，又有大日如来佛独坐莲花正中，形成金刚界"九会曼荼罗"。九佛在上，人过其下，即拜大佛，可得护佑，积累功德，延年益寿，方便之极。对于笃信佛教的昆明人来说，这一点非常重要。当地人平时出门要行塔下，若有人生大事，如进城上京赶考、乘坐花轿完婚，更必穿金刚塔而过，以求吉祥如意。抗日战争时期，日机轰炸昆明，当地百姓跑警报，也把金刚塔下的券洞当作防空洞。在他们眼中，金刚塔牢不可破，藏在塔下更可以得到神明的护佑，躲过倭祸。

东券洞上方的"延寿法门"刻字

西券洞上方的"功德宝塔"刻字

北券洞上所刻密宗"种子真言"之六字真言

南券洞上的"种子真言"已剥蚀不清

在封建统治者眼中，金刚塔主塔高耸、四角小塔环围，暗合天子居于中央，统治四方之意。建一座金刚塔，对坐镇水陆要道，吞吐四方行人，收拾边地人心，稳定封建统治，都有作用。人过金刚塔门洞，不仅是对金刚佛的礼拜，也是对封建统治的礼拜。同是密宗佛塔，昆明城东的元代白塔基座上开有一字形对穿券洞，官渡金刚塔开为十字形相交的双券洞，以容纳更多的行人。官渡金刚塔建在妙湛寺前道路要冲，清代康熙晚期，官府更把附近五谷寺的"九转花街"集市迁移到金刚塔周围，并在金刚塔北侧的戏台演出滇戏、花灯，让四方百姓会聚于此，穿行金刚塔下，礼拜神权和皇权——于是，和国内其他深居寺庙的金刚塔相比，官渡金刚塔位居闹市，人潮如流，市声沸腾，自是一番人间佛塔的风景。

第三，独特的贝丘地基。

官渡金刚塔以西曾发现一个巨大的螺壳堆，东西宽10余米，南北长50余米，高近4米，壳堆中出土了许多三四千年前新石器时代的器物。官渡金刚塔就建在贝丘上。据考查，这个贝丘仅仅是露出地面的部分，实际上整个官渡古镇几乎都建在螺壳堆上。在官渡古街古巷中，至今还见得到用螺蛳壳和黏土夯成的院墙。清康熙《云南府志》称："俗传有螺精为患，建此（金刚塔）镇之。"又说："其处有山，周一里许，皆螺壳积成。居人于平地，掘井深二丈余，亦皆螺壳，余无杂土。"

近年修整时发现，金刚塔基础全部用螺蛳壳拌黑胶泥夯实填成，再打下数百根沙松桩固定，用糯米饭和糯米汤拌红土砌石建塔，据说为此用尽了官渡乡绅、农民储藏的糯米。此塔立地500多年，历经多次大地震而屹立不倒，但由于地基松软，全塔整体陷入地下数米之深。近年采用现代技术将重达1350吨的整个塔体抬升2.6米，恢复了原状。

○万庆寺白塔：元王朝"坐镇都邑"的象征

昆明城东有白塔路，路上有近年重建的白塔，原塔建于元初，叫万庆寺塔，因塔身涂为白色，又称白塔。

元至元八年（1271年），元世祖忽必烈在北京兴建喇嘛教万安寺和白塔，同时要求各地效仿建寺立塔，以彰显大元王朝政权、神权在握。当时主政云南的赛典赤·赡思丁正修建中庆城，就在城东南小山

清末白塔下的街子

清末白塔下的街子散去之后

上仿照北京万安寺规制修建万庆寺。万庆寺有寺院，有塔院，寺院在北，塔院在南。

万庆寺、塔建于原大理国鄯阐城中心，有镇压前朝之意，又处于中庆城东出金马关的通京大道上，显示大元王朝在此"坐镇都邑"。取名"万庆"，意思是"万民永庆、万年永庆、万方永庆"等。

万庆寺塔的塔基上建有须弥座，上有仰莲座，形似葫芦，以承托塔身。塔身四方各嵌佛龛，龛中有佛像，塔基有洞，贯通南北，可供车马行人穿行，成为"穿心塔"。寓意人们每穿行一次，便向佛顶礼膜拜一次，也向元朝统治者致敬一次，以此教化人心，驯化臣民。

明代万庆寺逐渐荒废，仅留下一座万庆寺塔。到了清末，白塔一带被划入昆明对外开放的商埠，滇越铁路通车之后，这里交通拥挤不堪，1911年在此扩路，白塔被拆除。一说拆塔时从塔基下挖出黑米石余，"莫知其故"，大概是建塔时埋下的奠基之物，亦未可知。当时有人认为，白塔是清朝遗物，民国不应保留，理当拆除。云南"状元"袁嘉穀为此大呼"冤哉"（《滇绎》）。

原来白塔以东立有三尊青冈石烽墩，1930年被移到大观楼前的内湖中，成了昆明版的"三潭印月"。2002年在白塔路边重建白塔，让人凭吊那700年兴亡的历史。

○真庆观：通京大道上的"西南第一藻井"

真庆观在昆明市区拓东路上，原名真武祠，相传诸葛亮南征时修建，一般认为始建于元代。明初道教长春派国师刘渊然被贬到昆明，镇守云南的沐英为他建了三座道观，真庆观就是其中之一。后真庆观荒废，由于此处正当通京大道，朝廷传旨、朝官往来必经此地，当局又大兴土木，重建真庆观，以壮观一方，让朝廷来人感受云南"民物之富"。

真庆观规模宏大，中轴线上有前殿、老君殿、紫微殿等。紫微殿保留不少明代建筑风格，其屋顶中央有一覆斗形木结构藻井，顶上为八卦太极图，装饰微型如意斗拱，有圆、有方、有菱形，色彩华丽，工艺精致，古朴典雅，是道教建筑结构的杰作，被称为"西南第一藻井"。

清代真庆观多次重修。清初康熙年间在紫微殿东面增修了都雷府，以祭祀雷神。清光绪七年（1881年），昆明盐商集资在紫微殿北面修建盐隆祠。此后真庆观建筑多有毁坏，但主体建筑紫微殿一直得到较好的保护。近年真庆观古建筑全面重建，成为昆明城区占地面积最大的古建筑群。

老建筑

抗日战争时的真庆观大殿藻井

清代真庆观前的通京大道

抗日战争时期的真庆观和拓东路

抗日战争时期的真庆观大门

抗日战争时期的真庆观大殿

○金殿：中国现存最大的纯铜铸殿

昆明东北鸣凤山巅的真武铜殿是中国现存最大的纯铜铸殿，又称铜瓦寺，民间称"金殿铜房"，为全国重点文物保护单位。

金殿面阔三间，高6.7米，宽7.8米，进深三间，6.15米，用铜250多吨，总占地180平方米，为重檐式飞阁，纯铜仿木结构铸造。全殿立圆柱4行16根，莲花柱础，上为平顶八角藻井，以36块雕花格扇加枋拼成殿壁，前后各10扇，左右各8扇。殿中全部构件，从梁柱瓦顶、斗拱门窗，直到殿内神像神坛、经幢香炉、瓶炉香鼎、梁柱匾联、墙屏帏幔、镂空立柱、雕花格扇和殿外两座阁亭、北斗七星旗等，皆以铜铸雕而成。整个建筑布局和谐，结构严谨，线条流畅，镌刻玲珑，浑然一体，宛若天成，比北京颐和园铜殿更为完整，比湖北武当山铜殿更为宏大。可见300多年前，昆明冶炼浇铸工艺之精湛。今铜殿虽老态斑驳，而保存完美，风韵犹存。

"金殿铜房"立于两层台墀之上，上层以大理石镶砌，下层以墨石、砂石砌成，石栏上有飞禽走兽，人物故事浮雕，刻工上乘，古朴生动。传说雕刻者为一石匠，技艺精湛，欲以其雕扬名。不料铜殿落成，人人皆对铜殿铸工赞不绝口，而对台下石雕视而不见。石匠一气之下，跳崖而死。

关于金殿的故事不少：

金殿始建于明代后期，当时天下多事，云南盛产的铜运不出去，便留在昆明造铜殿，于万历三十年（1602年）落成。后到明崇祯年间，国将不国，世代镇守云南的沐氏造孽，却把罪过推到金殿身上。铜属金，金克木，"木"与"沐"谐音，那还了得？于是便把金殿大卸八块，搬到滇西的鸡足山去了。

清末的金殿道长

金殿棂星门前的青狮石雕

清代初期，吴三桂投靠清军，率兵打进昆明，勒死明永历帝，滥杀无辜，血债累累。其唯恐老天报应，在昆明大修寺观，又在鸣凤山上重铸铜殿，还诚惶诚恐，在大殿铜梁之上铸"大清康熙十年岁次辛亥大吕月十有六日之吉平西亲王吴三桂敬建"二十八字铭文，至今清晰可见。清廷平定吴三桂之乱，却留下吴三桂铭文，足见其时清廷自信。唯铜殿正面，高悬一"南无无量寿佛"铜匾，为平定吴乱之后，云南巡抚王继文所立。"无量寿佛"即佛家阿弥陀佛。以道观而悬佛匾，原出自湖北武当山传说：当初天柱峰建真武铜殿之时，山上已有无量寿佛殿，供奉阿弥陀佛。佛道相争，阿弥陀佛与真武帝君达成妥协，阿弥陀佛"让地不让佛"，真武金殿必须悬"南无无量寿佛"匾，但有朝拜真武帝君者，也须念"南无无量寿佛"。吴三桂铸道教真武殿，吴乱既平，王继文引武当山故事，在殿前高悬佛匾，以匾镇殿，似有深意。

清末金殿棂星门下的道人

除此之外，金殿道观里还有两个深深的佛教烙印，一是金殿紫禁城下棂星门前后所雕青狮白象各一对，分别高踞于大门左右石台之上。青狮白象是佛教的护法，其中青狮是佛教四大菩萨之一的文殊菩萨的坐骑，白象则是另一位大菩萨普贤的坐骑。青狮白象还是佛教的吉祥物，所谓"青狮献瑞，白象呈祥"是也。这里用"青狮白象"雕像表示鸣凤山为祥瑞之地，显然用的是佛教的建筑语言。另一处佛教印记就在铜殿四周的门栏上。门栏分上下两段，上段布满"寿"字，更多的却是"卍"符。"寿"是道家的追求，棂星门上方正中就有一个巨大的"寿"字；这"卍"符却是佛家语言，一般读"万"，意思是"吉祥万德所集"。佛家万字符可左旋，也可右旋。汉传佛教多为左旋，藏传佛教则以右旋为正规。金殿门栏上的铜铸万字符图案则先右旋，转个回头弯再左旋过去，与周围其他"卍"符相接，

金殿铜房供奉的真武帝君

法国驻滇领事馆差人抬举七星宝剑和吴三桂大刀

串连成大片"卍"字符图案,再包围若干"寿"字,表现了昆明人的智慧和包容。

除此之外,金殿还有一些儒教印记。最引人注目的紫禁城下大牌坊被称为"棂星门"。这个"棂星"为天上的文星,儒家祖师孔丘被认为是"文星"下凡,教化天下。儒家的文庙前都有"棂星门",以象征孔子可与天上施行教化、广育英才的文星相比,祭孔就是祭天。金殿把棂星门搬到道观前,也体现了对儒家的敬重和昆明寺庙文化中"三教合一"的倾向。此外,铜殿基座的石栏上还有"二十四孝"浮雕图案,体现的又是儒教的一大理论基础"孝"。棂星门上有大书的"福"和"寿",表现的是道家的追求,这里又有了"孝",吸纳了儒家的理论,体现出"三教合一"的特点。

吴三桂重铸金殿时,铸了一柄"七星宝剑",据说是真武帝君的镇山法宝。吴三桂还把自己用过的木柄大刀送过来,和七星宝剑并排插在铜殿南侧的木架上,民间称之"平西宝刀"。吴三桂此举一说有放下屠刀的意思,一说不过是炫耀武威而已。而铜殿铸成仅两年之后,吴三桂就提着另一把刀,兴兵作乱,自取灭亡去了。如今铜殿还在,宝刀犹存,保存在鸣凤山紫禁城北门外文物陈列室内,民间传说其重达百斤,实称结果,12公斤而已。清道光年间,王堃有《见吴三桂所遗刀剑各纪一律》曰:

剚犀研兕仗神豪,传说平西铁宝刀。
半段那如舒翰戟,一枝空认彦章蒿。
剪仇锋冠三藩勇,跋扈尘飞贰负嚣。
欢息白龙桥下队,虫沙何处觅乌韬。

干将曾否跃延平,五尺镔镕剑器精。
匣脱离宫驱鬼怪,铓留道院拂挼枪。
神含秋水嗟非主,雄镇滇山当作兵。
想见十围腰大处,横来虎气谷风生。

至于昆明百姓,最看重的是农历正月初九的金殿庙会。据说这一天是真武帝君得道飞天之日,又是玉皇大帝寿辰。每年此日,金殿游人如潮,烧香拜神,祈晴祷雨,禳灾迎福。民间小吃之摊,如凉米线、炒饵块等,从山下一直摆到山上。直至今日,正月初九耍金殿,游春赏花,仍为昆明风俗,时四乡人聚游鸣凤山中,金殿屋下,达10万之众。人们跳花灯,唱山歌,舞龙灯,对调子,颇见盛世之乐。

○状元楼：改写云南科举历史的物证

状元楼原位于今拓东路中段金汁河桂林桥上,1953年被拆除,民间仍称这一带为状元楼。此段金汁河堤旧称相公堤,宋代大理国时期在堤上筑桥,明代改建为石砌拱桥,因两旁有大片桂花林,得名"桂林桥",又有"月中丹桂"和"蟾宫折桂"之意。清康熙初年,桂林桥倾圮,后重修加固,并在桥上建起了魁星楼。清末桂林桥魁星楼倾斜,清光绪年间,云南学政张建勋和贵州学政陈荣昌等集资重修,更名"聚奎楼"。

聚奎楼高三层,土木结构,宝顶重檐,巍峨壮观。底部为石砌单孔(后改为三孔)拱洞通道,长10米,宽5米,高6米,可供车、马、行人通过。拱洞上两层为飞檐殿阁,重檐歇山屋面,木格门窗,精雕彩绘。其二楼有三国蜀汉名将关羽夜读《春秋》的塑像,两侧关平、周仓侍立,四周门窗围护,外有回廊,可一览四周景物。三楼独立"魁星占鳌"塑像,楼顶又高悬一方直式匾额,蓝底金字,大书"聚奎楼"。楼前又有张建勋所书"文启南滇"行书大匾,还有不少名士题咏,蔚为大观。

云南从元延祐二年(1315年)起参加全国科举考试,此后历经元、明、清三朝,历经五六百年,虽也中了不少进士,却无一个状元。以致坊间有"云南不点状元,山东不招驸马"之说。而张建勋本人就是光绪十五年(1889年)

清末云南经济特科"特元"袁嘉毅

清末的单门洞状元楼

清末状元楼下的集市

清末状元楼两侧金汁河埂上有围墙和"绥静"门

抗日战争时期的状元楼已改建为3个卷门洞，以利交通

状元，其倡建聚奎楼，用心良苦，难怪一呼百应，聚奎楼成。当时的五华书院山长罗瑞图为楼作记曰："往事已矣。昔之才人文士，不能大魁天下者，以五星不聚也。斯楼成，魁星聚，则有望于此后之人。"有人拿此中"五星不聚"做文章，说"大凡省会地处，须五星端正显明。昆明龙气固然旺相，若就五星而论，土、金、水、火四星，自是端正显明，惟东方木星为倒地木，故不能发鼎甲。"——所以出不了状元。而补救之法，就是在昆明城东建聚奎楼，"以培补省垣风水"〔（罗养儒《纪我所知集》（《云南掌故》））〕。而罗瑞图所谓"后之人"也一语言中：当时经正书院学子曾为造楼捐款，据说袁嘉穀因家境贫寒，仅捐银五钱，名列末位。10年之后，正是这位袁嘉穀高中"状元"，人们才恍然大悟——"后之人"即"名列末位"之人也。但这个"堪舆家言"也有问题：其称昆明城东建起聚奎楼后，"培补风水"有效，不久袁嘉穀便中了"状元"——而此楼实际上始建于清康熙初年，原称"魁楼"，其建成后两百多年间，云南并无状元出现，这两百多年的风水岂不是白白"培补"了？而早年昆明西关厢还有座大西门魁阁，其坐落西方，应属金，是不是可以算袁嘉穀的风水福星？再到后来，大西门魁阁附近成为西南联合大学立足之地，培养出了杨振宁和李政道两位世界"状元"——诺贝尔奖获得者，此魁阁是不是也居功甚伟？

清光绪二十九年（1903年），经正书院才子袁嘉穀高中经济特科"一等一名",号称"特元",时任云贵总督的魏光焘命人大书"大魁天下"四字,制成匾额,高悬聚奎楼上。袁嘉毂在北京也为聚奎楼题写一联,悬于匾侧:

帝曰无双士,惭愧臣心,励此生古谊忠肝,窃比魏国书云,元之应雨;

南来第一楼,潆洄梦乡,对当前画桥驿路,更愿长卿题柱,孟博登车。

此后,昆明人就把聚奎楼叫作状元楼。据说后来这位当年为建楼捐银最少的学子回昆再登此楼时,正值电影兴起,还拍了一部纪录片,以为纪念。

○"耶稣教"带来的罗马、哥特式"耶稣堂"

早年昆明人把天主教和基督教等都称为"耶稣教",把教堂都叫作"耶稣堂",而天主教神父和基督教牧师以及教徒统称"老耶稣"。

旧时昆明"耶稣堂"建筑可分两类,一类是由外国传教士设计并主持建造的,总体为西式教堂风格,有罗马建筑或哥特建筑的特点,仅在西部有一些中式建筑的元素,如昆明平政街天主教堂、金碧路锡安圣堂和太和街天主堂。还有一类是教会在原有居家或店铺的基础上改建而成的教堂,虽然内建装修为教堂形式,但外部仍然保留着中式建筑的元素,如原武成路上的三一圣堂和长春路东口的福音堂。

清光绪二十九年(1903年),基督教"内地会"的英国籍传教士党居仁主持建成"三一圣堂"。教堂坐落在昆明武成路中段临街铺面建筑群中,临街三层小楼为礼拜堂,外形保留了传统街铺建筑的风格,与两侧铺面融为一体,主堂能容纳数百人礼拜,后院为教牧人员住房。2004年重建为哥特式建筑风格,拱门拱窗,山形尖顶,特色鲜明。

早年的武成路基督教三一圣堂

如今的昆明基督教三一国际礼拜堂

文化建筑

中国文化建筑常被称为"文化殿堂",老昆明的文庙建筑群、贡院建筑群都是传统的殿堂式建筑,歇山屋面,阔门巨柱,雕梁画栋,金碧辉煌。清宣统二年(1910年),法国人的火车开进昆明的滇越铁路总车站,标志着西方建筑文化正式进入昆明,此后西风东渐,昆明出现了一批兼有中西风格的文化建筑,体现了欧洲复古主义的建筑思潮,较早的代表作是建于1918年的讲武堂主楼,被誉为"中西方建筑完美合璧的精美范例"。民国时的代表作则是东陆大学的会泽院,至今仍然是昆明欧式风格建筑的"标杆楼",同时也是中国高校最有特色的建筑之一。

昆明现代文化建筑较为高大,由于昆明气候温暖,阳光较强,日照时长,为避免强光刺激,这些建筑都采用土黄色系的外墙,被称为"法国黄",与昆明特有的蓝天、白云、鲜花构成了一个和谐、宜人的色彩系统,昆明现代建筑的主色调也由此而确定。

○昆明文庙：从王署、道观到孔殿

文庙也称孔庙，位于市中心区，文庙街中段北部，为旧时祭祀孔子的场所，今仅存棂星门、泮湖、石桥等，并有明、清以来部分碑刻，其中棂星门建于清初康熙年间，已被列为昆明市重点文物保护单位。

昆明文庙始建于元初，为赛典赤所建，原址在城东南，一说在五华山。今文庙所在，一说原为元梁王政署。明初道教长春派国师刘渊然被贬昆明，沐英在此为其建长春观。据说此地占有五华山余脉之右侧虎沙，风水极好。明万历四十年（1612年），当局"迁文庙于长春观"。几次增修之后，这座文庙背靠五华山，前有柏树林，以"双塔为文峰"，以"滇池为泮水"，人杰地灵，"圣人之居"，全在于此矣（明天启《滇志》）。

清康熙二十九年（1690年），清军平定吴三桂之乱，总督范承勋、巡抚王继文重修文庙，一时"殿、庑、门、堂、斋舍、祠宇、诸所具备"（《改建省城府县学宫记》），府县两级儒学，均设其中。后来文庙多有重修，先后摹刻孔子像及圣

早年的昆明文庙棂星门

早年的昆明文庙泮池

早年祭孔时的官家仪仗队

早年的昆明文庙大成殿

早年的昆明文庙大成殿前台

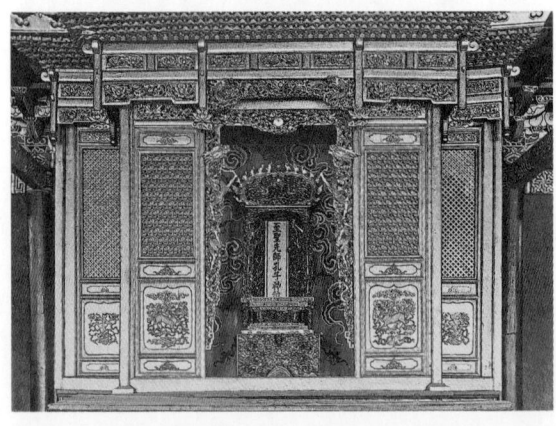
早年的昆明文庙大成殿孔子牌位

迹图碑,嵌于墙壁,又增建左右两庑殿宇等,整个文庙占地1900平方米,庭院中古柏参天,备极清幽,形成古代昆明城一大建筑群,主体建筑有"一堂""两殿""三阁""四祠"之称。

"一堂"指明伦堂,堂内原有四座木壁,高约一丈,各刻两个大字,有"孝悌"、有"忠信"、有"礼义"、有"廉耻"等。据说三市街忠爱坊的"忠"字就出于此,"爱"则辑自北宋书法家米芾之帖,大家之字,终不能比。

"两殿"一为大成殿,祀孔子及历代儒门先贤"四配十哲";一为崇圣殿,一为后殿,祀孔子前五辈祖先。大成殿是文庙主体建筑,祭祀孔子的庙坛。其东西长30米,南北径深10米,殿高7米,重檐歇山顶,黄瓦朱甍,斗拱交错,青石柱础,面阔九间,设18扇精雕格子门,供奉孔子大牌位,前轩有孔子木雕坐像和圣迹图,两旁列放"四配十二哲"牌位,并陈设祭祀乐器和各种祭器。大成殿前有台墀,高约2米,又有东西"两庑",祀历代名儒,如唐之韩愈、明之朱熹等。

大成殿前是大成门,两侧设钟、鼓二楼,左有名宦祠,右有乡贤祠,与苍圣祠、节孝祠并称"四祠"。节孝祠供有受皇帝旌表的贤孝节妇牌位,苍圣祠内供的是传说中创制文字的仓颉,其双眼因过劳而失明,上苍又让他长出两眼,共有四眼。

文庙又有尊经阁,内存孔子石刻像、木雕像及石经等,前面还有桂香阁、奎星阁,并称"三阁"。

文庙有东门,门额镌刻"德配天地"四个大字;又有西门,所刻为"道冠古今"。西门为主门,前面为照壁,并有广场,早年为一大集市。门内有棂星石门,门天三道,主门居中,东为"礼门",西为"义路"。往北为泮池,池周石栏环绕,池上有泮桥可行,往北就是大成门和大成殿。

文庙殿祠四围有众柏森列的孔林,树径都在0.5米以上,密叶蔽天,青葱欲滴、深翳幽邃,更有鹭鸶成百上千,或飞跃林间,或栖息树上,成为昆明城中一个极为生动的人文景观。

辛亥革命后,文庙仍为学生举行典礼之处。1921年,昆明师范附小(现长春小学)在文庙举行初小毕业仪式,全体毕业生在此聚餐,吃的是酥肉面条。其中有个9岁的男孩叫聂守信,就是后来《义勇军进行曲》的曲作者聂耳。聂耳后来进入在文庙开办的私立求实小学读高小,成绩全班第一,还担任了学生自治会会长。据说当时有土司到学校参观,聂耳代表学生致辞,说到"辅助"二字,土司听成了"补助",便慷慨解囊,捐助学校400元。聂耳在文庙学演新剧、演双簧,音乐天才开始展露。

1932年,文庙内设立了云南省立昆华民众教育馆,院内有民众茶室、民众饭店、说书场、网球场、杂志阅览室、儿童阅览室、美术研究会、武术研究馆等。孔庙则有古物陈列室、美术陈列室、书画陈列室、卫生陈列室、科学陈列室、实业出口陈列室、动物园等,成为昆明城里的一大社会教育、娱乐之地。

抗日战争时期,1938年9月28日,日寇9架轰炸机首次空袭昆明,其中一架九六式轰炸机被击落,机组5人坠机烧死,领航员池岛功曹被俘,日机残骸被送到文庙展览。日寇恼羞成怒,狂轰滥炸,文庙损毁严重,大成殿等被炸毁。1950年此地辟为市文化馆,稍得修葺。后再遇浩劫,建筑大部倒塌,历代遗留文物多被毁、盗。庙中原有空雕云龙碑,为滇中之最,亦难免一劫。文庙今为市群众艺术馆所在,又是市民娱乐场所。2017年重建大成殿和大成门,成为昆明历史文化的重要地标。

○贡院至公堂、号舍:培养滇中文脉之地

云南贡院是全省乡试的总考场,旧时周围高墙围绕,墙头长满棘茨,又称棘闱。明清时期,科举考试分为童试、乡试、会试与殿试。乡试是全国统考,每三年一考,在各省贡院举行。应考的是生员,即谓秀才,考取者为举人。明朝初年,云南生员要到应天府(今南京)贡院参加乡试,十分不便。明永乐九年(1411年)起改在昆

晚清云南贡院大门

晚清云南贡院东侧腾蛟门

晚清云南贡院前广场

明开考,当时还没有建贡院,就在官府衙门、文庙、学堂考试。明景泰四年(1453年),贡院在昆明城内长春观旁建成,云南乡试才有了专门的考场。在明代中期的100多年里,贵州的生员也要到昆明来赶考。后来应考生员大增,多至数千,老贡院规模太小,到明弘治十二年(1499年),又在今云南大学东陆园所在地新建贡院,至今已有500多年的历史了。

新贡院背负城墙,前临翠湖,居高看下,视若虎踞,为钟灵毓秀之地。后因战乱,贡院数次被毁,但经清康熙年间两次重修,仍有相当规模。据记载,在贡院南北中轴线上,建有明远楼、至公堂和衡鉴堂。

至公堂是主考官办事之所,堂前左右建有受卷、弥封、眷录、对读等办事署。衡鉴堂是评卷重地,东为监临、提调办事署,西为伦才堂,此外还有巡捕、医药等办公之地,十分周全。生员考试的号舍分别横列东西,为长巷形,计有东文场、西文场、北文场等,到清末有"号舍"74条(幢)、共4865间,而云南参加会试的士子,最多不过4000人左右,可见其之超前。各号舍以《千字文》中各字为序,大书"天、地、玄、黄、宇、宙、洪、荒……"于门墙之上,各字下又续写编号,壹号、贰号、叁号等,类似如今之门牌号码,以便学子对号入座——如此规模宏大建筑群,三年仅用一次,一次仅用九天,不免可惜。但也可见当时对科举考试的重视,一是选才治世,一是培养文脉,都有重要作用。

近代云南大学在贡院旧址建立,明远楼改建为会泽楼,衡鉴堂改建为图书馆,至公堂得以保留，经落架重修，改土木结构为钢混结构，仍如当年之制，为一坐北朝南的殿堂式建筑，位于贡院中心的坡顶平地上，单檐硬山顶，彩绘梁柱，雕花门窗，面阔五间，宽27米，深18米，总建筑面积564平方米，前坡作卷棚式延伸，并建有方形台墀，以便进退，整个建筑庄重典雅，已成为云南重点文物保护单位。

至公堂前有清乾隆皇帝题联：

立政待英贤，慎乃攸司，知人则哲；

与贤共大位，勖哉多士，观国之光。

至公堂东西两侧为号舍，号舍四角筑有高楼，以为监督之用。号舍排列整齐，形如长巷，巷口设号栅，便于关锁。每号住生员一人，"以八尺为度，舍得五尺，衢路三尺，高其檐，宽其壁"。屋内原为泥地，每逢风雨，一片泥水，考生还得撑伞答卷，后数次重修，改用"蚌壳铺地，使无淖泥"（清康熙《重修贡院碑记》）。清道光六年（1826年）又铺为砖地。

至公堂前为原明远楼，楼前是贡院坡，沿坡而上建有龙门道，设有三道龙门：头龙门为大门，有三间楼厅；二龙门为仪门，有三间过厅；三龙门为牌坊。山脚留出一片广场，便于集散考生。广场中间有旗台，南端有照壁，两侧又有牌坊：东有"腾蛟坊"，外侧题写"为国求贤"四字；西有"起凤坊"，外侧题写"明经取士"四字。两坊皆置木栅栏，俗称东栅子、西栅子，平时人们可从中通过，东到青云街，西到文林街（朱惠荣《云大校园中轴线》）。

保留至今的云南贡院东号舍

按当时乡试制度，生员要考三次，每次考三天，考生唱名入号，耗时终日，后鸣炮封门，交卷始开，三天吃住，均在号舍之中，而以敲锣报时。按清康熙四十七年（1708年）所立《重修贡院碑记》记载，时"闱中无水，取食于翠湖，日需夫三百名，绕道上坡维艰，门禁启闭，有时往

这头怪兽叫獬豸，在中国传统文化中，它是独角神羊，能明辨罪与无罪。立在贡院，无非是威慑作弊者，保证科考的公平公正

如今的云大至公堂

往缺之"。后改在贡院凿井，水困稍解。清末科举制度取消，光绪二十八年（1902年），云南贡院举行最后一次乡试，随后即告结束。今云大东陆园内，仍有号舍约40间，近年又整修一新，可见当年号舍风貌之一斑。

明清之际，大西军"四将军"进入昆明，贡院成为定北王艾能奇的王府，至公堂亦得加盖黄瓦，增厚墙基，如今至公堂之黄色琉璃瓦，即为定北王府旧制。后南明永历帝朱由榔以贡院为行宫达11年之久，在至公堂接受群臣朝拜。清康熙三年（1664年），吴三桂重修贡院，留下一块《重建贡院碑记》。1923年，贡院改建为东陆大学，曾在此举行东陆大学首届开学典礼，云南"状元"袁嘉谷也曾在此讲授国学，听者踊跃，座无虚席。抗日战争时期，常在至公堂举全国性学术活动，美国副总统华莱士曾在此发表演说。1946年7月15日，闻一多先生在此发表了"最后的演说"，争求民主之志，痛恨独裁之心，溢于言表，慷慨激昂，震撼人心。讲演之后，闻一多便遭暗杀，以身殉志，更激起全国民主运动。

○云南讲武堂：中西合璧"中国第一四合院"

云南陆军讲武堂旧址在今翠湖西畔，是中国保留最完整、规模最大、历史最悠久的著名军事院校建筑。云南讲武堂始建于清宣统元年（1909年），辛亥革命后改称讲武学校，20世纪30年代末改为中央陆军军官学校第五分校，20世纪50年代初曾为解放军昆明步兵学校所在地，现为云南陆军讲武堂旧址博物馆。

讲武堂，中国规模最大的四合院

据统计，从1909年到1935年的26年间，云南讲武堂共培养学员近8300多人，讲武堂师生中走出了317位将帅，其中有2位元帅、40位上将、135位中将。讲武堂师生中共出过2个国家的3位委员长、2个国家的总理、2个国家的军队总司令、3个国家的国防部部长。从这里走出了重九起义、护国起义和护法战争的骨干军事人才，走出了护国起义军中85%的营以上军官，走出了黄埔军校开创时的大部分军事教官，走出了红军和八路军的总参谋长，走出了护法军政府、广州大元帅府和国民政府的6位参谋总长和代参谋总长，从这里走出了中国近现代的16个省长、督军、省主席，都是中国近现代史上的风云人物。

云南讲武堂的建筑风格和建筑艺术也堪称一绝。讲武堂主院是中国乃至世界规模最大的古建筑四合院，是中国最有代表性的中西式风格建筑之一，被誉为"中西方建筑完美合璧的精美范例"，成为全国重点文物保护单位。

今云南讲武堂主楼建于1918年，由海外华侨捐资建造，担纲设计的是留学日本归来的云南建筑设计师、革命党人李守先。他把讲武堂主楼设计为一院规模宏大的走马转角楼，两层土木石结构，单檐两面坡硬山顶，由东、西、南、北四幢大楼组成了一个标准的正方形。东楼为办公之地，西楼是上课的教室，南北楼为学员宿舍。各楼全为土、木、石结构，约长120米、宽10米、高12米，二楼设有通廊，贯通东、西、南、北四座大楼，对称衔接，浑然一体，

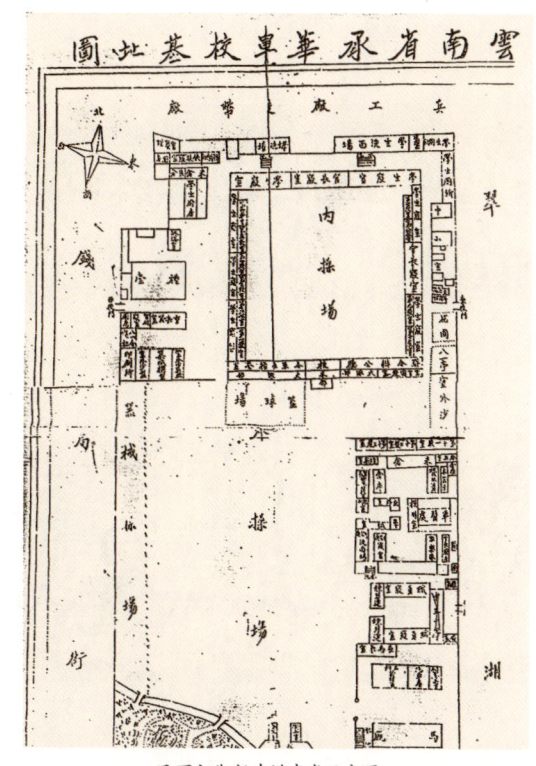

民国初期新建讲武堂示意图

早年的讲武堂正门

清末的讲武堂

讲武堂南大门

老照片上的讲武堂

老照片中讲武堂阅操楼前的军政要员

全长480米，是中国最长的楼内通廊。南楼中部阅操楼高15米、宽13米。天井是内操场，四角有拱券门可供出入。主楼西南还存有大课堂（礼堂）和兵器库一幢。整个四合院占地面积约1.44万平方米，内操场面积1.2万平方米，总建筑面积7611平方米，今科技宫、省图书馆一带原为可容万人的讲武堂大操场。

云南讲武堂主楼建筑中西风格浑然一体。其四合院形式体现的是中国传统的建筑风格，但与一般传统的中式四合院不同，它参考西方围合式建筑，采用了大户型、大面宽、浅进深的构造，将柱子全部包在墙体内，以较低的建筑覆盖率换取较大的活动空间，操场、教室、宿舍宽敞实用，布局合理，各楼观景、通风、采光效果良好，又运用长廊等"灰空间"，将室内与室外融为一体，整个建筑外墙涂为明黄色的"法国黄"，多采用对称造型，气势恢宏，令人叹为观止。

讲武堂主楼屋顶为中式人字坡形，上覆黑瓦，坡度较小，和昆明民居相似，以适应昆明的气候特点。屋顶又有精致的"老虎窗",或圆或尖,造型各异。讲武堂还有大面积的拱形窗户,上有圆拱纹饰,内窗使用洋式玻璃,外窗采用中式窗格。讲武堂的东大门、大院四角拱券门、外墙的石材装饰和廊柱、雕花、线条等细节,都带有浪漫典雅的西式建筑风格。东大门高16米,状似牌楼,高出群楼一层,共分三层,4根立柱分段分层拔高,面墙中高旁低,头盔式尖顶突出,上有旗座、旗杆,大气凛然,直冲云天。由于这个尖顶面朝五华山,据说当年"云南王"龙云认为它"冲撞"了五华山上的省府,下令把将其拆去一层,处理为平层。如此一拆,讲武堂建筑立见平庸,20世纪90年代整修讲武堂时才恢复原貌。

云南讲武堂历百年而完好如初,其建筑技术也堪称典范。仅从外观看,其规模巨大而四面墙体和四边转角处见不到一条伸缩缝,让不少专家赞叹不已。为了解释讲武堂的建筑奇迹,民间传说不少,说当初建造讲武堂时,曾用煮得烂熟的

如今的讲武堂

讲武堂外阅操台

如今的讲武堂内操场

糯米汤托制土墼,用滚烫的豆浆拌石灰砌石,还在墙基的大青石和地砖上撒猪血等等。由于资料缺失,这些传说都无从考证,但讲武堂建筑技术之精湛却无可置疑。

讲武堂东、南、西、北四楼用材十分讲究。据考察,东楼墙体全部用每块重达数百公斤的大青石砌成,原因是东楼距离翠湖和附近原来的沼泽地带较近,为防止

墙体浸水受潮而便用石材。西楼用土墼砌墙，因为距离湖沼较远，没有必要而且可以降低造价。南楼、北楼距湖沼不远不近，就采用青砖夹层墙体。承重墙宽达80厘米，每隔约3米设暗藏一对立柱，立柱直径约40厘米，上面架设木榫横梁。主楼的墙角用石块交错嵌镶而成，与墙体紧密粘连为一体，形成三角犬齿形墙角，坚固美观，承载力强——建一楼而兼用土、木、砖石、石木结构墙体，可见设计者匠心独运，做事周全。此外，一楼木地板下还设有通风口，以防潮湿。主楼地基打下的是云南特有的沙松梅花桩，作为软基处理，经历百年风雨剥蚀，至今完好。

○云大会泽楼：昆明欧式建筑"标杆楼"

早年东陆大学校门

1923年，昆明出现了中国西南的第一所综合大学，直到今天，它的主楼仍然雄柱阔廊，巍然高矗，庄严典雅，为昆明现存规模最大、保存最好的西式建筑，被称为昆明欧式风格建筑的"标杆楼"，中国高校最有特色的建筑之一。

这座大学叫东陆大学，就是今天的云南大学；这座大楼就是今天的会泽楼，当初叫"会泽院"。而"东陆"和"会泽"都来自这座大学的创办者、当年的云南省主席唐继尧。唐继尧别号"东大陆主人"，其所创大学就称东陆大学；唐继尧老家是会泽，号称"唐会泽"，其投资所建大楼就是"会泽院"——此建筑立于明远楼址，后有至公堂、鉴衡堂等，为显示独一无二，于是不称"楼"也不称"堂"而称"院"，院也可泛指屋宇建筑，但一般仍称会泽楼。

20世纪初，云南中等学校有10多所，学生超过3000名，创办大学势在必行。云南督军唐继尧顺应民意，出资、集资百万，筹备建校。1923年4月20日，会泽院奠基仪式和东陆大学开学典礼同时举行。据说拆除明远楼时，一只黑色野狐被砸伤，有人说冒犯了千年狐仙；因开采一窝羊石料，又有人说破坏风水。甚至有人以此为由，拦阻建校运输车辆。但唐继尧不为所动，布告严禁拦车，违者究办，保证建校工程顺利进行。

会泽楼由留学法国、比利时研习建筑的云南人张邦翰担纲,他借鉴古老的巴黎大学主楼建筑风格,把会泽楼设计为典型的法式建筑。大楼依山而建,砖石结构,楼基为"H"形,坐北朝南,东西走向。墙面颜色为法国流行的驼红色,大楼墙脚拐角、上下隔层、门窗券框、屋顶四檐等处,均用白色石块砌成,坚固厚实。正面平台上竖立四根巨型希腊多立克式圆柱,支撑起一个巨型阳台。阳台用水泥预制板建成,并有铸铁围栏。登临四顾,金马、碧鸡两山分立东西,前临翠湖,更见西山、滇池、城郭、街道,无不历历在目。大楼内部设计古朴大方,设计有道:楼上楼下、室内室外采光充溢;空气对流自成调节,室内冬暖夏凉;教师授课,声音四达,一清二楚。初建时楼为两层,高23.3米,长78米,面积4000多平方米,二楼为学校办公处,一楼为教室,后在抗日战争中被日机轰炸受损,修复时又加盖一层,成为今天的规模。当时书法名家周钟岳为加盖楼层题额"仰止楼",又成为会泽楼的别称。

会泽楼为西洋设计风格,楼前的95级石阶却来自《易经》中"九五,龙飞在天"之说,一说是对莘莘学子寄予厚望,实则赞唐继尧有王者之气,所谓"九五之尊"是也。不过,从感觉上来说,这个设计确属

老建筑

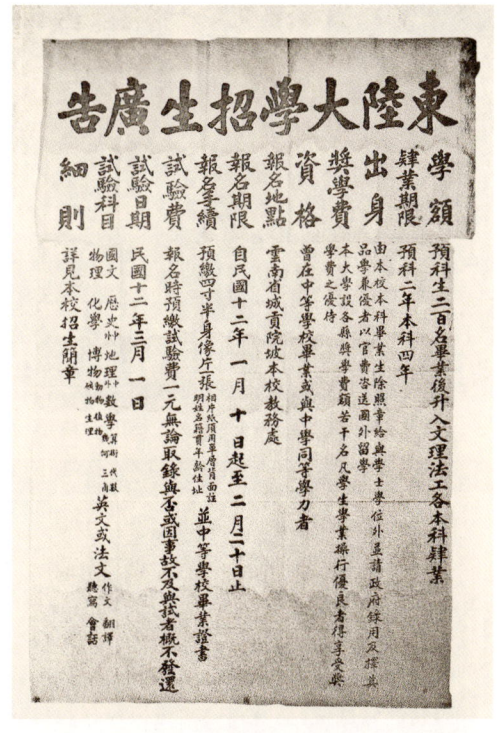

东陆大学招生广告

1923年东陆大学在云南贡院起建

早年的会泽楼

云南大学开学典礼后董事会和男女学生在会泽楼前合影

东陆大学首届学生

妙招：进入云南大学校门，石阶逐层叠起，会泽院巨柱高矗，楼台巍峨，顿起"仰之弥高"之感，不得不佩服设计者的苦心。用张邦翰的话来说，就是"采中西法式，存古而不泥于古，尚新而不专骛于新"。而其建于明清贡院旧址，应聘到东陆大学讲学的清末云南"状元"袁嘉穀也有说法："大学之始，即贡院之终也。以地理言，左金马、右碧鸡，枕蛇山、面翠湖，《滇系》所谓他省所无。以历史言，则数百年科举人才皆在其中。"（《滇绎》）

会泽楼落成于1924年，历经近百年沧桑，依然风采如故。1930年，私立东陆大学改为省立东陆大学，1934年又改为省立云南大学，1938年再改为国立云南大学。如今云南大学仍是全省最高学府，它的标志性建筑还是会泽楼。抗日战争时期在云南大学任教的文学家施蛰存曾说，会泽楼"那法国式的杰阁崇楼，是使迁徙到西南去的大学生意想不到的。一个从统一考试分发到云南大学去的江西学生，曾经在他的作文簿上天真地表示了他的惊讶。他以为西陲偏僻之区，哪得有这样堂皇的建筑物"（《怀念云南大学》）。

会泽楼建成近百年，留下不少历史痕迹。

抗日战争中，日寇轰炸昆明，会泽楼数次被炸，墙垣局部震裂，沙石坠落，桌椅受损。经云大土木工程系教授以"加柱托梁"加固成功，历60多年沧桑，至今大楼无恙。一楼大厅内主梁下的两根方形承载立柱，成为这段历史的见证，也成为昆明人不屈的象征。当时"这雄踞在昆明城北，而俯瞰着翠湖的会泽院，不但为数千学生攻读之所，而且举凡一切关系着抗日建国大业的学术会议，差不多全是借它做会场的。中国工程师学会年会、中国科学社年会、中国经济学会大会、民族学会成立大会，尤其是最可纪念的集会"（施蛰存《怀念云南大学》）。这里是学者兼校长的董泽、熊庆来、李广田的办公地,是著名学者冯友兰、顾颉刚、姜亮夫、刘文典、费孝通、严济慈的执教地。1925年上海"五卅"运动爆发、1926年北京"三一八"惨案发生,云大学生曾从会泽楼出发,上街示威游行,声援上海工人和北京市民。抗日战争中,会泽院是宣传抗日的重要阵地。在1948年的"七一五"运动中,爱国学生坚守会泽楼,顽强抵抗国民党军警的镇压和进攻。

1935年,赶到昆明指挥围剿长征红军的蒋介石也曾住进会泽楼。当时昆明城内有气派的建筑只有五华山省政府和云大会泽楼,斟酌再三,当局决定把云大学生赶到云大医专所在的忠烈祠(今连云宾馆址)上课,腾出会泽楼,把二楼正中的几间教室、办公室改造成卧室和办公室,作为"国民政府军事委员会委员长行辕"。行辕的招牌就挂在会泽院楼下东边侧门上。与此同时,学校东西侧门的"腾蛟""起凤"两坊还各挂一块红布,上书八个大字:"棨戟遥临,襜帷暂

云大会泽楼的门廊高柱

云大会泽楼的前门廊

抗战时会泽楼遭日寇轰炸受损后在门厅立起的两根石柱。

驻。"语出王勃的《滕王阁序》,字出当时书法家之手。从会泽院到至公堂之间围上彩布,搭篷遮顶,以避风雨,以策安全,地下则按昆明习俗铺上厚厚的一层青松毛。当局还把云大仅有的两部电话之一移进房间,供蒋介石专用。龙云还规定,蒋来之后,全城学生外出必须穿规定制服,参加军训的男生外出时要穿着军服,打好绑腿,不许吸烟,男生一概不准乘坐人力车等。

这一年的5月10日，蒋介石、宋美龄飞到昆明，入住会泽院"行辕"，当晚举行了提灯欢迎晚会，并大放焰火。蒋介石、宋美龄和"云南王"龙云坐在会泽楼大阳台上，蒋介石还发表"训词"，接见驻滇各国领事。宋美龄对昆明小学生的提灯游行印象深刻，她后来在一封信中写道：

几千个活泼的儿童，几千盏各种形式的灯彩，甚为好看！灯的形式，各个不同，有各种各色的飞机，有鱼、有蟹、有虾、有小兔、有小马和各种怪兽。女学生所提花篮甚多，制作尤为精美。学生们爬石阶不免汗流气喘，但很快乐，很高兴。

没有几天，蒋介石的围剿计划既告失败，又急匆匆地赶到贵阳。宋美龄在会泽楼一直住到5月24日才离开。云大同学这才松了口气，又可以回会泽楼上课了。

○西南联大教室："草棚大学"的大师风范

西南联大"一把手"梅贻琦

西南联合大学旧址在昆明"一二·一"大街，如今是云南师范大学的老校区。在校园里的西南联大纪念馆前，还保留一间面积约60平方米的土基平房，生锈的铁皮顶、淡黄的泥土墙、红漆木格窗——这是目前仅存的西南联大的教室，据说前面两块黑板还是当年用过的文物，后面墙上则挂着大大的三角形联大校徽——2006年6月，这间教室和其他联大遗址一道成为全国重点文物保护单位。

让人奇怪的是，这间教室里没有书桌，只摆放着几十张造型奇特的木椅：木椅仅右侧有扶手，上面镶着一块窄木板，形状酷似云南特产宣威火腿，被联大同学称为"火腿凳"。上课时一人一把椅子，学生右手可以搭在"火腿"上记笔记，倒也方便。这些"火腿椅"有的是当年校友捐赠的原物，有的是后来的仿制品。有人考证，"火腿椅"模仿宣威火腿制成，是云南特产，但联大校友汪曾祺认为，"火腿凳"应该是舶来品，"可能还是从美国传来的，我在爱荷华（大学）、耶鲁（大学）都见过"。他还记得，当年"吴宓先生讲《红楼梦》，一看下面有女生还站着，就放下手杖，到别的教室去搬椅子。于是一些男同学就也赶紧到别的教室去搬椅子。到宝姐姐、林妹妹都坐下了，吴先生才开始讲"（《七载云烟》）。

当年联大教室的窗户没有装玻璃，顶多糊张棉纸。马口铁皮屋顶虽不漏雨，但大雨一来，便打得刷满绿漆的铁皮屋顶叮叮当当直响，正所谓"风声、雨声、读书声，声声入耳"，什么都听不清楚。此时教授便要提高嗓门讲课。一次，经济系教授陈岱孙上课时，因雨声太响，陈教授声音一再放大，学生也听不清楚。陈教授无奈之余，在黑板上写了"下课赏雨"四个大字，宣布下课。另一个段子则说，雨停后进教室上课，有教授问："刚才我讲到哪里了？"有女生取出笔记认真地回答："又下雨了，下课。"——此事在联大广为流传，又弄得大家"家事、国事、天下事，事事关心"。

西南联大校门

西南联大中文系师生在铁皮屋顶教室前合影，二排左起：浦江清、朱自清、冯友兰、闻一多、唐兰、游国恩、罗庸、许骏斋、余冠英、王力、沈从文，一个个大师的名字，如雷贯耳

难以想象的是，如此简陋的教室竟然是中国建筑大师梁思成的作品。1937年，日寇进攻卢沟桥，北京和天津相继沦陷，清华大学、北京大学、南开大学三校师生辗转万里，在昆明成立"西南联合大学"。1938年7月，联大在昆明城外西北的三分寺一带买下124亩荒地，准备修建新校舍。联大"当家"人梅贻琦请梁思成来设计校舍。一个月之后，梁思成拿出了一个中国一流的现代化大学设计方案，但是西南联大的"吃饭财政"和"教学财政"逼着梅贻琦把极为有限的资金用到教学必需的设备、图书等方面，又逼着梁思成把高楼改为矮楼再改为平房，把砖墙改为土坯房再改为干打垒夯土房，瓦顶改为铁皮顶再改为茅草顶，往墙洞里嵌几根木棍便算是窗子。以致后来梁思成又是发火又流泪，大呼："这种茅草房连农民都会盖，要我梁思成干什么？"当时通货膨胀严重，下拨的款项不断贬值，最后梁思成要做的是，用比农房的梁还细的木料把和农家差不多的茅草房盖起来。

1939年4月，西南联大新校舍落成。作为中国一流大学的校舍，看去实在让人

早年西南联大草顶校舍

西南联大的瓦顶图书馆

西南联大新校舍

失望。一块油漆的长条木板横架在麻条石堆砌的两个石柱上，再写上八个大字："国立西南联合大学"，就算是联大本部的校门。门内有教室、办公室、实验室56栋，为土墙铁皮顶结构；有学生宿舍36栋，为土墙茅草顶结构；有食堂2栋、图书馆1栋，为砖瓦顶结构——不管怎么样，联大师生第一次拥有了属于自己的校舍和校园，被大家亲切地称为"新校舍"。

据说在原来的蓝图上，"新校舍"全是白铁皮房顶。但因马口铁全部要靠进口，购买不容易，经费也不足，只好把学生宿舍改为茅草屋顶。后来又碰上联大出现"财政赤字"，干脆把办公室也建成茅草屋顶，已经到货的400多张白铁皮被转让出去，省下来的款项正好补上了学校的"赤字"。

这样，新校舍除了图书馆和东西两食堂是瓦屋外，只有教室留下了铁皮屋顶。这些教室分散在图书馆的前后，室内除了黑板、讲桌、课椅，就别无他物了。大教室是一整间，中小教室则是按3∶2的比例分为两间，中间的土墙谈不上隔音，相邻两个教室讲课，干扰就免不了。而"雨打铁屋"的噪声，也让师生困扰不已。后来这个问题终于得到了解决——昆明要盖南屏电影院，建屋顶需要马口铁皮，但当时马口铁只能靠进口，而滇越铁路一断，想买也买不到。正赶上联大经济上捉襟见肘，咬咬牙又把一部分教室屋顶的铁皮拆下来卖给电影院，教室则改用茅草铺顶，联大从此更被称为"草棚大学"，师生也不必"停课赏雨"了。

然而，这个"草棚大学"却是一个大师云集、群星璀璨之地。站在草棚教室讲台上的都是博古通今、学贯中西的学问大家，或是站在世界学术前沿的年轻才俊，其中不少人还是中国现代各学科的开创者和奠基人，在国内首屈一指，使联大的教学逼近国际水平，成为当时国内的第一流大学，所培养的人才超过战前北大、清华、南开30年培养的人才的总和。据统计，1948年中央研

西南联大铁皮屋顶教室

保留至今的西南联大铁皮顶教室

究院第一届院士共61人，其中西南联大教师就有27人，几乎占了一半。1955年中国科学院首批学部委员（院士）400人中，西南联大师生占了180多人，也接近一半。从西南联大的"铁皮顶教室"和"草棚教室"里，走出了诺贝尔物理学奖获得者李政道和杨振宁，走出了国家最高科技奖获得者黄昆、刘东生、叶笃正和吴征镒，走出了"两弹一星"元勋屠守锷、郭永怀、陈芳允、赵九章、杨嘉墀、王希季、朱光亚、邓稼先等8人，占所有"两弹一星"元勋的三分之一。后人评价说，抗日军人保卫中国不亡于战争之中，西南联大则保证中国不亡于战争之后。抗战胜利后，联大结束，复员北返，师范学院留在昆明，是当时中国的6所师范学院之一，后来发展成今天的云南师范大学。

西南联大校舍被称为建筑大师梁思成"最痛苦、最委屈的工程"，但就在这一幢幢简陋至极的茅草校舍里，培养出了那么多国家级、世界级人才，又是梁思成可以引以为傲的工程。它让人想起了梅贻琦的那句名言："所谓大学者，非谓有大楼之谓也，有大师之谓也。"

○北门书屋：李公朴先生的绝唱之所

李公朴先生

位于今云南师大校园里的李公朴墓

北门书屋旧址在昆明北门街中段，为两层砖木结构建筑，砌砖为柱，三面高墙，前有廊道，临街一楼为门板铺面，二楼为板壁住房，木门木窗，外廊有雕木栏杆，为典型的昆明传统临街建筑。1942年12月，著名民主人士、中国民主同盟领导人李公朴先生来到昆明，在此开设书店，取名"北门书屋"。楼上两间为李公朴的卧室和书房，楼下两间临街铺面为售书之处，房间面积共180平方米。旧址至今留存，为昆明市重点文物保护单位。

李公朴曾于1936年5月与其他6位民主活动家在上海发起成立"全国各界救国联合会"，被推为负责人之一。他们要求停止内战，一致抗日，竟被国民党政府逮捕，酿成"七君子"事件。"七七事变"之后，经多方营救，李公朴等7人获释。此后李公朴又出版《全民周刊》，到敌后根据地考察，宣传延安和解放区见闻，遭到国民党顽固派打击，被解除国民参政会参议员职务。

1941年底，李公朴经昆明到缅甸宣传抗日，因日寇占领缅甸，滞留昆明。为维持生计并宣传抗日民主思想，李公朴于1942年底在北门街开办了"北门书屋"。北门书屋两楼一底，铺面不大，摆上两个竹书架，再用床板搭两个书案就开业了。书店多代销各地出版的进步书籍，出售后按四六或三七开结算，售不出可如数退还。因为距西南联大、云大等学校不远，常有青年学生前来购书，北门书屋经营不错，而且有了名气。当时的房东、昆明商会会长李琢庵也不收取房租，以示支持。

1943年，李公朴又在北门书屋对面租下房屋，创办了"北门出版社"，由张光年、楚图南、闻一多、潘光旦等著名文学家、诗人、音乐家、科学家先后担任编委，出版进步诗歌、译作、小说、文学评论、散文、考察记、期刊和青少年读物等30余种。北门出版社送审书刊，常被国民党当局无理扣压、删改，不能公开出版，只好暗中分送有联系的读者。此时秘密印制的书籍有毛泽东的《新民主主义论》和朱德的《论解放区战场》等。北门书屋二楼还成为各界进步人士聚会和小型集会的场所，被称为"文化沙龙"和"民主之家"。

今天的北门书屋旧址

1946年7月11日晚10时，李公朴和夫人外出归家，行至昆明青云街到北门街之间的学院坡（今大兴坡）歪巷拐角处，被国民党特务用无声手枪暗杀。李公朴殉难后，北门书屋和北门出版社被迫停业。

○"一得测候所"旧址：云南现代天文、气象学起步之地

"一得测候所"是中国第二个私人气象站、云南第一个气象站，旧址在昆明钱局街上段"一颗印"民宅内，创建于1925年。昆明最早的公办测候所建于1937年，叫省立昆明气象测候所，建在昆明太华山顶，气象观测工作延续至今。

"一得测候所"的

私立一得测候所设立于陈一得在钱局街的家中，全家人都是工作人员，并由此获得"科学化之家"称号

1937年在太华山顶建成的省立昆明气象测候所，可见当时三楼两端不是露台，而是三面坡盖瓦屋顶。

从另一个角度仰视太华山测候所大楼

创建者是陈秉仁，字彝德，号一得，云南盐津县人。陈一得他自幼好学，少年时参加科举童子试，县考成绩名列前茅。后科举被废，陈秉仁被保送到昆明的高等学堂学习法语，以第一名的成绩考取公费留学比利时学习铁路。因清政府出卖云南"七府矿权"，陈一得愤然登台演说，呼吁捍卫国家主权，竟被当局取消留学资格。后来陈一得只身远赴上海，准备自费出国留学，恰逢辛亥革命爆发，陈一得投身革命军，参加了攻克南京之战。后来陈一得回到昆明，考入云南优级师范学堂，毕业后任省立中学数学教员，同时以课余时间观测、记录昆明气象，自修天文和气象学。

1927年，陈一得昆明钱局街家中设立了"私立一得测候所"，以一己之力，购置各种简易观测仪器，开始观测天文和气象。那是钱局街北段一个普普通通的小四合院，藏在临街楼房的后面。陈一得住的是两层楼的正房，各种测量仪器都装设在家里，他拆下二楼屋顶的部分瓦片，安装简易天文望远镜。陈一得夫人刘德芳和弟弟都参加了观测工作，白天观气象、夜间观天文，坚持10年，从不间断，获取的气象实测资料免费送给政府、学校等机关使用，同时为午炮定时、为街钟校时，曾被中央大学地理系考察团誉为"科学化之家庭，硬干苦干的机关"。

九一八事变之后，日本人以"天津测候所"的名义试图收买陈一得的观测资料，被陈一得严词拒绝，并通知当局。美国驻滇领事借参观一得测候所之机，要求陈一得提供历年气象纪录，也被陈一得拒绝。法国殖民者的越南测候所致信陈一得，请他每天用电报和法国人交换气象记录，并承诺提供津贴。陈一得深知此事非同小可，把法国人的信送到省教育厅代转当时的省政府,龙云置之不理。昆明市政督办张维翰得知,与陈一得商量,将"私立一得测候所"改为"昆明市代用测候所",有关国际交换资料事宜,由市政当局办理。

1936年,省立昆明气象测候所在太华山顶建立,由陈一得担任所长,按时观测、记录并发布气象电报。抗日战争时期,测候所为飞虎队、驼峰航线提供了大量气象情报,陈一得还多次到云南航空学校教授"航空气象",到军官分校教授夜行军"恒星方位辨识"等军事气象知识等。

今钱局街一得测候所旧址已拆,太华山原"昆明气象测候所"楼房尚存。1936年,陈一得受命筹办省立测候所,选址昆明西山——太华山美人峰,由当局出资购地建设。此楼和观测场均由陈一得亲自设计并带领民工修建。所有建材靠人背马驮从山下运来,历时近一年建成,于1937年6月1日正式进行气象观测、发布气象报告,钱局街"私立一得测候所"同时停止运行。

新的测候楼立于海拔近2360米的太华山美人峰顶,为一幢砖木结构、古朴典雅的西式建筑,建筑面积286平方米。其高门厚墙平顶,拱券门窗石套,石砌墙角立柱,都是典型的西式建筑风格。而方格窗棂、楼梯木栏又是中式传统之物。其设计构思奇特,个性鲜明,又超越中西,别具一格。

其一,测候楼高三层,一、二层面阔三间,三楼独有中房突兀而起,两侧均为大露台,立面酷似一个"凸"字。从老照片看,这两个露台原为三面坡的瓦顶屋面,

如今太华山测候所正面,可见其门廊之狭小

陈一得夫妇逝世后葬在太华山测候所大楼后,永远和他的事业在一起

这是太华山测候所大楼背面,其廊房就大多了,可以清楚地看到石砌拱形门窗套和墙角柱,有典型的西式建筑风格

露台应为后来改建,但"凸"字立面依然不改,"凸"顶始终为一平台,有楼梯直达其上。此台高出周边树林,当有测天观象之用。而"凸"字立面,除功能性之外,也让人感受到设计者标新立异、超凡脱俗的心志。

其二,从相关坐标图上看,测候楼坐东北而面对西南,二楼正门前有一小阳台,宽与门齐,下面以两根高柱支撑,形成一个小小的方形门廊。二楼后屋也有阳台,宽至整间中屋,外延约5米,阳台下建有廊墙、门窗,形成一个宽大的门厦。俯瞰此楼,状如巨鸟大鹏,前廊为头,楼房为身,后厦为尾,面对西南,迎着印度洋季风奋飞,体现的还是设计者的心志。

陈一得夫妇逝世后安葬在太华山测候楼后,永远和他的事业在一起,可谓葬得其所。

○云大"校长楼":中国高校最美的大师旧居

云南大学东陆园的"校长楼"

云南大学东陆园"校长楼"建于1937年,位于会泽楼东侧,为一座砖木结构的楼房,建筑面积326平方米,分上下两层,坐北朝南,单檐斜山顶,墙面浅黄,面阔四间,进深两间,外设走廊,木地板,大立窗,兼有中西建筑风格,朴素简洁,庄重优雅,熊庆来、李广田两任云南大学校长都在这幢楼里居住、工作过。

熊庆来是云南弥勒市人,曾先后在比利时、法国留学七年之久,研习矿业、数学、力学、天文学,获得博士学位。回国后,熊庆来先后担任南京东南大学教授和数学系主任、清华大学算学系主任,创办了清华大学算学研究所,这是中国第一个近代数学研究机构,他还创建了中国第一个数学学报,培养出了中国的第一批数学硕士,培养了著名的数学家华罗庚、陈省身和著名物理学家严济慈、钱三强、钱伟长、赵九章、赵忠尧等。熊庆来定义的"无穷级"还被国际数学界称为"熊氏无穷级",载入世界数学史册,最让云南人难忘的是，1937年7月，熊庆来毅然放弃清华大学优越的教研、生活条件，回到昆明担任省立云南大学校长。就在那一年，熊庆来住进了被称为"校长楼"的小楼内，把一楼作为接待室，二楼作为卧室和办公室。

熊庆来深知国内办学的弊端，与"云南王"龙云"约法三章"：一，校务、行政，省政府不加干预；二，校长有招聘、解聘教职工之权；三，学生入学须经考试录取，不得凭条子介绍。他更为自己画下红线："绝不枉费一钱，妄用一人，绝不营私舞弊及接收贿赂。如违背誓言，愿意受最严厉之处罚。"

熊庆来塑像

熊庆来认为："学校成绩之良窳，过半由教授负责。"他想尽办法，更利用抗战时期大批名校、名教授汇集昆明的条件，以各种方式延聘不少国内一流学者来云大授课，以提高云大的教学水平。抗战期间，昆明屡遭日寇轰炸，会泽楼局部受损，校长楼前也曾落下炸弹，但熊庆来仍然坚持工作。熊庆来任云大校长12年，使云南大学跻身全国著名大学行列，曾被英国《简明不列颠百科全书》列为中国15所著名大学之一，这对于一所中国边疆大学来说，十分难得。

这幢"校长楼"里还住过另一位云大校长、教育家、诗人和文学家李广田。李广田不仅把

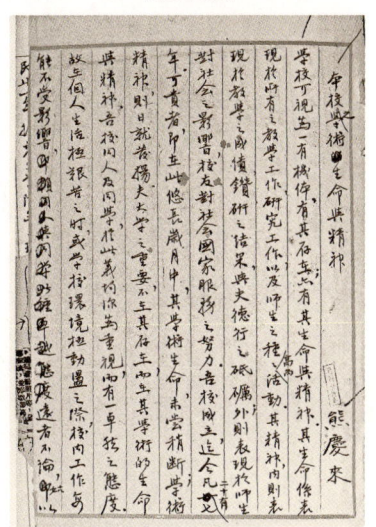

熊庆来手稿《本校之学术生命与精神》

云南大学带进了又一个重要发展时期，还重新整理了彝族撒尼人长诗《阿诗玛》，所著散文《花潮》被收进中学课本，在中国现代文学史上有相当大的影响。"校长楼"里两位校长的辞世，前后仅三个月。1978年，两位校长都得到平反昭雪，骨灰都安放在八宝山革命公墓。今天的"校长楼"内有两位校长的生平事迹和文物展览，已被列为云南省重点文物保护单位，近年还入选"中国高校最美的大师旧居"。

民居建筑

两千年前,滇池畔的民居大多为干栏式、井干式建筑,记录在战国和汉代的青铜器上。两千年后,滇池边老昆明城和近郊民居结构多为"三间两耳倒八尺"的四合院形式:正房、耳房、门廊组成四合院,中间围成院落,昆明人称"天井"。其平面方正整齐,如印章盖地,俗称"一颗印"。

昆明"一颗印"民居始于明代,成熟、定型于清代早期,与福建围龙屋、陕西窑洞、北京四合院、广西干栏式建筑并称中国"五大特色民居建筑"。"一颗印"曾经是老昆明城内外最普遍、最常见的民居住宅,如今已不可避免地衰落甚至渐渐消失。昆明城中"原生态"的"一颗印"民居建筑保存下来的极少,大多已经成文物了。

○昆明"一颗印"民居："三间两耳倒八尺"

据明万历《云南通志》记载，滇中"民居皆四合瓦屋"，可见当时四合院民居已经在昆明普及。直到民国时期，老昆明城和近郊民居结构仍多为"三间两耳倒八尺"的四合院形式：其正房两层，建筑较高，面阔三间，底层为一明间两次间，前有单层廊，又称抱厦，构成重檐屋顶，这叫作"三间"；其两侧为吊厦式耳房，建筑较矮，一层或两层，左右各两间，这又是"两耳"；楼梯两个，建在正、耳房左右连接处；房前有门廊，又称"倒座"，进深八尺，这就是"倒八尺"；正房、耳房、门廊组成四合院，中间围成院落，昆明人称"天井"。其平面方正整齐，如印章盖地，俗称"一颗印"。

清末昆明城东的"一颗印"民居

节孝巷39号是典型的"一颗印"民居建筑

院内上可见天，下可见地，有吉祥之意。

昆明"一颗印"民居一般以土、木、石、竹等天然材料和砖、瓦、石灰等初级材料建成，得来方便，既可建为独栋，也可连排建筑，可大可小，可增可减，可单层，可双层，可豪华，可简朴，"版本"不少，灵活多样，经济实惠，特别适宜昆明高海拔低纬度高原型地区的特点，无论城镇、村寨、平坝、山区，都适合修建。

老昆明城中，普通"一颗印"民居多为穿枋榫结、木梁支架、土基砌墙，青瓦覆顶，围墙厚实，天井较宽，如红花巷4号朱德旧居、节孝巷24号中共云南地下党建立故址等，其外封内敞，又多坐北向南，正屋高踞，冬天可多得日照，春天可避开风沙，夏天无日光暴晒，在院内营造宜人的小气候。早年官绅大户人家的"一颗印"，多建为外廊式大四合院，耳房外扩，成"四合五天井""走马转角楼""三坊一照壁"的大"一颗印"格局，如今尚存的文明街马家大院、景星街懋庐、东寺街将军府等，结构装饰，极为考究，门坊、楼顶、柱梁、门窗、栏杆，常镂空精雕，饰以彩塑彩绘，或为历史故事，或为山川风物，或为绮繁图案，可见豪华。

老昆明四乡民居也多是"一颗印"。因为多山，地势复杂，民居坐向也因地制宜，不拘一格；再因乡间多风，多用土基筑成厚重之墙；又因山多地少、雨多潮湿，又多建为楼房；而为阻隔风沙、防火防盗，仅在二楼外墙开小窗，内院则开有大窗，以利通风采光、保持室温凉爽。正房下层为堂屋，上层正中为祖堂或佛堂，侧房住主人，左右耳房上层住子女，下层为灶房、猪圈、马厩等，门厩上层则为储存粮食和杂物之地。

文庙东巷的"黎光庐"是私宅

"一颗印"中还可见传统礼法之制，正房正中的堂屋居于全院中轴线上端，为一家之长起居和供奉佛像、祖先之所，背墙上常有"天地君亲师"牌位，叫作"祖宗房"，同时又是客堂，有接待

"黎光庐"是"活着"的"一颗印"民居

客人之用。堂屋左右为主人卧室，两侧耳房则为晚辈居室和厨房等，按照祖规，男左而女右，分别称为"小姐房"和"公子房"。每天晚上，特别是逢年过节之时，全家人都要齐聚堂屋，向祖宗请安。从耳房到正房，必须上几级台阶，以示尊卑——法天敬祖，长幼有序，尊卑有礼，男女有别，尽在其中。

○聂耳故居：甬道街成春堂的"反正"故事

清光绪三十一年（1905年），玉溪中医聂鸿仪来到昆明，在甬道街东侧租房开了个中药铺"成春堂"。这套临街的"一颗印"楼屋早先是用于开商铺的清代官房，为传统的三合院建筑，通面阔10.5米，进深10.8米，正房高8.8米，坐东朝西，上下两层，土木结构，重檐屋面，外有两滴水腰檐，后有楼梯，下为小院天井，南北两侧耳房面阔两间、进深一间，均为单坡步架式屋顶，雨水尽流天井，称"四水归堂"。此楼商住两用，聂家和房东杨家合住后院，临街的三间铺面就是"成春堂"药房，如今已成为云南省重点文物保护单位。

1912年2月15日，聂家第五个孩子在这里呱呱坠地，父亲为他取名"守信"，字"子义"。这个孩子就是后来的《义勇军进行曲》（中华人民共和国国歌）的曲作者聂耳。聂耳4岁时，父亲不幸病逝。母亲不顾礼教重压，考得行医资格，接过中医铺，抛头露面，挂牌行医，独自挑起全家生活重担。

甬道街原为明代沐国公府前的甬道，一说早年两旁建筑有高墙，高官出入，外人不得见也；一说两廊建有房舍，为全省72大姓土司子弟值班之所，实为人质暂住之地。清初将原沐国公府改建为云贵总督府，府前建甬道，地方官员到此下轿下马，入府拜见总督，马夫轿夫则到道路两旁的棚舍歇息等候。到了清末，这里渐成商业街，甬道街多有打制"羊皮金"（金箔）的作坊，还有"麻乡约行"，承寄书信及小件包裹，出租轿子、滑竿。辛亥重九起义时，这里是主战场之一。还在母腹之中，聂耳就经历了革命的洗礼。母亲曾不止一次给聂耳讲过重九昆明"反正"（起义）的情景，聂耳后来在日记中记述了母亲的故事：

中华人民共和国国歌的曲作者聂耳

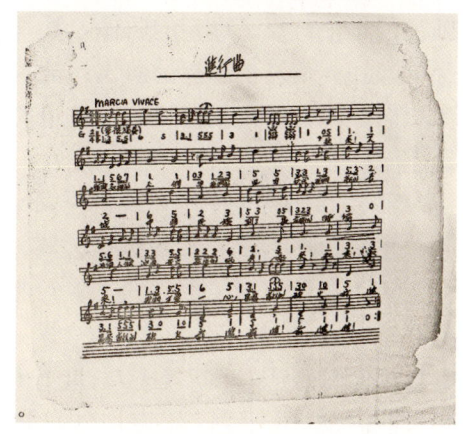

聂耳谱写的《义勇军进行曲》手稿

"……在先东边放一枪，然后西边又放一枪。继续着两枪，三枪……天哪！炸豆般的枪声响得实在怕人！我忙把窗子关起，抱着你三哥跑下楼来……桌子底下有个面盆还飞来一颗枪子哩！"妈妈富有表情地把一件惊人的故事原原本本地和我们说过，我们喜欢得跳起来。然后她把我抱到怀里两手紧围住我，"我的乖乖，枪是最可怕的哟！"

这是我未满六岁的时候，听到妈妈讲这样有趣的一个"反正"的故事。当时我觉着太可怕，然而又非常爱听。我为了要把这故事深深地印在脑里，曾无数次地要求过妈妈再讲而哭过几次，这是因为她在忙着替我做衣服或是在制药材的时候没有那样的闲心，只叫我到爸爸房里去认字。但是，我却也得到了好几次的胜利，因为我会利用在她闲的时候，或是看到她面带愁容地在追思死去了的爸爸的时候去请求她，她便不住地又把这故事讲完，依然又把我抱到她的怀里给予一个温存的甜吻。

"反正"这个名词已在我脑里荡得惯熟的了。只要想到"反正"二字便会联想到枪声，烧房子，换旗子，伤兵……和妈妈的表情。

聂耳的母亲是傣族，聂耳是听着母亲的傣族民歌和花灯调长大的。随着年纪的增长，聂耳又学了不少花灯、调子，回家就唱给母亲听。聂耳弟兄还常常和小伙伴一道在家里演奏笛子、二胡、三弦和月琴。这时，母亲常为他们沏上茶水，有空也坐下来听一听，有时还点上一曲。

聂耳懂事早，书也读得不错。街口的总督府办起省立师范学校不久，他就成了省立师范的学生，成了母亲的骄傲。聂耳在学校经常参加宣传进步思想的演出，被特务列入了黑名单。为躲避搜捕，聂耳被迫离家，远赴上海打工。

那是1930年的一个夜晚，全家为聂耳送别。母亲为他唱了一段《安安送米》。聂耳含泪用小提琴演奏了舒曼的《梦幻曲》。母亲对聂耳说："我一个妇道人家，累死累活，总算把你们弟兄几个抚养成人。世道太难了，再难我们也要走下去。上海是个繁华的地方，你要保持朴素、勤奋的品格。你是有音乐才能的，只要你有决心，有志气，就能闯出一条路来。等你回来，我还要听你的演奏呢！"聂耳潸然泪下。

聂家医馆、聂耳出生地"成春堂"老照片

如今修复的聂耳故居

几年以后，当聂守信在上海成为聂耳，自告奋勇为《义勇军进行曲》谱曲的时候，一定想起了母亲的歌、母亲的话、母亲讲的"反正"故事……

1943年，甬道街扩建为昆明第一条柏油马路，聂耳故居前厦被拆，原建筑的后院也被拆除，近年按原样修复，设置为聂耳博物馆，为云南省重点文物保护单位。

○节孝巷39号：云南红色火种点燃之地

节孝巷39号特殊的屋面"墙上墙"

节孝巷39号位于今天的青年路和平政街之间，这是昆明常见的"一颗印"四合院，土木结构，坐北朝南，正房三间，左右耳房两间，白墙灰瓦、檐下出廊、木格窗子，正房左右两间设有暗楼，其中左侧暗楼就是当年中共云南地下党的主要活动场所之一，现已被列为云南省重点文物保护单位。

1926年，正在广州主办农民运动讲习所的毛泽东推荐一批云南籍中共党员回云南建党。这一年的11月7日，经过紧张的准备，在节孝巷24号（现55号院）的共产党员周霄家举行了第一次党员会议，正式成立中共云南特别支部。这是云南第一个共产党组织，女共产党员吴澄被选为特支书记。

节孝巷建在老昆明东城埂下的一个坡地上，巷道西高东低，略显弯曲，形似牛角，称牛角坡，后因巷内建起姜孝子祠堂，改名崇孝巷，再改为节孝巷。小巷僻静清幽，又四通八达，正好处于2个警察区、3个守望所的交界处，西巷口有警察三区第六段守望所，东巷口有警察第二区第七段守望所，节孝巷夹在当中，常常成"三不管"的空白地带，便于隐蔽开展地下工作。

由于周霄家所在院子住户较多，特支机关改到现节孝巷39号活动。那是另一位党员的家，单门独户，更有利于工作和保密。抗日战争中，节孝巷原24号院被日寇飞机炸毁，后来重建，但已非原样。39号院保留至今，成为中共云南地下党建党历史的见证，被列为云南省重点文物保护单位。

○龙门村闶翠楼：周培源的"马上大将军"府

闶翠楼位于昆明西山脚下的龙门村（原山邑村），始建于1925年，原为私人住宅，设计者是一位留美学人，后来在这里办过公路医院。闶翠楼共两层，为砖、石、木结构，面宽12.4米，进深8.7米，占地面积108平方米。其构造取昆明"一颗印"堂屋范式，两层三间四耳，木梁回旋，二楼前面为板壁木窗，两楼之间有瓦檐前伸，下有四棵立柱接住，形成宽展的前廊。而立柱为方形，以石砌成，柱后为拱形石砌门窗，还有埋墙石柱，又是西式风格，石柱上刻有篆字楹联，可谓中西一体。从老照片看，此楼前面还有石台石栏，精雕图案，也是中式。如今石台、石栏不存，楼院花木繁盛，水池清雅，前临滇池，湖广水清。中屋两侧石柱上篆书楹联犹在：

中有白鸥闲似我；

行尽青溪忽值人。

今天的龙门村闳翠楼

1938年，正是抗战初期，日寇飞机对昆明狂轰滥炸，原来住在大观楼附近马家花园的西南联大教授周培源搬到闳翠楼，一直居住到1942年。

周培源是中国近代力学奠基人和理论物理奠基人之一，早年留学美国，获得博士学位，后来又赴德国、瑞士从事量子力学研究。1929年，年仅27岁的周培源就被聘为清华大学物理系教授。1937年抗日战争全面爆发，周培源随学校南迁，任西南联合大学物理系教授。

战争时期，周培源一家在闳翠楼的生活十分艰苦。这里距西南联大约10公里，又不通公路。他买来一匹永胜马，取名"华龙"，有课就飞骑赴校，从不迟到，成为联大的一道风景，周培源也被称为"马上大将军"。就

到西南联大上课后骑马归来的"马上大将军"周培源，背景就是西山脚下的山邑村（今龙门村）闳翠楼，从这张照片上看，当年的闳翠楼前还有一道石栏杆

在这位"将军"门下，走出了林家翘、郭永怀、钱伟长、杨振宁等一批著名的科学家。

面对民族危亡，周培源毅然调整科研方向，从广义相对论的引力论研究转向流体力学的湍流理论研究。他把自己关在闳翠楼的小房间里，潜心研究可为"军用"的湍流理论。为了不受打扰，他和好友们形成默契：友人来去随意，周培源不必下楼应酬。就在这里，周培源拿出了他的湍流脉动方程，奠定了湍流模式理论的基础，

在导弹、潜艇设计中发挥了作用，成为国际学界的经典。周培源也被誉为"湍流模式理论之父"。

当年每逢周末，闵翠楼常常高朋满座，梁思成、林徽因、陈岱孙、金岳霖、张溪若、任之恭、吴有训、李继侗等，都是常客。小楼上下，妙语连珠，欢声笑语，有时客人就地而宿，小楼地上床上，睡满大师级人物。这在今天，已经无法想象了。

闵翠楼装满了周培源一家的故事。周培源的三女儿在这里出生，好不容易买到柑橘，总要挤出果汁给三女儿喝，两个姐姐只能吃果渣。她们嚷着要母亲来挤，因为母亲力气小，挤后的果渣含汁多。几个女孩还捧走"华龙"的马豆，跑出去挖个洞烧吃解馋。她们在这里学会了地道的马街腔昆明话和正宗的云南花灯，对昆明的鸡枞、饵块、过桥米线情有独钟，念念不忘……

1942年，周培源带着家人离开闵翠楼，离开昆明，到国外继续他的湍流研究。1947年，周培源回国，先后担任清华大学教务长和北京大学校长、中国科学院学部委员（院士）、副院长，全国政协副主席，1993年以91岁高龄去世。2011年，作为周培源旧居，闵翠楼被列为昆明市重点文物保护单位。

○龙院村惠家大院：中国最牛的"教授楼院"

惠家大院始建于1910年，位于昆明西北郊的龙院村，分前、后两院，前有门楼，为砖木结构，双坡瓦屋顶，楼上有不足10平方米的木阁，枋头垂柱，前后有窗，楼下是进出通道，俗称过道。

大师云集的昆明惠家大院的门楼

惠家大院早年的主人是惠我春，在昆明办过报，有"爱国报人"之称。惠我春散文写得好，对散文大家、西南联大教授朱自清十分钦佩。1939年日机轰炸昆明，他就把朱自清请到院里来居住。1940年，清华大学的农业、金属、无线电等3个研究所搬到附近的普吉村。惠我春让出家宅前院，又在围墙边砍树垒房，共腾出两座两层小楼和几间平房，再加上原来的柴房、仓房和长工屋等，让10多位教授拖家带口共四五十号人住了进来，惠家大院从此就成了名副其实的"教授楼院"。

当年居住在惠家大院的教授在中国现代科技史上都声名赫赫：清华大学校长、西南联大校长梅贻琦；诺贝尔奖获得者杨振宁和他的数学家父亲、西南联大算学系主任杨武之；西南联大理学院院长、中国近代物理学的奠基人之一吴有训；西南联大教授、中国核物理、中子物理研究的先驱者和奠基人之一赵忠尧；西南联大教授、中国气象学、地球物理学的奠基人之一赵九章；清华大学无线电学研究所所长任之恭……

当年杨振宁（后排左二）和弟妹在惠家大院的照片

他们当中不少人后来都成了中国科学院院士。

惠家大院离普吉不远，距当年的西南联大约10公里，教授们多坐马车、骑自行车或走路到校上课。尽管这里的楼板裂了大缝，隔壁不隔音，只能点油灯，而且教授们只用得起一根灯芯。就在这单芯油灯之下，教授们写

后来的惠家大院

论文、夫人们补衣服、孩子们做作业，硬撑起了中国科学技术的一片天。

惠家大院里最有名的孩子就是杨振宁。他是数学家杨武之的大儿子，他考进西南联大读物理时，给他上一年级普通物理课的是大院里的赵忠尧，上二年级电磁学的是大院里的吴有训，他登上物理殿堂之路就是从惠家大院开始的。在联大读书时，杨振宁周末和假期都要回惠家大院。后来到普吉的清华研究院读硕士，更可以经常回家了。在惠家大院，杨振宁是孩子头。他喜欢给大家讲故事，还用饼干筒、放大镜和灯泡做成可放"动画"的"土电影"，让小伙伴们大开眼界。

2000年4月，杨振宁和两个在惠家大院长大的弟弟重回龙院村，寻找他们人生起步的地方。时过境迁，惠家大院也变了样。当年这里有一小片菜地，联大教授和他们的夫人在这里种出过一斤重的西红柿和一米高的芥菜，后来都盖满了镶瓷砖的房子，完整留下的只有那小小的两层门楼，依旧昂着歇山顶，依旧悬着倒垂柱，依旧开着木花窗。院里保留下来的还有两三幢小楼，"教授楼"只留下了一幢，正好是杨振宁的"老家"——杨振宁说："那房子还在。"

○陈家营"一颗印"宅院：猪马圈之上成就的数学大师

那是1940年，日机对昆明狂轰滥炸，昆明西郊黄土坡防空洞被炸塌，西南联大教授华罗庚被埋在土里，幸而他那"数学之头"还露在外面，终于从土堆里爬了出来。出此大难，华罗庚无家可归，一时又找不到住所。和他几乎不相识的闻一多把他们全家请到离城更远的陈家营杨家院子和自己一家同住。

杨家院子是典型的昆明"一颗印"民居，是由正房、厢房和门廊组成的四合院。正房、厢房均为一楼一底，正房中间是堂屋，左右两间为主人卧室。正房楼上也有三间，中间为祖堂或佛堂，左右房间住人或储存农作物。小院两旁是吊厦式厢房，较正房稍矮，也有两层，底层各有两间，作为厨房和猪、马牲畜栏圈，楼上两间则住家人。

闻一多一家8口原来住在杨家正房楼上的3间小屋里，本来已经够拥挤了。他仍然腾出稍大的一间，把华罗庚一家6口安顿下来。说是几间房，却无隔墙，中间仅用床单隔开。闻、华两家挤在帘布两边，相处如一家人。闻一多在这厢埋头钻研"盘瓠"，完成了《伏羲考》；华罗庚在那厢潜心攻关数学，写就了《堆垒素数论》。

多年后，华罗庚忆及这段生活，曾赋诗云：

挂布分屋共容膝，岂止两家共坎坷。

布东考古布西算，专业不同心同仇。

但大家拖家带口，长年如此生活，终不是办法。一年后，闻一多考虑到华罗庚腿残，上有老人，下有幼孩，搬家不易，于是主动搬到龙泉镇司家营的清华文科研究所，把住房让给华罗庚。华罗庚一家对此感激不已，此后又在杨家院子继续住了4年。华罗庚亲笔记叙了这段生活：

想起40年的前半叶，在昆明城外20里的一个小村庄里，全家住在2间小厢房里（还没有我现在的办公室大），食于斯，寝于斯，读书于斯，做研究于斯。晚上一灯如豆，所

华罗庚和闻一多住过的陈家营宅院被重修成这个样子

谓灯，乃是一个破香烟罐子，放上一个油盏，摘些破棉花捻成线做灯芯。为了节省菜油，芯子捻得小小的。晚上老牛擦痒，擦得地动山摇，危楼欲倒，猪马同圈，马误踩猪身，猪发出尖叫，而我与之作息。那时，我的身份是清高教授，呜呼！清则有之，清者清汤之清，高则未也。高者，高而不危之高也！

在陈家营完成的《堆垒素数论》是华罗庚的第一部专著，讨论了华林问题、哥德巴赫问题和其他相关联的问题，统一并改进了他此前论文的结论，成为数学经典著作之一。

华罗庚后来成为中国科学院院士、美国科学院外籍院士、第三世界科学院院士、德国巴伐利亚科学院院士，是蜚声中外的大数学家。如今黄土坡华罗庚旧居已无痕迹可寻，陈家营杨家大院却得以整修保存，被列为区级文物保护单位。

1938年，华罗庚（坐者）和家人在昆明住所前合影

闻一多全家在昆明合影

○棕皮营梁、林旧居："爱情样板房"

梁思成是中国近代著名学者梁启超的长子，在美国完成学业后回国，先后在东北大学和清华大学开办建筑系，成为中国现代建筑学教育的奠基人，在中国古建筑和古建筑史的研究上颇有建树。他的夫人林徽因也是建筑学家，在世人心目中更是一位才女、诗人。

1938年，中国北方领土沦陷，梁思成、林徽因夫妇随中国营造学社迁到昆明，先住在昆明巡津街的"止园"，因日寇飞机频繁轰炸，又搬到十多里外北郊金汁河边的龙头街棕皮营村。这里长堤古柏，田畴水池，景致极佳。在烽火连天的战争时期，简直就是一处世外桃源。梁思成夫妇决定倾其所有，在这里借地建造私宅，并和土地主人约定，战争结束离开后，所建房屋即无偿归土地主人所有。

这是梁思成、林徽因夫妇为自己设计建造的唯一的房屋，于1939年中开工，到1940年春建成。新宅面积80平方米左右，共有两大间平房，主屋为正房（住房）

林徽因和孩子在棕皮营新居

如今的梁思成、林徽因旧居依旧清幽

主屋和柴房、厨房、用人房围成一个小院落

3间,坐西向东,对面一间为附属用房,坐东向西,高度较低,包括柴房、厨房、用人房等。两屋相对,中间隔一通道,自然形成一个小院。梁思成夫妇参与了营造的全过程,自己画图纸,做设计,还亲自动手干活儿。他们设计了大木窗,以便通风采光,又以菱形木格构成窗棂,显得简洁而古朴,住房还装上了木地板,客厅则有壁炉,又有西式风格。林徽因在给友人的信中说:

> 出乎意料地,这所房子花了比原先告诉我们的高三倍的价钱。所以把我们原来就不多的积蓄都耗尽了,使思成处在一种可笑的窘迫之中。在建房的最后阶段事情变得有些滑稽,虽然也让人兴奋。所有在我们旁边也盖了类似房子的朋友,高兴地指出各自特别啰唆之处。我们的房子是最晚建成的,以致最后不得不为争取每一块木板、每一块砖,乃至每一根钉子而奋斗。为了能够迁入这个甚至不足以"避风雨"的屋顶之下,我们得亲自帮忙运料,做木工和泥瓦匠。

梁、林的村宅幸运地留存到了今天,这是两排瓦顶土坯房,远看就像一所普普通通的农舍,但小院的恬静、门窗的高阔,木地板和木顶棚的气质、壁炉和壁柜的典雅,又显示了主人不一样的文化品位。建盖此宅,尽管窘迫,林徽因仍对它的"美丽和舒适"的"内在质量"颇为自得,期盼"真正的朋友来赏识它"。

人们还注意到,紧贴着正房的南侧,还并排建有一间矮小的偏厦,那是另一位学术大师、西南联大哲学教授金岳霖的住所,据说是梁思成、林徽因为金岳霖而特意加盖的。两屋相依,又验证了一段爱情佳话。

梁思成和金岳霖年少时就是同学，后来又都到美国留学，交谊很深。在北京时，梁思成夫妇和金岳霖就是邻居，一墙之隔而一门相通，过往密切。据说交往之余，金岳霖和林徽因竟坠入情网。林徽因向梁思成坦陈了心迹，梁思成彻夜未眠，最终决定让林徽因自由选择，并祝福她。那边金岳霖得知，深为感动，更郑重宣言"退出"。金岳霖为此终身不娶，而三人来往如初，毫无芥蒂，光明磊落，从北京到昆明，又从昆明到北京，至死不渝，传为美谈。棕皮营的梁思成、林徽因、金岳霖旧居至今仍在，并整修一新，被后人称为"爱情样板房"。

旁边的小屋就是金岳霖搭建的"偏厦"

梁思成、林徽因旧居客厅里的壁炉

梁思成、林徽因夫妇在棕皮营仅住了8个月，就随营造学社"极不情愿"地离开昆明，离开棕皮营新宅，前往四川李庄。他们留下的这幢小院如今已成为昆明市重点文物保护单位。

○乐居村民居：融合汉、彝风格的"一颗印"建筑群

乐居村位于昆明西山区凤凰山坡上，始建于明末清初，后逐渐形成彝族聚居的村落，至今仍完整地保留着兼有汉族"一颗印"民居和彝族"土掌房"民居风格的村落建筑群，完整地保留着彝族特有的村落聚落格局和建筑形态，十分难得，已被列入"中国传统村落名录"。

乐居村距昆明主城区仅十多公里，整个村寨坐西向东，如一把巨大的太师椅稳坐于凤凰山麓，80多栋民居建筑随坡就势，依山而建，层层叠叠，错落有致。山顶有土主庙、神树、龙潭，为旧时全村生活、生产水源所在，后山有河谷山沟，景致优美。村庄左右山脉护佑，一似雄狮，一似象鼻，山脚有出水龙潭和大片水田。乐居人以故乡自豪，誉之为"上有天池，下有地海；左狮右象，七星伴月亮"的风水宝地。乐居村中蜿蜒着50多条石板路，村前有永胜河环绕，被称为"护寨河"，河上旧

远眺乐居村一颗印老房子

土墙木窗，青瓦挑檐，乐居村民居的传统建筑风格

年久失修的"一颗印"院子

有石桥两座，桥上有瞭望楼，过去遇到多事之秋，全村人要轮流到楼上放哨守夜。而驮着大米和煤的马帮赶到这里，人困马乏、天色近晚之时，多会在这个古道彝村住上一夜。

据考察，在乐居村的80多栋连片古民居建筑中，有30多栋民居的"房龄"为200年以上，40多栋的"房龄"为100多年。建筑形式为典型的"三间四耳倒八尺"的"一颗印"格局：正房两层三间，耳房一层或两层两间，正房两侧各有楼梯，把正房和耳房连为一体，前面是八尺门廊，围出一个四方天井，地面铺满石板。村里还有独特的联排"一颗印"建筑，最长的有3院、7户、21间房，为"同梁不同柱"连体结构。

和昆明城区的"一颗印"民居不一样，乐居村的"一颗印"民居建筑糅进了彝族土掌房民居建筑的特质，所用建材，除了砖瓦，都是就地取材，土、木、石、草、灰、谷糠都用上了。这些建筑汉、彝合璧、古今合一，形式小巧，更适合当地气候和农村生产生活的需要。而房舍古朴秀美，拙中见巧，于统一中见变化，与环境融为一体，更形成了独特的彝家乡村景观，成为昆明地区一处极有代表性的历史文化建筑群。

名人建筑

老昆明城本为军事城堡,"堡"中所居,多为官员,其中名人不少。如唐代的南诏国王世隆、宋代的大理国王段素兴、元代的赛典赤、明代的沐英、清代的吴三桂等,可惜他们的府第都没有留下来。如今可以考察的多是近现代名人建筑,而且几乎都是带本土风格的中西合璧"法式"建筑:有的是"外土内洋"——外观为典型的中式建筑,内里却融入了不少西方建筑元素;有的是"外洋内土"——有西式建筑的外观,细部又显现出不少中式建筑的特色。这些公馆一般都嵌有厚重宽大的石制门、窗套,墙脚、墙角也用石块砌成,被老昆明人称为"洋石房"。这些"洋石房"又多身处中式的四合院或中式园林中,往往还有木椽青瓦的中式屋顶,与法式长廊相连的还会是中式角楼……中西建筑元素在这里融合得自觉、自若、自然,体现了昆明人的自信、自由、自负,为后世留下了一道独特的人文风景线。

○北门街"唐园"：
免费参观的督军公馆和图书馆

如今"唐园"的牌坊式大门被移到了北门街南侧

圆通山上的这座"会泽亭"也是"唐园"的遗物

"唐园"位于北门街51号，为民国初期云南督军、省长唐继尧的旧居，由唐公馆和唐家花园组成。唐继尧早年担任云南讲武堂教官时，寄住在武庙下街（今武成路下段）一家药店的后院。护国战争后，唐继尧身居高位，名噪一时，在翠湖畔的沈官坡置下房产，更在北门街大兴土木，营造公馆和花园。公馆在前，南临北门街；花园在后，背靠圆通山。

北门街唐公馆沿山坡而建，前有拱形三开牌坊门，西式精雕石柱，两侧为"八"字形影壁，兼有中西建筑风格。这道坊门至今仍存，被移到北门街南侧坡头。唐公馆和花园早已踪迹难寻，连相关的文字记载也显得混乱不清。比较靠谱的记载有两条，一条出自民国初期谢彬所写的《云南游记》，其中称唐公馆"枕山面湖，揽尽全城之胜。房屋建筑亦具欧风而极精致"。其有"正屋三楹""两廊居住侍从""正屋之前，有大丹墀，中建水池，傍砌假山，路分为左右行，皆能通至对面抱厦。抱厦系一长方大厅，其左另建洋榭三层，形为八方，壁悉玻璃，登临四望，均能及远。正门出入，则在抱厦右端。正屋后方，逾一丹墀，即为坡坨，依坡建太湖石假山，上植群卉，香艳可人，中砌一洞，穿洞而上，地面宽平，茶圃梅园，亭榭花池，错出其间，历历入目"。另一条出自昆明园林专家石玉顺："主楼坐东向西，侧楼坐北向南，平面呈直角布局。主楼七开间，楼下通间，楼上设中间廊道，两面房间。楼上木地板，楼下法式花瓷砖铺地，半圆拱顶压花玻璃窗。楼上朝西中间大书房，落地大窗，立于窗前可眺览翠湖风光。侧楼南面外廊，楼下花瓷砖地面，楼上木地板。楼前花园，园中假山（太湖石）环绕莲池，还有跨莲池的雕花石栏杆拱桥。池中垒有假山，倚假山伫立着两个瓷质彩色西洋女子，其中一个手抱花瓶，瓶中不断涌水注入莲池。"（转引自陈秀峰《历史风云中的唐家花园》）唐继尧还挨着公馆建造了一座戏楼，前有大戏台，上下有20个包厢。后花园内种植有当时日本驻昆领事送给唐继尧的50株樱花，各种花开之时，景致迷人，人称唐家花园，简称唐园，因从北门街进出，又称北门花园，是当时昆明规模最大、环境最幽雅的私家花园。

1923年，唐园被拍进了唐继尧自演的电影《洪宪之战》中。随着影片上映，唐园神秘的美景也开始为世人所知。1923年以后，唐继尧多住五华山，曾把家藏的书籍、古玩、字画陈列在唐家花园，成立东陆图书馆，聘请前清云南"状元"袁嘉毂任馆长。据说前期入园要买票，且票价不低，袁嘉毂一气之下，常带学生免费入园读书游览，唐继尧也无可奈何。1924年又定规则："许人参观，概不征费，但以星期三、六及星期日为限。"

谢彬在《云南游记》中记录了这处私人博物馆的不少藏品："楼上左右为纪念品部，凡唐氏毕业各校证书，连任印信，及所得中外荣誉，所颁布众奖章，以及庥飞军所用之戟，随扈队所持之矛，两获日本、缅甸之刀剑，黎总统特赏之九狮军刀，胥陈其中。左分前后二室，称为家藏品部，中悬唐氏自幼迄今各时代之玉照，及其祖父母、父母、原配袁夫人、胞弟各人之遗像，壁为之满。复有玻橱三五，内储唐氏及家族日常用具，内而首饰，外而杯盘，甚至连唐曾祖母罗太夫人嫁女所当物品之当票，亦用玻璃嵌悬其中。并有旧籍两架，古玩数架。"如此而已。

抗战时期，唐公馆成为美国驻昆总领事馆所在之地。其后的戏楼、包厢被清华大学办事处租下，作为单身教师宿舍，清华文科研究所也曾设在这里。西南联大著名教授吴宓、浦江清、李继桐、陈省身等曾居住此处。朱自清、陈岱孙和金岳

穿礼服的"云南王"唐继尧

如今"唐园"大门背对北门街，坊上是一个小区的名号

霖等五位教授合住正对戏台的二楼大包厢里，大家把包厢最清静的角落划给金岳霖，可以容纳一张床和一个小书桌，让他在教书之余，潜心写作《知识论》。由于当时生活极为困难，教授们不得不课余在楼外种菜，改善生活。陈岱孙是经济系教授，他见不少学生都饿得面黄肌瘦，于是挤出极有限的薪水，买来糖果糕点，以游览唐园的名义，邀请学生到戏楼后"聚餐"，聊表心意。

当时美国外交界的"中国通"费正清受命到昆明考察，曾来到与美国驻昆领事馆一墙之隔的唐家戏楼，会见了金岳霖和陈岱孙等。事后费正清在给美国政府的报告中说："作为西南联大的重要组成部分，清华大学的教授讲师正在缓慢地陷于精神和肉体两方面的饥饿状态之中。"

抗战后期，一批中国著名学者、社会活动家和文化名人在昆明组织民主同盟支部，有的成员就住在唐园，并经常在唐园举行时事讨论会等活动。经常参加活动的有闻一多、吴晗、潘光旦、费孝通、楚图南、尚钺等。因此，唐园还被视为民盟云南地方组织的一个发祥地。1946年2月，一代才女林徽因来昆养病，也曾住在唐园，她在写给好友的信中说：

所有最美丽的东西都在守护着这个花园，如洗的碧空、近处的岩石和远处的山峦这是我在这所新房子里的第十天。这房间宽敞、窗户很大，使它有一种如戈登·克雷早期舞台设计的效果。甚至午后的阳光也像是听从他的安排，幻觉般地让窗外摇曳的桉树枝丫把它们缓缓移动的影子映洒在天花板上！昆明永远那样美，不论是晴天还是下雨。我窗外的景色在雷雨前后显得特别动人。在雨中，房间里有一种难以言状的浪漫氛围。

20世纪50年代后，唐公馆曾成为云南边防公安局驻地，后来又成昆明第三十中学的教师宿舍，原建筑被全部拆除另建高楼。梅园和其中的红楼被划入圆通公园，也于近年被拆，遗迹难寻。留下的唯有一座六角亭，被命名为"会泽亭"，成为唐家花园唯一的遗迹。原唐公馆的牌坊式大门和影壁被移到新建小区"翠明园"前，面对青云街，背靠北门街，成为曾显赫一时的唐公馆遗韵。

○圆通山"老唐坟":"治滇无善政,护国有奇功"

"老唐坟"为民国初期云南督军、省长唐继尧之墓,位于螺峰山西坡,圆通公园西部,昆明人俗称"唐坟",或称"老唐坟",现为云南省重点文物保护单位。

唐继尧墓为圆丘形封土堆,环墓以青石镶砌,直径18米,高5.8米,形似小山,占地约1500平方米。墓前阶地入口有石阙、华表、石狮,两旁有石人、石马,循阶而上,有两层丹墀平台,台上为墓,墓顶树木葱郁,形成绿色墓冠。墓上横额为"南天一柱"四字,墓顶有一半球,上标亚细亚字样,象征"东大陆",石球又立一石刻飞鹰,以应唐继尧"东大陆主人"之号。墓前为白石灰岩建成的哥特式廊柱石阙,以14根立柱支撑穹顶,形成一排7个碑亭。七碑均为大理石质,高约3米,有阙、有座、有柱,精雕各种纹饰图案。墓碑分3组,形制中西结合,状若牌坊,又似大厅,更像碑亭。中间大碑,题"会泽唐公蓂赓墓",墓联:"功业须当垂永久;风云常为护储胥。"两侧分立四块石碑,镌刻民国大总统黎元洪为唐继尧授勋、军务院选唐为抚军长、

初建成的"老唐坟"引来不少人围观

新建成的唐继尧墓

国会举唐为政务院总裁和元帅、大元帅孙中山推唐为副元帅的电文和祝词、唐氏墓表等,皆为地方名流周钟岳、顾视高、陈荣昌、袁嘉毂所书。此墓庄严肃穆,豪华壮观,是云南规模最大、规格最高的名人墓,也是国内名人墓中的建筑精品,为近世所罕见。

唐继尧是云南会泽人,1904年留学日本士官学校,加入同盟会。归国后担任云

南讲武堂教官,参加"重九"起义,先后任贵州都督和云南都督。袁世凯复辟帝制,唐继尧迎蔡锷等人来昆,于 1915 年 12 月 25 日通电全国,拥护民国,反对帝制,宣布云南独立,发动护国战争,出兵四川、广西、贵州,其自任护国军都督兼第三军总司令,坐镇昆明。1916 年 5 月,黔、粤、桂、浙等省先后宣布起义,在广东肇庆成立军务院,以唐继尧任抚军长。随着护国战争节节胜利,袁世凯不得不取消帝制,是年 6 月 6 日,袁世凯病死,护国战争结束。

如今的"老唐坟"

"老唐坟"的侧影

1927 年初,唐继尧部下龙云等四军长突然发动"兵谏",迫使唐继尧交出政权,史称"二六"政变。唐继尧愤懑吐血,卧床不起,于当年 5 月 23 日不治而死。

据说唐死前曾表示,圆通山上葬有不少辛亥昆明重九起义、护国起义的烈士忠骨,并建有接引殿,以接引忠魂升入天国,希望自己死后也葬在此地,在地下与忠烈相聚。1928 年,唐坟在圆通山西坡、唐继尧公馆后花园梅园以东动工,巨额费用皆由禁烟公所拨付。墓前所立石碑,俱以白银磨平,锃亮壮观,耀人眼目。整个陵园建筑极尽豪华,耗时 4 年始告竣工。不知此墓之下,唐继尧如何与旧部相见。

"唐坟"建成,平日"闭门谢客",仅于每年护国纪念之 12 月 25 日前后开放三天,让市民参观。唐继尧一生功过,陈荣昌有联曰:

治滇无善政;

护国有奇功。

又有昆明儿歌如此:

哪个要找唐继尧,公园里边去瞧瞧。

骑马骑去大观楼,睡觉睡在圆通山。

○小梅园巷3号：朱德亲自设计的"洁园"

"洁园"在今五华山西麓小梅园巷3号，从1921年到1922年，朱德曾在此居住。此前朱德在护国军中战功卓著，升任少将旅长，再任云南宪兵司令、省会警察厅长，讲武堂教官马标与朱德有师生之谊，遂将其位于今红花巷4号的私宅转让给朱德居住，朱德同时购置屋后空地，建中西式居屋一所，名"洁园"，和家人居住于此，现已被列为云南省重点文物保护单位。

红花巷4号今为朱德纪念馆，占地380平方米，坐北向南，围墙厚实，外封内敞，内为四合院（昆明俗称"天井"），北为正房，面阔五间，重檐两层，硬山屋顶，底层中为堂屋，两侧耳房为一层，左右各三间，南侧有门道门房，均为穿枋榫结、木梁支架、土基砌墙，围绕天井，方正整齐，如印章盖地，是典型的昆明"一颗印"四合院民居建筑。其外封内敞，南向而居，正屋高踞，冬季多得日照，春可避开风沙，夏无阳光暴晒，在院内营造了一个宜人的小气候。

当年朱德还购置了红花巷4号屋后的一块空地，亲自布局设计，建起两层花园楼房，中西合璧，砖木结构，面南又建外走廊，题为"洁园"，以示"洁身自重"之意。

洁园占地900平方米，楼房两层三幢，式样相同，坐向不一，布局为"F"型，建筑面积566平方米。楼上楼下都有外走廊贯通，浑然一体，错落有致，又有昆明民居"跑马楼"风格。各楼之间，以月墙隔为三进三院，墙上有月门，

红花巷4号的堂屋和厢房

从这个角度看，红花巷4号院更有"一颗印"的感觉

小梅园巷 3 号的前院

这里还有个小巧玲珑的后花园

楼旁有廊道，层层递进，院在隔与不隔之间，状似四合，却有开放之势。楼前有花坛，楼后高坡建有花园，不足百平方米，却有溪香池、渡春桥、假石山、花廊道、细石幽径、青石桌椅等，又植名贵花卉，尤见朱德平生最爱之兰花，更显得格调高雅，环境清幽。

当时军阀混战，民生不堪。朱德受到俄国十月革命影响，在"洁园"潜心研读革命书籍，刻苦学习外语，寻求救国真理。1922 年，云南政局大变，朱德离开昆明，绕道内地，赴德国学习，探求新的革命道路。行前朱德将"洁园"交给护国军同事李云谷先生代管，20 世纪 50 年代后，又移交给国家。

1952 年，经过整修，作为幼儿园之用。

1955 年，朱德来昆视察，特地到"洁园"看望幼儿园老师和儿童，挥笔写下《洁园赏菊》诗曰：

奇花独立树枝头，玉骨冰肌眼底收。
且盼和平同处日，愿将菊酒解前仇。

○华山南路胡志明旧居：神秘的西餐室面包师

华山南路 68 号（原 82 号）是一幢中西结合风格的三层楼，其坐南朝北，土墙厚实，木格长窗，和周边全木结构的中式临街商铺建筑形成了鲜明的对比。抗日战争时期，后来的越南劳动党主席、"国父"胡志明曾多次来昆明进行抗日救亡活动，就住在此楼二层东侧的两间房里。当时楼下是书店，人来人往，正好作为掩护。胡

胡志明当年就住在二楼左侧的屋里，那屋的两个窗户还开着

志明多次来昆，少则住两三个月，多则半年，由于环境复杂，不得不频繁改变住所，昆明金碧路上的香油巷，还有崇善街、三节桥村（今靖国新村）、太和街咖啡馆等处，都留下了他的足迹。华山南路的这两间楼房是他的常住地之一。

○海源寺灵源别墅：蒋介石夜半惊魂之所

灵源别墅位于昆明黑林铺海源寺旁，原为方家祠堂，1932年改建为"云南王"龙云的别墅，今为昆明市重点文物保护单位。别墅得名"灵源"，一说因此地属灵源村，一说海源寺后聚仙山有暗河流入滇池，被认为有"聚仙之丽"，且为"滇池之源"。今海源寺右侧的山脚有出水之洞，深邃难测，俗称龙洞，洞前有潭，俗称海源龙潭。潭水流入海源河，蜿蜒数十里而汇集滇池。明末徐霞客曾到此考察，称"海源寺侧穴涌出之水……为省（城）西之第一流也"（《徐霞客日记》）。早年每逢天旱，昆明士民要到此插牌求雨，可称昆明一大风水宝地。龙云姓龙，暗喻此地的龙洞、龙潭。"水不在深，有龙则灵"，别墅便取名灵源。今看灵源别墅，处处有龙。无论门廊、花台、梁柱和房檐屋角，都雕刻有龙的印记，"有龙从风"，可以为证。

灵源别墅与海源寺一墙之隔，早先占地1.1万多平方米，除别墅主体建筑外，还有操场、车库、鱼塘等，并修建了一条柏油大道，与进城公路相连。据老人回忆，别墅前原有南、北两座显赫的拱门，状如城门，可供汽车出入。拱门涂为红色，镶有金色铜钉和龙头铺首，门头上高悬李根源题写的"灵源别墅"大理石匾额。门墙上有城垛，建有琉璃八角亭，又称"凉风亭"。进

灵源别墅的堂屋

侧后院是当年蒋介石半夜惊魂之地

门则是一个长形花园，正中有水池、石桥，花园后才是坐西向东的别墅，前后自成院落。

如今灵源别墅的门亭、照壁、前园等已不复旧貌，幸而主体建筑得以保存整修。这是一个占地1800平方米的四合五天井大院，正堂称燕喜堂，原来是龙云的会客室和居室，南厢房三间连通，为龙云的习武室，房前挂有龙云自题的"健体清心"匾额，旧时室内有器架，摆有刀、叉、剑、盾、矛、弓、箭等练身武器。北厢房3间，中为佛堂，供奉观音菩萨，两旁又供龙家牌位，西房为藏经室，东房为家眷住所，前廊房则是随员住处。

龙源别墅兼有云南传统民居、寺庙建筑风格，主院四房之间是大天井，每两房之间又围出一个小天井，这是云南传统民居的特点。而房屋阔大，布局庄重，威风八面，更有庙堂之势。整个建筑的看点是燕喜堂，这是一座仿古土木结构建筑，面

阔五间，歇山屋顶，飞檐翘角，雕梁画栋，精凿木花门窗，藻井白鹤飞翔，富丽堂皇，占尽中式的豪华，而中空式地板，夏可隔离湿气，冬可用于供暖，又有西式的舒适。堂前更有殿式抱厦，向前延展4米，以6根石龙抱柱为支撑，各高4米，直径74厘米，上有"龙腾卷云"浮雕，龙身隐现，踩云吐珠，上下腾挪，神情倨傲，活灵活现，气势恢宏，石墩上刻有"石匠河西郑家兴做"，据说为大师作品，尽显"云南王"霸气。

别墅中有会议室、电话室、卧室、厨房、储藏室、洗澡间、卫生间、副官室等，一应俱全。抗日战争时期，为了安全，龙云又在别墅西北小院旁建了一座碉堡，正方形，高三层，密

这个后院还有一座高高的碉堡

布"丁"字形枪眼，上置高射机枪，以防空袭，还在后山大悲阁罗汉崖下开挖防空洞，洞宽20多米，配备办公室、发电机等。据说龙云卧室有暗道直通防空洞，而那防空洞还曾储放过修建滇缅大道的银两等。而海源寺后半山崖上的西华洞，更被开辟为银行金库，全省黄金大部深藏于此——所有这些，更给这座古色古香的建筑增添了不少神秘色彩。

1937年初，从南京到昆明的"京滇公路"通车，当局组织了一个以军政要员为首的"京滇公路周览团"到昆活动，以"宣扬中央德意，考察地方情形，促进公路建设发展"。在昆活动期间，"周览团"有人跑到海源寺西华洞拍了不少照片，当时云南相对独立，蒋介石和龙云相互都防了一手，若"金库"秘密泄露，后果非同小可。据说龙云为此大为不满，曾当面质问"周览团"的头头，但也只能不了了之。

灵源别墅建成之后，龙云仅消夏或躲警报时来一下，在此居住的日子不多。偌大一座别墅，平日里只有佛家子弟在佛堂诵经的声音。抗战时日机频繁轰炸昆明，灵源别墅曾是当局的应急办公处。有老人回忆说，龙云尚武，能舞动100多斤的石墩，练完放在腿上，也不喘气。他曾在这里和几个美国人"交流"，那些美国人都不是对手，被龙云一个个撂倒。燕喜堂前竖起的那6根雕龙抱柱，分明是在显摆"龙气"。但这里留下的故事，最有名的还是"蒋介石夜半惊魂"。

那是 1942 年 1 月中旬，因为要出访印度，蒋介石决定经昆明出国，先在昆休息几天，再直飞印度。当时正是抗战时期，又有日机骚扰，为防万一，龙云想了个万全之策，请蒋介石住进城外的灵源别墅。这里依山傍河，清静幽雅，屋后有警卫碉楼，山上还有防空石洞，距城不远，又通公路。1935 年蒋介石和宋美龄就到过灵源别墅，对这里颇有好感，便答应了。

龙云是地方实力派，蒋介石在昆明逗留，也有"强龙要压地头蛇"之意。龙云当然知道老蒋的用心，更不敢怠慢，在灵源别墅扫归以待，精心安排警卫，还架起了通讯线。

蒋介石住进龙源别墅，开始看来一切顺利。据老人回忆，当时蒋介石洗完澡出来，只穿件毛巾衣服，服务人员凑上去看热闹，被卫兵推到一边。宋美龄戴顶大草帽，还在屋里跳舞。不料更深夜静，星月无光，房后林中突然乌鸦鼓噪，把蒋介石惊醒了。这位国民党军政最高首脑竟无法安眠，半夜披衣而起，一连打了 4 个电话，命令亲信嫡系部队迅速做好准备，另外安排警卫，转移他处。第二天一大早，亲信率部赶来，把蒋介石夫妇转移到安宁温泉，还特别告诉龙云不必前来迎送。

蒋介石惊什么？或许灵源别墅的环境和 6 年前西安事变时的华清池太相像了，夜半三更、半夜鸦噪一定让蒋介石想到了什么，而且从骨子里说，蒋介石也对地方派的龙云不相信。后来抗战刚刚胜利，他就将龙云赶下了台。

民间还有一种说法。灵源别墅旁有山洞，出水成河，流入滇池。因昆明人称湖为海，这里就被称为"海源"，并且有海源寺。古语说"水不在深，有龙则灵"，对龙云是大吉，但蒋介石的名字中有一个"石"字，住到此地，岂不"石沉大海"？蒋介石之"灵源惊梦"，实在是有原因的。

蒋介石走后，灵源别墅重新"赋闲"，龙云又把云南学界耆老请到这里来编写《新纂云南通志》，于 1943 年成书，1949 年出齐，是一部重要的云南地方历史文献。

○震庄龙公馆：龙云回避"打草惊蛇"

震庄位于盘龙江东侧，今东风广场以北，始建于 1942 年，是当时的云南省主席龙云的私宅，又称龙公馆。震庄三面高墙，东西宽 180 米，南北长 190 米，总占地面积约 3.5 公顷。大门原位于东风广场北面花坛处，为并排三道拱券朱漆版门，坐北向南，后被拆除，改从东侧北京路进入，坐西向东。其南临水池，由内院、外院组成，两院以一道坊门隔开，上书"辉光轮奂"四字，又以一座拱桥相接，连为一体。内院是一组西式别墅式建筑，有瑾、绣、乾、坤四座主楼，还有憩亭等附属建筑，是龙云和家眷居住之地。外院由七栋两层别墅式楼房和亭榭组成，有琉璃瓦屋面，宝顶吻兽屋脊，为中西结合风格。从 1914 年到 1919 年，震庄核心建筑乾楼曾为德国驻昆明领事馆所在地。第一次世界大战中，中德断绝外交关系，德国领馆人去楼空，后来被龙云买下，扩建为私家府邸。1945 年，龙云还没来得及住进新府，就被蒋介石逼下台，离昆而去。

早年震庄的大门，今已不存

一说震庄得名于《易经》，在八卦中，震代表东方，这座龙公馆建在昆明城东盘龙江边，取名"临江里震庄"。有人认为，这个"震"还和"龙云"二字有关。入虎从风、龙从云，龙即帝。《易经》有"帝出乎震"之说，所以龙公馆选址在昆明城东，并命名震庄。震庄镇馆之石号称龙云石，这块大理石面向乾楼，处于公馆中轴线上，上有蛟龙腾云

早年震庄大门被装饰为靖国军凯旋纪念会的牌坊

之像，活灵活现，栩栩如生，亦有"龙从云"之意。龙公馆多有水院，与盘龙江相连，这又叫作"水不在深，有龙则灵"，水有龙则灵，龙有水则飞，这又是一说。

震庄建筑群严谨细腻，方正规矩，瑾、绣、乾、坤四楼相望，有"锦绣乾坤"之意。前院后院相称相隔，既有西式建筑风格，又有中式建筑传统。内院四楼之间大致形成四合院布局，又似八卦造型，坐落在东方传统的园林之中，均属"中式"。一说乾楼属龙云，瑾楼属其儿子，坤楼属其女儿，都是典型的西式小楼，有或方或圆的阳台，有白色的罗马柱，非常显眼。绣楼是龙家的戏院，为中式殿堂建筑，外有法式窗户门框，内有戏台，有包厢，装修得古香古色、龙凤齐飞，更多的还是中国传统建筑因素。

更为罕见的是，震庄龙公馆四角还矗立着四座碉堡，高达三层，为圆形钢筋混凝土结构，布满方形漏斗状的枪眼。现存三座碉堡，两座位于公馆西侧的盘龙江边，相距约 200 米，与震庄围墙连为一体。另一座位于今天的震庄宾馆中央，墙上都贴了墙砖，扩了窗户，装了玻璃，顶上加盖了亭瓦，已经不是当年的模样了。

震庄建成后，龙云没有入住过。民间相传，离震庄不远有一条"打草巷"，"打草"的结果就是"惊蛇"，而"蛇"就是"龙"，"龙"就是龙云，如此则对龙云不利，龙云也对震庄避而远之。还说有人曾替龙云算了一卦，说他出生于1884年，属兑卦命，伏位在西不在东，东方属"震"，为其绝命方，所以龙云不住震庄，非不能也，实不敢也。还有一说，震庄尚未完工，龙云就被迫离开昆明，"打草惊蛇"也罢，"东方绝命"也罢，他想住也住不成了。

震庄的中门还在

龙云常住的公馆在老城中的威远街，那是一个三进四合大院，为典型的三间六耳四合院式中式建筑，并建有花厅，全为砖木结构，两层楼房，各院之间有外走廊和雕花护栏连接，而方框拱顶

震庄的中心建筑：乾楼

窗户又透出西式建筑的影响。这里原为清代藩台衙门的库房，又说为财神庙，风水不错。龙云在此建起公馆，坐北朝南，居于"轿子"之上：威远街和长春路是轿杠，象眼街和财盛巷是轿档，而公馆就是轿座，气势非凡，占地很广，四至街巷名大多吉利：南临威远街，东到财盛巷，西至小柳树巷，只有北边巷名不甚雅，叫豆豉巷。然而，就是这条听来不太雅的豆豉巷，关键时刻救了龙云一命。1945年10月3日凌晨，蒋介石密令杜聿明在昆明发动政变，包围威远街龙公馆，逼龙云下台。龙云在睡梦中被枪声惊醒，慌乱中化装从豆豉巷后门逃出，穿过民宅小巷，绕上五华山组织抵抗。后来龙云与蒋介石讨价还价，在国民党要员陪同下飞往重庆。

20世纪50年代后，震庄成为迎宾馆，经过多次改扩建，成为云南历史最长、接待规格最高的国宾馆，曾接待过刘少奇、周恩来、邓小平等国家领导人和英国女王伊丽莎白二世等国宾，现已对外开放，成为一座五星级酒店。

○翠湖卢公馆：见证云南起义的法式豪宅

卢汉公馆位于昆明市翠湖南路4号，为民国云南省政府主席卢汉私宅。现存的是新公馆，建于1948年。在1924年出版的民国《昆明市志》所附地图上，这个地方标注的还是"钱南园祠"。钱南园即钱沣，昆明人，清乾隆年间进士，官至清廷御史，高风亮节，刚正不阿，被誉为清代知识分子的泰山北斗、"滇中第一完人"。清嘉庆十二年（1807年），昆明邑人在翠湖东畔建钱沣祠堂，俗称"草公馆"，后废。光绪二十年（1894年），昆明名士陈荣昌以俸银2000两倡修钱公祠，每年四月初一钱沣生日时，昆明人都要到此致祭。后来附近房舍增多，形成巷道，名"学士巷"。草公馆中原有赵藩一联：

立品从慎独来，落落得素怀简；
建言使权豪慑，侃侃有长儒风。

后来法国人跑到草公馆旁设领事署，1931年，滇军将领卢汉在此自建公馆，试图占用草公馆，因陈荣昌反对，只得把公馆建在一旁。1948年卢汉做了云南省主席，而陈荣昌早已逝世，草公馆就很方便地成了卢汉的新公馆。又过了10多年，近代作家邓拓至此，不见钱祠，曾叹息曰：

萍踪偶过翠湖滨，猛忆南园瘦马神。
案牍军机戕一命，可怜遗迹久成尘。

卢公馆于1933年建成，为一幢法式建筑，其设计师据说就是法国人，主要工匠也来自当时的法国殖民地越南。1948年卢汉接任云南省主席后，公馆成重要办公场所。由于原公馆临近街道，过于显露，空间也小，卢汉又在庭院新建了一座公馆。今老公馆已不存，保留下来的是新公馆，已被公布为云南省重点文物保护单位。

这是一座两层西式洋楼，背靠五华山，前临翠湖，依山面水，负阴抱阳，得山得水，立于福地。公馆为两层楼，占地2500平方米，建筑面积1280平方米，呈八角形，砖木

卢汉的法式公馆

石结构，钢构屋架，陡顶平瓦，红瓦黄墙，雕岩立柱，石嵌门框、窗框和墙转角，并有浮雕装饰。前立面上层设外走廊，两侧各突出一座八角层楼，屋前三面开窗，攒尖屋顶，线条简洁明快而富于变化。公馆内客厅、书房宽大，内部全用进口柚木进行装饰，并设有西式壁炉，其所用地砖、灯具、灶具、洁具和浮法彩纹玻璃全为舶来品，主、次卧室和餐室都有落地门窗与阳台相通，尽显豪华贵气、优雅精美。楼下还有地笼，高达一米，以利通风防潮。公馆旁有庭园花木，庄重素雅，谐美清幽，为昆明法式建筑的代表作，保存较为完好。

当年的卢汉

新公馆建成仅一年多，卢汉就在这里导演了一幕历史传奇大戏。1949年1月，国民党政权败局基本锁定，随着军事、政治形势的迅速发展，卢汉与蒋介石的矛盾越来越深，卢汉的政治态度起了变化，他一方面应付蒋介石，一方面开始准备起义。对此，蒋介石也有所察觉。1949年12月7日，国民党西南行政长官张群奉蒋介石之命来到昆明，逼卢汉率省政府和绥靖公署迁往滇西，让国防部、陆军总部等迁入昆明。卢汉不能硬顶，只好借故拖延。8日，张群带着中央军3个军长飞到成都面见蒋介石，并于9日返回昆明。卢汉抓住这个稍纵即逝的机会，把刚刚到昆的张群软禁在翠湖新公馆，又假借张群之名，通知蒋系军政、特务要员当晚九时到新公馆开会。为麻痹对手，这天下午，卢汉在一墙之隔的老公馆大摆宴席，宴请美、英、法三国领事。当天晚上，卢汉在新公馆扣押了赶来开会的国民党第九兵团司令兼二十六军军长余程万、第八军军长李弥、保密局云南站站长沈醉等国民党要员，随后发表通电，宣布起义，在五华山上升起了红旗——从此以后，翠湖东路4号的法式公馆就成了一段惊天动地历史的见证，而今又是"云南起义纪念馆"。

○华山东路杨公馆：当年"江西一只羊"

杨公馆位于昆明华山东路黄河巷37号，建于1932年，为民国时期云南宪兵司令、抗战时云南省防空司令杨如轩的旧宅，占地1155平方米，面积170余平方米。这是一栋两层法式小楼，砖木结构，正房有前廊阳台，瓶状石栏，两侧突出六角形房间，有西式镶石窗框，典雅而精致。此楼于20世纪30年代和翠湖卢公馆一起修建，由同一家法国建筑公司设计施工，样式与卢公馆类似，现已被列为昆明市重点文物保护单位。

杨公馆在昆明有两处，另一处在安宁的温泉龙山，建于1938年，原有占地达50亩的果园，现存主体建筑为一幢平房，石砌墙体，单檐屋顶，飞檐翘角，面阔四间，进深二间，内带走廊，外设廊厦，西侧突出一间，平面呈"F"形，整栋建筑雄浑坚固，中西建筑风格兼而有之，与华山东路公馆明显不同。

抗日战争时的昆明防空司令杨如轩

杨如轩的一生颇为传奇。1928年，杨如轩和另一个滇军将领杨池生率部参加对红军的第四次"进剿"，两次进攻，两次大败，不但损兵折将，自己的左手右臂都挨了枪，当时一首歌谣传遍了红区："不费红军三分力，打败江西两只羊（杨）。"此事上过《毛泽东选集》，相关的龙源口战役遗址还印上了早期三元面值的人民币，杨如轩因此臭名远扬。

但杨如轩也有另一面，其早年从宾川老家被捆绑从军，后来进了讲武堂，与朱德同窗同舍，结为至交，参加过重九起义，护国战争时为朱德部下，曾率敢死队冲锋陷阵，身负重伤，立下大功，升任团长。杨如轩在华山东路的公馆原址是"四川纸行会馆"，据说还是通过时任云南省会警察厅长的朱德介绍才买下的。驻守江西时，杨如轩拒绝参加南昌起义，却答应朱德的借道要求，让起义部队顺利南下。后起义军失利，朱德回撤，写信让杨"沓起眼皮，借地练兵三个月"，并称"练出一团精兵，就可打败蒋介石"。杨果然睁一只眼，闭一只眼，让朱德从容整顿军队，走上井冈山。再后来，杨如轩进攻红区，就有了"不

早期三元面值人民币上的龙源口战役遗址

费红军三分力,打败江西两只羊"的故事。

杨如轩成"羊"之后,一蹶不振,后回到云南,被龙云委任军职。1939年离任后,杨如轩跑到安宁温泉置办田宅,躬耕读书,撰写回忆录。1941年,杨如轩回乡创建学校,邀请西南联大师生担任教员。1949年前后,杨如轩曾为卢汉起义出谋划策,被蒋介石列入"整肃"黑名单,后藏进华山东路公馆的地窖中,才躲过一劫。

20世纪50年代后,杨如轩被判刑入狱。1964年,朱德到昆明视察,杨如轩给朱德写了一封信,要求宽大处理。据说杨还写了一首《悔罪》诗,其中有"永新附逆妄交锋"和"一团劲旅平中国"之句,"悔罪"之余,也巧妙地做了自我表白。后来,杨如轩刑期不减,但得以监外执行。不料才过了两年,又遇上了"文化大革命",杨如轩被批斗,为了保命,他主动要求回监狱继续服刑,又躲过一劫。

杨如轩酷爱京剧,早年以唱关公闻名,进了监狱后还唱京剧,和看守们大唱革命京剧样板戏,自娱自乐,以求解脱。1978年,杨如轩得到宽大处理,特赦后担任云南省文史馆馆员,次年病逝,享年84岁。其有诗曰:

四十年前一梦空,无端附逆乱交锋。
那堪旗鼓未成列,忽报弹花满市中。

据说杨公馆和翠湖卢汉公馆是"孪生子"

安宁杨公馆正在整修

○鲁家花园:"少壮派"子泉别业馆

鲁园位于滇池草海边的大观公园南园,为民国滇军军长鲁道源的私家花园,与庚庄相连。鲁园建于1927年,主建筑是一幢两层法式别墅小楼,因鲁道源字子泉,称"子泉别业馆",此外还有太华晚照廊、不系舟石坊、道源崖等,组成了一个中西合璧的园林,民间称鲁家花园,又称鲁园。

民国初期在草海湖滨修建别墅园林的云南军政大员不少,相继建成的有庚庄、鲁园、李园、柏园、丁园、邱园、陈园等,似乎不建一座"别业花园",就不足以

正面看子泉别业

背面的子泉别业另是一番风景

碧水环绕的六角亭

显示其身份地位，至于大员们住不住这个"别业"，反而不重要了。鲁道源是滇军名将，昌宁人，16岁入云南讲武堂，26岁任滇军旅长，1927年其正好27岁，就在滇池草海边上建造自己的私家园林，以显少年得志之气。据说他请来的设计者是云南园林设计家赵鹤清和几个法国人，为他的"中西式结合园林"打下了基础。

鲁园三面临水，主体建筑是一栋西式平房，建筑面积235平方米，前为拱廊，后有水池，池中有台，楼台之间以石桥相连，池堤种柳，堤外就是草海。房前花树修剪齐整，花坛成几何图案，均为欧式园林风格，而园中荷塘柳堤，石径曲桥，假山洞天，貌似江南园林的精巧雅致，而不系石舫和四方重檐楼阁，又有北方园林的粗犷气派。以一园而兼有西方欧式、江南中式、北方中式等园林风格，这在昆明私家园林中，还不多见。

鲁园建成后，鲁道源忙于内战、外战，长期军务缠身，极少到此居住。鲁道源从军的高潮在抗日战争时期，其率领滇军参加了长沙会战、反攻常德、南昌会战、赣江战役等，屡立战功，于1942年升任五十八军军长。抗战胜利后，鲁道源代表中国军队在南昌、九江接受日军投降。国民党军队溃败大陆之时，曾任命鲁道源为云南省主席，以取代失去蒋介石信任的卢汉，因战事紧迫，鲁未能到任。在解放军的追击下，鲁道源兵败退入越南，后辗转到台湾，1985年病逝。

20世纪50年代以后，鲁园被划入大观公园，与庾庄一起形成大观楼"南园"景区。近年鲁园经过几次翻修，面貌一新，已被公布为西山区重点文物保护单位和昆明市历史文化保护建筑。

○大观楼庾园：打响"大重九"的福地

庾园位于滇池草海边，为民国昆明市市长庾恩锡的别墅园林，原称"枕湖精舍"，又称庾庄，民间则称庾家花园。庾园建于1927年，几乎与隔壁的鲁园同时，又同在大观公园南园内，主设计师又都是赵鹤清，风格也为中西合璧，有异曲同工之妙，而且合用同一个码头，似乎在建造之初，就为如今的大观楼南园打下了基础。

庾园原来有两扇红色木门，高约4米，沉稳厚重，上书两个蓝色颜体大字"庾庄"。园中主体建筑是一幢土木结构的二层西式楼房，取庾恩锡的字称为晋侯楼，今已不存。如今能看到的是近年重建的两层小洋楼，橘红色外墙，被称为

改建后的晋侯楼仍然是西式风格

这座石桥还是原来的模样

红楼。此楼仍称晋侯楼，大体上保留了原建筑的西式风格。新楼两层，砖混结构，两侧为六方形房间，正堂以三面体凸出，上为露台，有白石凭栏，拱窗阔大，覆瓦斜顶，与昆明城内法式小洋楼相比，显得宽敞大气。此外，园中池塘曲岸、五孔石桥、小石牌坊、假山等，也是庾园原物，体现的是中式园林风格。

庾恩锡是民国初年滇军将领庾恩旸的四弟，老家云南墨江，早年留学日本，1919年在上海创办南方烟草公司，经营不顺，1922年回到昆明，又从美国、日本购进卷烟设备，开办亚细亚烟草公司，这是云南规模最大的现代卷烟厂，主打产品是"大重九"香烟，这个品牌是庾恩锡为纪念昆明辛亥重九起义开发的，至今仍然是云南香烟的大牌名品。庾园建成后，庾恩锡常在此举办舞会、灯会，又有评书、戏剧上演，一时各方名流会聚，众人快意尽兴之时，庾恩锡的"大重九"就适时登场，请大家免费品尝，重九烟由此走红。不少老人还记得，抗日战争期间，昆明烟民纷纷弃吸

民国昆明市市长庾恩锡

庾家花园里的小石碑坊

外烟而改吸"大重九",竟成爱国的标志行为,被称为"交抗日税"。不过,那时候的"大重九"已经不属于庾恩锡,由于经营困难,债台高筑,早在1936年,他的"亚细亚"就倒闭了。

1929年9月,庾恩锡走马上任,担任昆明市市长。他在日本学过园林,在市长任上,先后改建了翠湖、古幢、金碧等公园,还和帮助他设计建造庾园的书画家赵鹤清联手,重新设计、扩建了庾园对面的大观公园,如今大观楼旁的假山、楼前烟墩,都是那时的作品。

由于不甘官场掣肘,庾恩锡当了13个月的市长后,就以当时昆明市由民政厅直辖,"事权不一",坚持辞职。担任市长期间,庾恩锡从未领取工资,辞职时一次结清,应领滇币6245.1元。尽管此时他的烟厂正面临"财政危机",庾恩锡却惊世骇俗地宣布把这笔钱捐赠给全市警长、警士,每人发10元的津贴,但巡官以上者没有份。

1936年,庾恩锡应龙云之聘,再次请赵鹤清为助手,主持太华寺、圆通寺园林改、扩建工程,在两寺广植花木、增建院舍。就在这次重修时,在圆通寺后崖壁上发现了唐代南诏时期的"元封年号摩崖题刻",一下子把圆通寺的历史推到了1000多年前,在云南佛教史、昆明城市史研究上都有重要意义。

20世纪50年代后,庾恩锡将庾园捐赠出来,先后成为大观公园一部分、有关部门的接待和培训机构、生产队的谷仓等,近年再次成为大观公园的南园,园林景观得到恢复,重新对外开放。

○白鱼口磊楼:毗邻"空谷散人冢"的"空谷园"

磊楼位于滇池西岸白鱼口沟谷北侧,这里有平地10亩,后依危崖,前对滇海,山水宜人。1935年,曾任昆明市市长的庾恩锡在此建"空谷园",正中建一小楼。庾氏是建筑家,专攻亭台楼阁,所筑小楼,中西合璧,浑然一体,古朴庄重,清雅别致,浑然天成,风格独具,堪称经典之作。此楼外墙材料非砖非木,全以青石毛料堆砌而成,号称"磊楼"。小楼三层,两屋三楼,依崖临海,坐西向东,背山面水,屋顶、楼顶皆有平台,望山观海,都是妙处。此楼平面呈"品"字形,立面又呈"凸"

字形，既似欧洲古堡，又有西南碉楼之风，更似三个"石"字叠加，取意"光明磊落"。庾恩锡自题"磊楼"二字，刻石立匾，立于楼中央顶端，民间则称此楼为"石房子"。庾恩锡自称此楼为"常知足乐未央之室"，有对联称："处世随缘随份，为人自贵自尊。"楼内装饰，中西合璧，有法国沙发，有紫檀家具，还有镂空雕花窗户。二楼小厅，正西为玻璃墙壁，临湖有落地高窗，身处室内，湖光山色，尽收眼底，是其一景。

白鱼口的"石头房子"

磊楼周围是"空谷园"，西侧凿鱼池，设假山，东侧植樱花，培绿草，栽刺柏，又广种垂丝海棠，形成一"花林"。临湖一道长堤，绿柳低垂，有柳丝婀娜之媚；堤内莲池数亩，芙蓉

依山傍水

出水，又有鱼跃莲戏之趣。鱼池四周有拱桥石道，古色古香，石亭两座，外若方盒，南北开有门洞，东西则有窗洞，又有欧式风格之妙。花开之时，这里还是赏花之所。当地人对庾恩锡印象深刻，因其排行第四，称他为"四大人"或"四老倌"。

这位"四老倌"还在这里安排了自己人生的最后一站。在白鱼口后山修了座"空谷散人冢"，作为自己最后的归宿。那也是一座西式陵墓建筑，石砌墓道，石砌墓冢，方形石亭，长形享室，石柱石桌。"四老倌"的墓是建成了，其一生终于滇池，最后也未能如愿以偿，入此墓为安。只留下一座空墓，让人凭吊那段历史。

20世纪50年代后，庾恩锡曾任云南文史馆馆员。他把磊楼和空谷园捐赠给云南省总工会，成为西南第三工人疗养院。1953年云南省工人疗养院建立，磊园也在其中，成为疗养胜地，曾经接待过周恩来、朱德、邓小平、陈毅等党和国家领导人及社会各界名流。

○太和街李公馆：潜藏汪精卫外逃之谜的"石房子"

李公馆是滇军将领李鸿谟的私宅，建于1937年，在今北京路和尚义街的交叉路口，为清乾隆年间的御史钱沣故居遗址。李鸿谟曾在河口做过5年督办，常过境到越南河内办事，对法式建筑颇有好感，建公馆时请来了一中一法两位设计师，务

如今的李公馆石房子

求中西合璧，别具一格。

建成后的李公馆为一幢传统"八面风"式两层楼建筑，砖混结构，顶角为前厅，呈现典型的欧式别墅结构，毛石砌墙，玻璃窗宽大，都是西式元素，而挑檐大屋顶，绿色琉璃瓦，前厅露台上安装的木雕扶栏和阁楼式台顶，又是中式风格。整栋建筑典雅精致，占地3300多平方米，建筑面积523平方米，给人印象最深的却是凸凹不平的毛石外墙，如今小楼周围辟为茶花公园，李公馆被标注成了"石房子"，早年的挑檐大房顶也只有到老照片中去寻找了。

北京路从塘子巷到穿心鼓楼一段原称太和街，清代叫太和铺。民国时期，昆明城墙开始拆除，太和街本在"城外"，但因地接滇越铁路总车站和南屏街，也迅速繁华起来，先后出现了雪弗兰汽车修理厂、皇后饭店、天主教堂等，豪宅大院也建了不少。不仅有"云南王"龙云的震庄，还有滇军将领孙渡的西门子花园、安恩溥的公馆等。当时的上海杂志将太和街比为上海的静安寺路（今上海南京西路）。1966年贵昆铁路通车，太和街改名北京路。

李鸿谟是云南陆良人，讲武堂出身。1957年朱德视察昆明时，曾宴请讲武堂旧友并请他们看戏，据说李鸿谟也是座上客。1931年，李鸿谟任龙云副官，时逢"倒龙兵变"，龙云被俘，李鸿谟临危不惧，始终守护在龙云身边，直到龙云东山再起。为此，李鸿谟深得龙云信任，成其心腹，曾陪同龙云参加南京国防最高会议和汉口最高军事会议，商定云南抗日大计。抗战时期，李鸿谟担任云南省警务处长、云南防空副司令及昆明警备副司令，1949年参加了云南起义。

和李公馆的名气相关的一是李鸿谟的一个特殊职务——滇黔绥靖公署交际处主任，二是石房子旁有一块当时昆明最高档的网球场，三是石房子的云南中餐大厨和越南西餐大厨——那位"老安南"大厨能做一手地道的法式西餐和蛋糕、点心，成为昆明一绝。有此三条，李公馆就成了当时云南省政府大员的重要交际场所。到此下榻小住、出席宴请的各界名流不少，其中不乏当时名震一方的人物。龙云、卢汉自不待言，更有蒋介石、宋美龄、宋子文等中枢要员，有何应钦、张群、陈诚、卫立煌、杜聿明、汤恩伯、郑洞国、罗卓英、宋希濂等军中高官，有美国驻华大使约翰逊和史迪威、陈纳德等美国援华抗战将领，1942年还在此举行了欢迎飞虎队的鸡尾酒会，有西南联大校长梅贻琦和刘文典、查良钊、罗隆基等著名学者，有程砚秋、马连良等京剧名家——最后，还有国民党"军统"的沈醉。

据说宋美龄吃惯了美式西餐，着意要来品尝"老安南"的法式西餐，对"老安南"做的枣仁巧克力尤为欣赏。住在李公馆隔壁皇后饭店的飞虎队员常到此打网球、饮酒、跳舞作乐，见了李鸿谟就叫"General Li（李将军）"。不过，李鸿谟还是能公事公办，在昆明警备副司令任上时，特设美军禁闭室，用以处理在昆明社会上有违规行为的美军官兵。

1938年12月18日，汪精卫、陈璧君、周佛海等人突然"赴滇讲学"，乘飞机来到昆明。行前交代龙云保密，不料龙云召集政府官员前往巫家坝机场迎接，大批记者也蜂拥而至，汪精卫无可奈何。龙云把汪精卫安排住进李公馆，当夜主持招待美国驻华大使的宴会后，又来李公馆和汪精卫夜谈多时，方才离去。第二天，汪精卫等乘上龙云包租的一架欧亚航空公司飞机，出走法国控制下的越南河内。就因为汪精卫这一进一出昆明，他在李公馆究竟和龙云谈了些什么，龙云是不是参与了其"曲线救国"之事，成为一大历史之谜，隐藏在李公馆石墙上的斑驳树影深处。

如今看来，龙云为一非嫡系地方长官，对国民党政府内部派系斗争和蒋、汪关系均了解不深，至今仍有学者认为蒋、汪唱的是一出双簧，当时的龙云听了汪的"曲线救国"论，就更难贸然决论，一时寝食难安，最后和这位"党国二把手"虚与委蛇，公事公办，迎来送往，早晚汇报蒋介石，后来更采用蒋介石所拟底稿，发表谈话称，汪精卫之行为"不仅断送国家民族之前途，且使我无数将士与民众陷于自杀之惨境。此岂和平救中国之道，直是自灭我中国，以挽救敌国之命运耳！"而以龙云此后的表现看，坚持抗战是没有问题的。

1949年前后，云南军政要员把原先轮流在各家打牌下棋的"转转会"集中到李公馆，以娱乐为掩护秘密酝酿和平起义。起义成功后，解放军于1950年2月进驻昆明，卢汉还在李公馆宴请陈赓和宋任穷，为他们接风洗尘。1951年后，这里成为昆明市人民政府机关驻地，近年辟为茶花公园，李公馆成了"石房子"，已被列为昆明市级文物保护单位。

滇军将领李鸿谟

老建筑

○西山邃园：隐藏在山林中的远征军临时总部

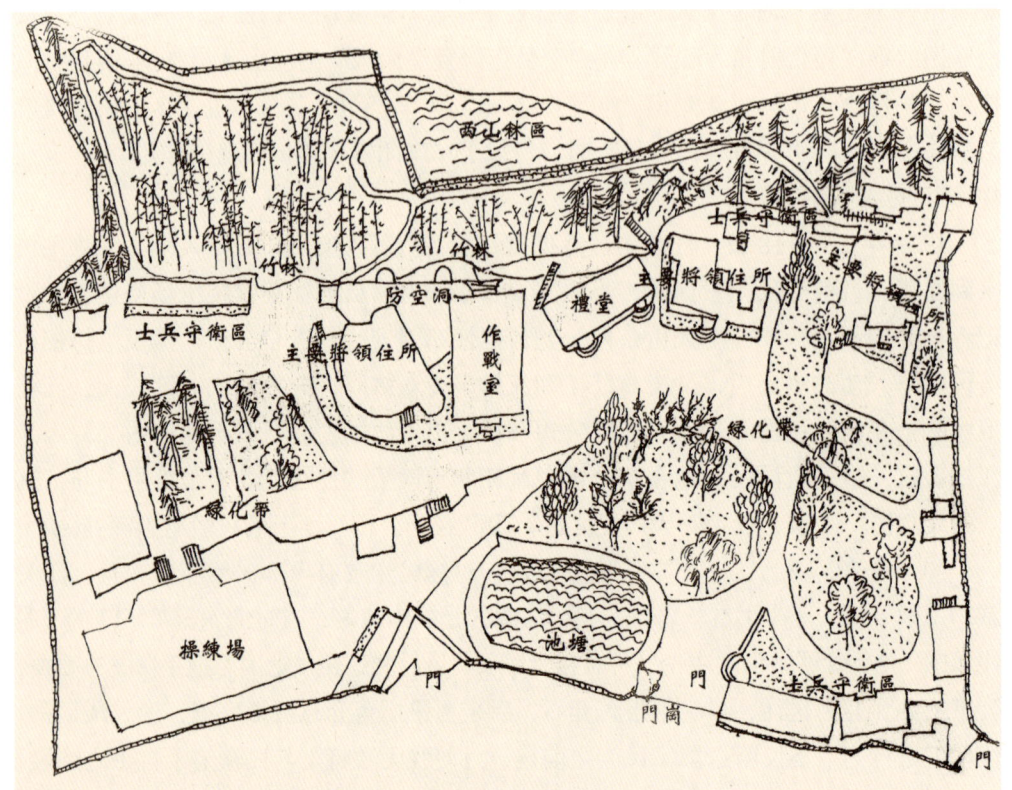

抗战时邃园别墅及警卫分布图

　　邃园又称愚华山庄，位于昆明西山脚下高峣村冷水塘，占地约 50 亩，整体为倒"山"字布局，背靠西山，前临滇池草海，坐落在茂密的松林之中。邃园主体建筑为 3 栋别墅楼和礼堂，并有 3 栋两层小楼，为警卫和工作人员住所，近山处还有 3 个防空洞，形成了一个完整的历史建筑群。整个建筑群兼有中西风格，至今总体结构和门窗等构件保存较为完好，风貌依旧。

　　邃园建于 1940 年，当时云南省主席龙云为接待蒋介石视察，命其妻兄、时任云南省财政厅厅长的李培天在此修建别墅。邃园建成后，蒋介石未到此居住，后来转为李培天的私宅。抗日战争中，中国组成远征军，发起入缅作战和滇西作战，邃园成为中国远征军的临时指挥所。据说，1942 年前后在此居住、工作过的有中缅印战区美国陆军部长兼中国战区参谋长史迪威，中国远征军总司令卫立煌，中国远征军副总司令、第五军军长杜聿明，第五军二〇〇师师长戴安澜，新三十八师师长孙立人等。随着战事发展，远征军司令部由邃园西迁到楚雄、进而到保山，但邃园一直是远征军的后方基地。

邃园建筑均为砖木结构，建筑手法以西式为主，墙体、门窗全为西式，外立面全为"法国黄"，同时又融入了中式建筑元素，有中式坡顶，又有中式园林环绕四周。5栋建筑造型各具特色，简洁实用，美观大方，体现了"形式服从功能"的功能主义原则。3栋别墅从北到南，沿山脚排列：一号别墅在邃园建筑群中最小，为两层长方形建筑，占地150平方米，建筑面积270平方米，高8米，中式坡顶，西式墙窗，前设雨棚、台阶，后有3间附属用房。二号别墅近于"F"形状，占地250平方米，建筑面积500平方米，高8米。楼有两层，中式坡顶屋面，出入口3个，正门北侧有半椭圆形楼房凸出，两层楼外都有观景平台，并设外廊，立有圆柱，局部以线条装饰。后有山泉水流入3个阶梯式方形小池，并有林园，种有各种水果、花树。后面也有工作人员居住的平房。三号别墅据说就是为蒋介石盖的，其外形近乎半个扇形，占地195平方米，建筑面积390平方米，高达8米，西式平顶屋面，西式弧形墙体，楼有两层，二楼出挑观景平台。抗战时中国远征军指挥部进驻时，这3栋别墅成为远征军主要将领的住所。

二号别墅，据说杜聿明将军住过

三号别墅，据说戴安澜将军住过

三号别墅的正门

这里曾是远征军的作战室

1943年在昆明整训的中国远征军高级将领，其中好几位就住在龙门下的邃园

一号别墅，据说孙立人将军曾住过这里

礼堂仅有一层，砖木结构，平面为长方形，占地和建筑面积达350平方米，有西式大门窗，又有中式四坡单檐歇山顶，据说这里曾作为远征军的作战厅。

选择邃园作为远征军司令部驻地是有道理的。它紧靠西山，四周松林茂密，内植大量树木，覆盖了整个院子。当年日寇轰炸机从缅甸起飞轰炸昆明，必须拉高才能飞过西山，难以发现隐蔽在树林中的邃园。而当时邃园靠山处还开挖了3个防空洞，洞内有通信设施，内外驻有警卫部队，防守十分严密。当地老人回忆说，日寇飞机来轰炸过几次，但炸弹只能丢到车家壁和碧鸡关附近的山上，这里始终没有被炸过。

20世纪50年代中期，中国人民志愿军的一所野战医院整体迁到昆明西山脚下，组建新的医院，邃园成为医院的干部病房和宿舍。20世纪60年代后期，邃园成为国家外事部门驻地，接待过东南亚国家领导人，柬埔寨王国国王西哈努克、越南主席胡志明和其他领导人都在这里住过。据说，当年附近农人以进出邃园的汽车是多是少，就可以判断东南亚国家的战事是松是紧。

近年邃园先后被列为西山区、昆明市、云南省的重点文物保护单位。现为餐饮之地，改称紫园。

社会建筑

　　昆明现存的临街老建筑多建于清末和民国时期，可以分为中式和西式两大类。中式临街建筑主要分布在正义路、三市街、威远街、光华街、长春路、武成路、大观街、小西门、东寺街一带，多为砖木或土木结构，两到三层楼，底层为店铺，楼层为住房，均为单檐垂柱、檐口外挑，重楼相连，数幢楼之间，有封火山墙相隔，构成连续的临街建筑。其中两街相交的拐角处形似"八"字的转角楼尤具特色，被称为"八面风"。民国时期对城外的南屏街、三市街、金马街（金碧路）等道路进行改造，又要求两侧铺面一律建为西式楼房，这又是昆明最早的临街西式建筑。这些街道的部分路段还修建了人行道，种上了行道树，平添不少现代因素。

　　清末民初，随着昆明自开商埠和滇越铁路通车，近代建筑材料和建筑技术传入，昆明风气大开，出现了不少西式建筑和中西合璧建筑。早期昆明法式建筑以滇越铁路火车站、办公楼和巡津街的西式医院、旅馆、洋行、公馆为代表，所用建筑、装饰材料十分奢侈，如石材、混凝土、高级木材、铁艺、彩陶砖等，不少都是通过滇越铁路从欧洲、香港和东南亚运来的"舶来品"。滇越铁路昆明站房建得富丽堂皇，主楼为两层法国式建筑，黄墙红瓦，拱形门窗，墙面转角处镶有白色护墙石，地面铺有彩色图案地砖，尖顶屋檐下镶嵌着罗马大钟。站台房前屋后均有雨棚，由15根罗马铁柱及镂花钢架支撑，表现出纯粹而典型的欧洲复古主义建筑风格。

　　抗日战争时期，昆明成为大后方的重要城市，又出现了一个新的建设高潮。这时兴起的是现代主义建筑思潮，由一批聚集在昆明的"海归"设计师担纲设计，建起了一批现代建筑，代表作有南屏大戏院、胜利堂等，经济实用，造型清新，富于时代气息，以新的建筑思想、新的建筑形态为昆明城市建设注入了新的生机与活力。

○昆明"八面风":最具特色的明清临街建筑

昆明南城外小街的"八面风"小店

文明街福林堂是有名的传统"八面风"铺面

祥云街新式"八面风"铺面

宝善街的西式"八面风"大楼

昆明城区两街相交的拐角处,多建有形似"八"字的扇形传统建筑,一般为土木结构的转角楼,于顶角处开中门,铺面沿两侧向后延展,兼占两街地利,又承启、协调、统一全街建筑风格,成为所连接街道建筑的领头羊。因其平面形似"八"字,俗称"八面风",为商铺首选之地。昆明主城商业区的"八面风"建筑以二三层楼为主,背街小巷的"八面风"建筑则以一二层为主,绝大多数为商家捷足先登,用作商铺。

昆明"八面风"建筑的代表作是福林堂,位于文明街和光华街的交叉口,地处老昆明城繁华闹市三牌坊附近,位置极佳。福林堂建于清代的咸丰年间,原为单层平房,民国初期改建为三层木结构"八面风"商铺,单檐筒板瓦顶,两边硬山顶垂直相交,平面如同半个伞形,屋顶正脊呈直角倒圆相交,前檐口为伞檐状弧形,正中有一根直达正脊顶部的立柱,又如"伞把"。文明街店铺与此楼相接,全为挑阁木结构楼房,多有宽檐悬柱,雕花彩绘,古朴典雅,造型优美,富于灵气,堪称老昆明的代表性建筑,已被列为昆明市重点文物保护单位。

在"八面风"两翼,临街商铺

多半为砖木结构的条式建筑，一般为两到三层的单檐垂柱重楼，楼上住人，楼下开店，楼后有院，以"前面门店，后面作坊"的方式经营。每隔五到九间铺面，设有一堵高出房顶的拱形砖墙，作为防火挡墙，民间称"风火墙"。街道多为青条石路面，街宽与铺楼高度比例适当，视觉效果恰到好处。街后巷内民居，多为土木结构的合院式民居，既保留有明清昆明"一颗印"民居的特点，又可见大理白族建筑风格，如"三坊一照壁""四合五天井""走马串角楼""一字型独坊房""六合同春"等，还可见滇南建筑风格，如"三间六耳下花厅""四

昆明老百货大楼也是"八面风"建筑

这张老东风大楼照片有新、旧"八面风"建筑，还有不少"一颗印"民居，拍得很经典。

马推车"等，再加上穿插其间的砖木结构"洋式房"，以这些屋院为"点"，以青石板街道和曲折小巷为"线"，以街坊"八面风""垂柱楼"店铺为"立面"，形成了一个个完整的传统建筑街区，堪称一个巨大的建筑博物馆。

昆明"八面风"建筑影响至今，昆明市中心的标志性建筑，如20世纪40年代修建的宝善街"飞虎楼"、20世纪50年代修建的近日公园老百货大楼和东风广场邮电大楼、20世纪90年代修建的西南商厦，堪称现代"八面风"建筑的经典之作。进入21世纪后修建的南亚风情第一城、昆明广场、万达广场等，也可以见到"八面风"的风格。而据老百货大楼设计者回忆，当年这座"西南第一商业大楼"的设计要求，就是"八面风"！

○翠湖石屏会馆："三岛淳风"中的"云根文采"

石屏会馆位于昆明翠湖南路中和巷内，始建于清乾隆年间，是昆明唯一保存完整的清代外地会馆，近年又得重修，被列为昆明首批文化遗产保护建筑之一，还是昆明市重点文物保护单位。

位于滇南的石屏县是清末云南"状元"袁嘉谷的故乡，素有重学之气，才人迭

出,一说早年曾出过76进士、500余举人、600余贡生,有"举人满街走,秀才家家有"之誉。石屏人有游学、行商的传统,清乾隆年间在昆明兴建会馆,供石屏在昆学生、商人住宿和聚会,后日久破败,1921年由石屏同乡会集谷捐资重建,而组织者就是来自石屏的云南"状元"袁嘉毂等人。

保留至今的石屏会馆为两层土木结构建筑,占地面积1660平方米,建筑面积约2180平方米,依山傍水,坐南朝北,居高临下,气势不凡。门墙呈八字形撇开,以示接纳八方之客。大门正面为砖砌四柱拱顶西式牌楼,门前有一对石狮,石柱上有避邪石像,背面为单檐三间门厅,又是典型的云南传统民居风格。内院为中式传统的庭院式联院布局,被称为"一院、两进堂、步步高":"一院"是大门与二门之间的门院,过厅南面设西式石柱券顶门,二楼上却有中式美人靠走廊;"两进堂"是沿中轴线纵向相连的两个主体庭院,均为三间六耳、四合五天井的走马转角楼合院建筑;"步步高"指各院之间有石阶相连,最高处为后院堂屋,以示尊卑有序,又示"步步高升"。会馆厅堂高大,无论门栏窗棂、额枋檐板,皆有雕刻,无论是喜鹊栖梅,还是莲蓬香荷,无不玲珑剔透、工艺精致、线条流畅,又贴金为饰,古朴雅致而又富丽堂皇。早先还有个占地达20亩的花园,今已不存。

石屏会馆名人遗迹不少。有清道光二十八年(1848年)云南总督林则徐所题"三岛淳风"匾,此之"三岛"指翠湖中的三个小岛,大概当时身立会馆,"三岛"在望,因有此题。会馆里又有袁嘉毂手书"石屏会馆"和"云根文采"雕刻大字,还有一副对联:

石为云根会堂结彩;

屏开画本馆阁生辉。

石屏会馆中西合璧的大门

"三岛淳风"原为林则徐所题

据说，石屏会馆建成后，先后有数千石屏书生、学子落脚于此，同时也是石屏商人、旅人歇足聚会之地，其间切磋交流，人世沧桑，皆成往事。耐人回味的是清乾隆年间石屏举人朱奕簪的题联：

不知何者是谁，出门入门，沽酒买鱼，一样龙湖风味；

似曾相识归来，旧雨今雨，提襟对榻，重联昆池云情。

稳沉的风火墙

○甘美医院大楼：昆明最"贵气"的全法式建筑

甘美医院大楼是法国人在昆明修建的法式楼房，位于今天巡津街昆明市第一人民医院内。大楼为三层，砖混结构，占地1021平方米，建筑面积3062平方米，有黄色外墙，方形立柱，暗花地砖，弧形走廊，宝瓶状栏杆，绿色百叶窗、红瓦斜顶上还立着20个灯形红色尖顶——整座建筑色彩鲜明，典雅庄重，有巴洛克之风，为昆明法式建筑的代表。

这幢大楼建于滇越铁路通车之后，除石料、沙子、石灰外，其余建材都出自香港和越南河内、海防，经滇越铁路运到昆明。大楼所在的巡津街早先叫大河埂，后来在此设岗巡视水情，又叫巡津堤，民国初年称巡津街。这里地近滇越铁路昆明站，清末成为昆明商埠中心，外国人在此建起医院、洋行、酒店、洋楼、洋行，英美烟草公司、美国三达水火油公司、法国龙东公司、徐璧雅洋行、商务酒店和达官贵人的西式豪宅都云集于此，形成了昆明最早的"洋人街"。

1912年，法国人在巡津街买下了希腊人正在建盖的旅馆和庭院，成立了甘美医院，为滇越铁路员工和往来旅客治病，对内自称"法国领事医院"，由法国外交部和殖民部共同经营管理。以后逐步扩充，成为昆明首屈一指的西医医院，这座三层西式大楼也成为西医进入昆明的代表性建筑。甘美医院前后五任院长都是法国人。昆明老人回忆说，首任院长

百年前的甘美医院大楼

正门大体上还是原样，二楼的门成了窗，阳台成了顶棚

地砖据说还是法国原产

是法国领事馆的军医，上街时也穿一身军装、骑一匹高头大马，非常威风。据说民国初期出国学医的昆明学生都要先到甘美医院实习，从外国医生处学一些西医知识，然后再出国深造。医院的一些中国医护人员也被选送法国留学。甘美医院还是当时云南大学医学院的实习医院，一些学生毕业后可以进入该院工作。

当年甘美医院设备先进，能做大手术，设有头等、二等病房，三楼还设有特殊房间，收费极高，专供当时法国驻滇领事馆人员和云南政界、军界及商界上层人物治病、疗养和住宿之用，越南河内等地官僚、资本家到昆明避暑游历，也多住医院三楼，所以，民间又称这里为"贵族医院"。

早先鲜为人知的是，甘美医院还是法国当局收集中国情报的据点，一说法国领事馆的情报室就设在医院三楼，以医院为掩护，收集传递情报，如红军长征过云南的动态、卢汉后期与解放军"边纵"的联系等等。抗日战争时期，这里收治过日寇飞机轰炸的受害者，收治过飞虎队和中国远征军的伤员，"一二·一"运动中的"四烈士"之一潘琰在这里牺牲，云南起义后昆明保卫战的伤员在这里得救护——这幢楼房还是云南百年近代史的见证者。

1950年，甘美医院由云南大学医学院接管，改名为云南大学附属医院，1958年与昆明市人民医院合并后组成昆明市第一人民医院。甘美医院大楼留存至今，先后作为医院病房、办公楼、宿舍等使用，经过多次修葺，除坡形屋顶被改为平顶外，原貌基本得以保持。近年已有计划在此建立昆明医学博物馆。

○昆明广播电台楼：中国抗战宣传的"大碉堡"

昆明广播电台楼位于今天的人民西路省广电厅宿舍大院内，是抗日战争时期紧急修建的昆明广播电台的主体建筑——播音楼。这是一幢建筑面积上千平方米的钢混结构两层楼房，一楼有大演播厅，当时称"大发音室"，还有发电机室、高压整流室、高压滤波室等；二楼又有3间播音室，当时称"小发音室"，还有播音控制房、台长室、编辑室、无线电发报室等。20世纪50年代以后，先后成为昆明人民广播电台、云南人民广播电台的编播楼，初建时的面貌基本得以保持。

早年的昆明广播电台楼

昆明广播电台筹建于抗日战争爆发后的1938年。在战争环境下，广播成为重要舆论战工具，在传播军政信息、凝聚军心民心、瓦解敌人士气方面作用极大。当时中国沿海和东、中部地区大量沦陷，各地广播电台落入敌手，日寇又在北京、长春、台北建起大功率短波台，对我发动宣传攻势。中国发声受阻，抗战宣传被动。

抗战时的昆明广播电台播音室、播音员、麦克风和台灯，还有电台台标

当时昆明已成为抗战大后方，地处云贵高原，地势较高，又接近东南亚各国，在此设台，有利于电波向整个东半球传播。当局决定举全国广播界之力，筹建功率强大的昆明广播电台，代表中国发声。

据相关研究者戴美政收集的资料，修建昆明广播电台楼的水泥、钢材、玻璃等材料全靠进口，数千块吸音板都是美国货，每块1美元，这在当时是个不小的数字。由于建楼墙砖无法保证，只好在现场建起3座砖窑，自行烧制解决。尽管条件艰苦，但昆明广播电台的建设仍然保证了一流的设计、建造质量：大门、主墙厚达97厘米，内部隔墙也有40厘米厚，演播厅和播音室围墙两重，演播厅有两道隔音门，单门

昆明广播电台老楼一直保存到现在

当年的演播室仍在使用

厚达10厘米以上，厚重结实，启闭严密。全楼设计科学，用材精良，安装讲究，坚固结实，有"碉堡电台"之称——如今不少现代录音建筑，声学性能方面竟不如这幢"古稀老屋"。

1940年8月1日，昆明广播电台正式建成播音，全称为"中央广播事业管理处昆明广播电台"。这是当时中国发射功率最大的广播电台，有英国造短波、中波发射机各1台，短波功率2千瓦、中波功率50千瓦。广播信号经地下电缆传送到11公里外的普坪村地下机房，再由高202.6米的铁塔天线发射，不但可以覆盖整个中国和附近地区，还可以覆盖大半个东半球，夜间可以传到澳大利亚、新西兰甚至北欧的瑞典、挪威等地，中国抗战宣传战略布局从此得到改观，中国抗战发声能力大大加强。

昆明广播电台正式播音当天，当时的云南省主席龙云和西南联合大学常委、北大校长蒋梦麟应邀在广播中致辞，同时在昆明市中心的近日楼等地播放，音响效果很好，吸引了大批群众，直到夜间11时，大家仍然簇拥在广播喇叭前，不愿离去。

抗战期间，昆明广播电台紧密配合抗战需要，开播粤语、厦门语、闽南语、沪语等汉语方言节目，还先后开播了英语、法语、越南语、缅甸语、日语、马来语、泰语等节目，外语广播语种之多，仅次于重庆的国际广播电台。昆明电台还与苏联、美国、英国等盟国广播电台合作，开办对盟军广播，并转播美国、联合国电台节目，使国人了解世界，盟友了解中国，全力推动世界反法西斯战争的胜利进程。

为提高抗战宣传质量和水平，昆明电台依托西南联大的人才优势和学术优势开展工作。据统计，先后在昆明电台专任或兼职的联大师生达133人次。电台开办了"名人演讲""时事论述""学术讲座""空中学校"等节目，邀请梅贻琦、蒋梦麟、曾昭抡、陈岱孙、任之恭、潘光旦、汤用彤、陈省身、冯友兰、费孝通等名流学者主讲，创造了极富特色的战时广播，达到了很高的水平。据有关资料，由于昆明广播电台功率强大，当年还应在云南作战的美国志愿空军飞虎队要求，定时播发信号，引导盟军飞机出击、返航，在军事上也发挥了重要的作用。

解放战争时期，昆明广播电台抄收的外台广播和延安新华台广播被编为"内参"，直送当时的省主席卢汉,对后来的云南起义发挥了作用。云南起义后,昆明电台又日夜不停地播放卢汉给四川省当局的公开信,敦促他们迅速起义,捉拿蒋介石,投向人民。国民党当局气急败坏,派飞机轰炸潘家湾电台,但炸弹都落在附近的水田里。蒋介石也急忙乘飞机离开四川,飞到台湾去了。

○抗战胜利堂:"胜利之鹰"和"庆功酒杯"

胜利堂是昆明最重要的纪念性厅堂建筑,坐落于昆明市中心,为钢混仿木结构的宫殿式建筑,占地约20000平方米,建筑面积3996平方米。其单檐歇山顶,琉璃筒板瓦,清式斗拱,飞檐翘角,彩画架枋,白石勾栏,都是典型的中国传统宫殿建筑风格。而弧形山墙、半圆石券顶阔窗、白石镶框门户和欧式石雕花饰却又透着西方文艺复兴时代的风格。整座建筑为大空间布局,中西合璧,结构严谨,坚固实用,器宇轩昂,造型凝重而优美,雄伟而典雅,成为昆明大型纪念性建筑,具有重大的历史价值与建筑、艺术、科学价值,被誉为中国近现代建筑的典范之作,如今更被列入全国重点文物保护单位。

胜利堂以大礼堂为主,兼具其他功能,总平面为一战斗机形状,这是一奇。胜利堂筹建于抗战后期,当时向全国公开征集到20多个设计方案,不少出自名家之手,后经过多次严格筛选,毕业于清华大学的建筑师李华的方

这里早年是清代的云贵总督府、民国初期的云南都督府

由云贵总督署大堂改建成的省立第一师范学校礼堂

早年建造中的抗战胜利堂

当年卢汉的《抗战胜利堂碑记》文稿

案脱颖而出。此方案把会堂平面设计为战斗机造型：会堂前建有两层半圆形月台，铁铸空花格扇大门高踞月台之上，台上立有方座圆柱八根，中间两柱上各雕石狮，整个月台向前突出——这是"战斗机"头；月台后是高大的单檐歇山庑殿九脊顶，檐下施斗拱，高11米，面阔28米，进深16米——这是"战斗机"仓；前殿东西两侧裙楼高7米，面阔14米，进深23米，内设大小会议室12间——这是"战斗机"前翼；中部为礼堂，拱形顶面前后阔20到25米，进深25米——这是"战斗机"身；会堂后部屋顶建筑与前部略同，仅中间为重檐，面阔26米，进深17.5米，内部为舞台、化妆室、休息室等——这又是"战斗机"尾翼。这架"战斗机"被称为"胜利之鹰"，寓意以"驼峰航线"为代表的战略空运的辉煌业绩，并预示战后民族的振兴与腾飞，契合抗战主题，成为中选的一大因素。据说中国建筑大师梁思成曾这样评价李华的设计："充分利用地形，平面形状为一美式战斗机形状，立面形式为一中西合璧的殿堂式风格。"

胜利堂前临光华街，东西两侧为云瑞东路和云瑞西路所环抱，路旁地基售出，由业主兴建铺面，多建为三四层楼房，开办书店、台球房、医务所、食馆等。鸟瞰胜利堂建筑群，可见胜利堂与周围的弧形建筑形成了一个中式酒杯形状：杯口是北边的云瑞北路，杯壁是东、西两边的云瑞东路和云瑞西路，两条路外侧建筑依坡就势，建为罕见的弧形，被称为"杯壁"楼房。后来椭圆形的云瑞公园建成，又与胜利堂主建筑构成高脚酒杯之状，那杯底正是云瑞公园。俯瞰胜利堂建筑群，呈现的就是"双杯贺喜"盛景。胜利堂于1945年12月22日奠基，1946年12月落成，正当抗战胜利之后，如此宏大的"双杯"，正有"举杯庆贺"之意，被称为"中轴线上叠两杯，举酒双杯庆胜利"。1949年，胜利堂的图案还走上了贰角银币的背面，可见其在世人心目中的地位。

胜利堂原址为明代黔国公沐氏的国公府，清康熙年间改建为总督府，东邻文庙

如今修整中的抗战胜利堂

街海天阁巷，西接沙朗巷，南面光华巷，北抵民生街，占地约为如今胜利堂的两倍。总督府前照壁在今云端公园处，府内修建有公堂、露台、花圃等。清嘉庆年间，总督阮元又建选石亭，其东有金马台、西有碧鸡台、演武场等。

1911年10月，辛亥重九起义中，革命党人攻克总督府。起义队伍中，就有被指定为队官（连长）的朱德。起义军进攻时遭敌人机关枪扫射受阻，后在南城埂设置大炮，猛轰总督府，"开花炮弹击中庭中大树，把树炸倒"，又击毁署中桅杆、大堂二堂梁木和屋檐墙壁数十处，死伤敌军数十人。清政府总督李经羲夜挖墙洞，携家眷逃出藏匿（李鸿祥《增补辛亥革命回忆录》）。总督府中守备空虚，卫队放弃抵抗，义军顺利攻下总督府，俘获不少清兵军官，"余卒数千皆降"（庚恩旸《唐会泽大事记》）。随后，五华山和军械局也先后被攻克，"重九"起义成功，革命军战死150余人，负伤300余人，"发丧之日，灵榇之多，为世所罕见，延长六七里，送葬者数万人，祝贺军政府、敬吊战死者之旗帜，辉煌金碧，掩映昆华"（孙仲英《重九战记》）。

此后，云南都督府设于五华山，总督府地改为优级师范学堂、省立师范，后再设云瑞中学。1944年拆除原建筑，兴建大会堂。据说早先有人提议以龙云号"志公"为名，称"志公堂"。龙云认为不妥，只能称"中山纪念堂"，并以"中山"名义集资兴建。大会堂由陆根记营造厂承建，所用水泥出自昆明海口的华兴水泥厂，钢筋也由昆明小钢厂供应。1946年大会堂竣工时，龙云已被蒋介石逼下台，其继任者卢汉将会堂命名为"抗战胜利堂"，交由当时的省参议院使用。1950年12月改称人民胜利堂，民间直呼"胜利堂"，为当时云南规格最高的大会堂，至今仍在发挥作用。1950年还将原拟建于近日公园的人民英雄纪念碑，改建在胜利堂前园林内，成为一组较完整的历史纪念建筑群。2008年，经国务院批准，"人民胜利堂"再次更名为"抗战胜利纪念堂"。

○鼎新街青年会楼：昆明最漂亮的西式"三边工程"

抗战时期的昆明基督教青年会

经过修缮，这栋西式风格的大楼仍然很有气势

大门旁有龙云当年题写的青年会会训：非以役人，乃役于人

青年会楼位于鼎新街4号，坐落在街、巷拐角处，为砖木结构的西式建筑，呈"L"形布局，顶角建有八边形塔楼，高达五层，上有哥特式八角形木结构攒尖瓦顶，正立面大门上设露台，下为门廊，两侧装饰西式悬柱、浮雕。整个建筑以塔楼为中心，呈直角向东、南两侧往后延展，侧楼高三层，悬山顶，内走廊。全楼以青砖砌墙，以青色筒板瓦覆顶，门窗镶有拱券石套，具有鲜明的欧洲建筑风格。整座建筑占地2045平方米，是昆明老城区面积较大、保存完整的代表性建筑，也曾经是昆明最漂亮的西式建筑之一。

鼎新街青年会楼为原基督教青年会址，始建于1932年，耗费老滇票90多万元，历时两年多，于1935年最后建成。设计者是中国著名建筑设计师、南京中山陵和广东中山纪念堂的设计者之一李锦沛，由国内外人士捐款建成，法国海防水泥厂还捐助了一批水泥。由于拆迁缓慢、建材短缺，不得不建一层，装修一层，投入使用一层。第一层建后设立为成人部和少年部，有沐浴室、阅报室、游戏室、食堂、理发室等。第二层建起后代政府办商业学校，有校务处、教室、图书室、会堂等，第三层建好后被设为会员宿舍——边建设边装修边使用，这在今天也是罕见的。

基督教青年会的青年活动很有特色。民国初年的《昆明市志》记载其早期活动称：云南基督教青年会"以注重德智体三育，培植青年务以养成完全人格为宗旨……

开办英文学校，编印《云南青年》，开设阅书报室并敦请名人讲演学术卫生各事项"。其英文学校设在南城埂（今人民西路东段），"以训练智、德、群、体各育，并附设浴室、寄宿舍等，取值皆廉，一般市民颇为感颂"。青年会楼奠基时，当时的云南省主席龙云曾到场祝贺，并题写青年会的"会训"："非以役人，乃役于人"。青年会楼建成后曾举办邮票展，龙云也曾到此参观，带动市民踊跃观展，一时热闹非常。抗日战争时期，这里还做过美国志愿空军"飞虎队"和其他奉调入滇的抗日军人的临时中转驻地。

20世纪五六十年代，青年会楼曾经是昆明市少先宫所在地，成为昆明少年儿童课外活动的重要场所，有少儿图书馆、棋牌室、游戏室、音乐室等，当时的少先队员都争着到这里当"义工"。设在这里的红领巾艺术团代表了当时昆明少儿文艺的水平。

青年会楼曾长期闲置荒废，成为大杂院。近年又得修葺一新，再现昔日建筑风貌，成为昆明标志性历史建筑之一，2012年公布为省级文物保护单位。

○南屏大戏院："夫人集团"创造的"远东第一影院"

南屏电影院原称南屏大戏院，坐落在昆明晓东街和宝善街交叉口，建成于1940年，投资者为当时云南省主席龙云的夫人顾映秋、滇军将领卢汉的夫人龙泽清等官员夫人和昆明上层社会女活动家刘淑清等，因此，影院又被昆明人称为"夫人集团"电影院。

南屏大戏院占地面积16549平方米，建筑面积14920平方米，设计者是著名建筑师赵琛，由陆根记营造厂承建。影院为飞机造型，有明显的西式风格，设计独到之处不少。限于基地狭小，影院正门采用非对称立面造型，侧立面设计为垂直墙面，正面则是大面积弧形玻璃窗，下开五道玻璃弹簧门，上有平台伸出，平台以上到屋顶设计为弧形，竖立九根立柱，有两层楼之高，其间嵌有八道条形大玻璃窗，门厅内采光充沛，门前有喷水池，门面高大庄重，华丽明快，为人称道。而观众厅的曲形地面、前厅的悬挑式楼梯，都因地制

南屏大戏院的创建者刘淑清和慈幼院儿童

南屏大戏院侧面图

抗战时期的南屏大戏院

南屏电影院的门厅

宜，构思巧妙。放映大厅内没有柱子，四壁有隔音、通风设备，以免外面街道噪声干扰，保持场内通风良好，曲形场地上安装了1400个倒仰式座位，前排高而后排低，为全国独家设计。正厅10排以后和楼厅为软席沙发座，舒适度较高。

南屏大戏院的放映机、橡胶银幕、音响等设备甚至布幔全从香港进口，品质一流，成为西南最早的现代化专业电影院，也是当时中国最现代、最豪华的电影院之一，可与南京、上海的头牌影院相媲美，有"远东第一影院"之誉。如今影院旧貌犹存，为云南省级重点文物保护单位。

抗战时期，中国与国外联系主要靠滇缅公路和驼峰航线，这"一路一线"，都以昆明为进入中国的第一站。南屏大戏院与好莱坞的米高梅、20世纪福克斯、华纳、环球、派拉蒙、哥伦比亚等8大影片公司签订租片协定，成为国内第一家与好莱坞同步上映美国大片的影院，比其他地方都早。昆明人和援华抗日的美国士兵可以在第一时间看到当时的好莱坞明星英格丽·褒曼、亨利·方达、珍妮·麦克唐纳、卓别林、秀兰·邓波儿等上演的影片，如《月光下落》《大独裁者》《糊涂冤家》《乱世佳人》《战地钟声》《魂断蓝桥》《魂归离恨天》《翠堤春晓》《人猿泰山》等，后期还放映过苏联影片和国产优秀影片《八千里路云和月》《一江春水向东流》《三毛流浪记》《乌鸦与麻雀》等。影院设有学生专场，票费减半，还免费为学生放映宣传抗日的影片，成为大后方宣传抗战的阵地。

南屏大戏院票价等级分得较细，同场共设五个等，衣冠不整者免进。放映外国电影时，聘请曾在西南联大任职者为专职翻译，保留原来的对话，择重点用中文译出，叠映在字幕上，不但能保留影片本色，又能训练听外语，大受当时的知识分子、政府官员、白领、学生欢迎，影院经营日盛，观众盈门，盛况空前。

南屏大戏院观众如潮，还带动了其旁晓东街的繁荣和发展，各种商店、餐厅、酒吧、咖啡厅、茶室、舞厅、首饰店、化妆品店、高档服装店、皮鞋店、书店、文具店、照相馆应运而生，而以"华达咖啡馆""白宫冷饮店""维纳斯照相馆"生意最为红火。

○昆明戏院：多功能建筑的错位竞争

1940年7月，南屏大戏院开业仅三个月后，位于南屏街中段的昆明大戏院也开张了。这家戏院又放电影又演戏，放电影则以国产片为主。

昆明戏院由昆明市政当局主持建盖，承建者为陆根记营造厂，1939年7月开工，1940年2月建成，建筑面积1990平方米。中国乐群影业公司蒋伯英因战争流亡昆明，从昆明市政

早年的昆明大戏院

府手中租下戏院，办起了电影院。和南屏大戏院走"洋"路不一样，蒋伯英走的是"中"路。他以中国传统建筑手法对戏院立面和内部进行装修，开始时请上海的厉家班来演出京戏，后来又放映电影，因剧场失火烧毁，重建时又加盖了楼座，比原来更为完备。

蒋伯英见南屏大戏院放映外国影片独占鳌头，难以竞争，于是避其锋芒，另辟蹊径，在国产影片上下功夫。他通过各种渠道，将上海摄制的各种拷贝买下来，由

昆明大戏院独家头轮上映。这些影片多为古装片或一般市民生活片，如《李三娘》《木兰从军》《啼笑因缘》《翡翠马》之类，迎合一般市民兴趣，生意也很可观。后来他又以社会剧场作为子戏院，放映昆明戏院放过的二轮片，还在重庆、贵阳设立戏院，专门放映他的拷贝。这样，虽然昆明戏院的场屋、设备等远不如南屏大戏院，但营业状况仍然不错。

蒋伯英还充分利用戏院两侧临街部分修建两层裙房，设置茶座、酒家、舞厅和其他商业服务场所，开展综合经营。抗战胜利后，蒋伯英到香港创办了大中华影片公司，自己摄制影片。

如今的新昆明影城

○ "模范监狱"：昆明的"巢鸭监狱"

昆明"模范监狱"建于清光绪后期。民国初期称昆明监狱，后又改名为云南第一模范监狱，并附设云南陆军监狱。后来的模范监狱仿照日本"巢鸭监狱"改建而成，外形酷似太极，特点鲜明，功能性很强。

古代地方衙门的监狱一般设在官府大堂仪门外西南处，按照风水之说，此处属于"坤位"，在"阴之极"，故监狱又称"南监"。清代狱政黑暗，各地囚犯越狱、病死之事屡屡发生，激起民怨。云南省按察司监狱原来建在按察司旁，后来迁到承华圃（光绪《云南通志》），在小西门以北的城墙内、今钱局街南段的西侧。这里早先叫三家村，东边到"洪化府之西南角"，西到城墙，是"一片茭苇蒲芦水田"。而"在大路之西边，仅有按司狱、云南府经历、昆明县典史三道衙门，复四邻不接，实荒僻已极，故名为三家村"〔《纪我所知集》（《云南掌故》）〕。

清光绪三十四年（1908年），云贵总督锡良积极推行新政，将省、府、县三级监狱合并，加以整修，增高围墙，内有医务所、教务所、消防所、囚人存物所等，较之其他监狱，"规模尚属宏大，组织亦较完备"，于是有"模范监狱"之称（民国《续云南通志长编》）。早先"模范监狱"仅关押男犯，后也关押女犯，并有女看守。当时云南各州县押到昆明复审的犯人，都要先关押在"模范监狱"，全部到齐后再送到按察使署（今庆云街原昆明市中级人民法院址）审录定罪。

民国初期，"模范监狱"依然运转，先改称昆明监狱，再改称云南第一模范监狱，并附设陆军监狱。1919年9月，因设施落后，弊端重重，当局拨出巨款，仿照日本著名的"巢鸭监狱"重建"模范监狱"，这又与当时的云南督军、省长唐继尧曾留学日本有关。据民国《续云南通志长编》所记，新监狱在原有监狱旧址的基础上，又新拨公地和新购民地，"东长五十一丈，西长四十八丈，南宽三十八丈，北宽三十九丈。依旧有河道，界之以墙。分为内外二区，大门东向，二门南向，二门内为内区，二门外为外区。全监房屋共计二百六十余间。狱官办公室、会议室、招待所以及各科办公室均新式建筑。其余职员、看守寝室、食堂、炊所、便所咸备焉。其东、西两间系仿日本巢鸭监狱式样，形同扇面。东、西共监房一百零八间，此外，有未（判）决间一十六间，丁未（未成年）监一十间，女监一十二间，统共能容人犯五百余名。东、西两工厂共计四十四间，能容犯工二百余名或三百名之谱"。另按民国《昆明市志》记载："云南第一监狱，设于钱局下街，附设陆军监狱、监狱售货处，分为重罪监、轻罪监、未决监、未丁监、女监、病监六种，并设有医务所、消防所、囚人存物所。"

从建筑上看，"模范监狱"的狱区正中建有一座两层小楼，称"中楼"，又称"中央教讲室"；下面有两排监房分列东、西，如两臂平伸而出，称为"中排"；两"臂"末端各与一座弧形大厅呈"丁"字形相连，厅外辐射出四个排道，每个排道两侧各有6间狱舍，排道底部置有便桶——这样就形成了对称的"东监"和"西监"。两个监区各划出一间狱舍作为病监，病情较重的人犯可入住其中，由狱医治疗。据说这个布局形似太极，其实更似一幅稻草人的定视图："中楼"是脑袋，设有总监视台；"中排"是平伸的双臂；东监和西监则是展开的大手掌或大扇子，狱舍前又有小监视台——只要看守不疏忽，所有监房门外都一目了然，若有异动，均难逃法眼。"中楼"以北有"运动场"，即"放风场"，再北是北监，面积最大，为狱内习艺所工场，也关押军队重要犯人。

改造后的监狱大门开在钱局下街，进门就是一个院落，为监狱官员办公之地，建有花圃。转而北行，一路直上石桥，桥下有水，人称"奈何桥"。过桥有大门，门楣上有虎头木雕，又称"鬼门关"。据说过此"关"到任何一个监房都必须经过十八道门，象征十八层地狱——从人间花园到"奈何桥"到"鬼门关"再进"十八

民国《续云南通志长编》所载云南模范监狱示意图

清代云南重刑犯牢房，站笼脖下有铁刺

层地狱"，这个"心理战"设计得非常到位。

新监狱建成，硬件大改观，但管理仍然落后，人犯病死不少，被称为"鬼门关"。1923年"病故人犯增至九十余名"，据说都是"在外染受病毒，入监以后发现"，患的是"滥肠瘟症"。1925年"病故人犯四十余名"，患的是"肺痨、肺疾肿病、痢疾等症"。后来新官上任，发现"生疮者全监皆是"，原因在于喝的都是监内不洁的沟水，后来全部改喝"机器水"，"并请红十字会医院每星期派医员携药入监疗治""一切力求清洁，营养适当，注意卫生""又每星期沐浴，涤洗衣被，剃头一次""每日督率囚人三次运动"，以"保持其健康"，"自此以后，死亡稍较少也"（民国《续云南通志长编》）。

早在清宣统元年

（1909年），模范监狱就开办习艺所工厂，经费由藩台银库拨出银两建立基金解决，共开办织布科、锡器科、木器科、铁器科、靴鞋科、漆器科、草鞋科、纸料科、缝纫科、棉花科等，计有10科之多，参加生产的"犯工"大约300名，但因"工艺不熟，出品不完美"，进入民国后，就"经费支绌，仅剩织布、草鞋两科"了。又维持了10多年，基金全部被挪用为监狱经费，工厂只好停办。后又得恢复，"工艺逐渐进步，销路较前扩充，货品渐为完美"（民国《续云南通志长编》），但仅仅是勉强维持而已。

早年的模范监狱也有些新做法，如邀请和尚到监内宣讲佛经，感化犯人等。后来龙云执政云南，将监狱改为云南陆军监狱，又在轻犯中推行过"植树换刑"，规定自费种活树木3000株或松树60亩以上，折换刑期一年，但因为难以执行，后来不了了之。

据民国《续云南通志长编》记载，民国初期模范监狱"执行死刑人犯甚数寥寥，共计仅男女一十四名"。据近代相关史料，20世纪20年代末，"模范监狱"关押过不少中共地下党员，其中不少被杀害，有的更被秘密杀害于监狱的夹墙内，留下了极黑暗的记录。1949年9月，国民党特务抓捕了大批共产党员和进步人士，囚禁在陆军监狱，但不久就被主政云南的卢汉释放。此后三个多月，卢汉发动起义，又把沈醉等特务头子抓起来关进陆军监狱。

半个多世纪里，昆明模范监狱关过不少特殊犯人。

1931年，"云南王"龙云实行"废师改旅"，手下四师长不满，发动兵变，失败后被龙云关进模范监狱，"拘押候讯"。据说"四师长"之一的张凤春得"带枪坐监"，心烦之时，拔枪乱射，把天花板打得弹痕累累，还让典狱长去代领子弹，声言："不然，我就砸烂你这道牢门！"

1938年9月28日，日寇飞机首次轰炸昆明，被击落3架，领航员池岛跳伞被活捉，成为云南的第一个日本战俘，被关进模范监狱。据说这个池岛假装不懂汉语，蒙骗看守。不到半年，池岛就乘看管松懈，半夜越狱逃跑，但很快就被捉回，戴上脚镣手铐，严加看管，后来病死在狱中——不知他在昆明"坐"上了日式监狱，会有何感觉？

20世纪80年代，模范监狱旧监房及高墙完全拆除，成为住宅区和商业区。

参考书目

〔明〕谢肇淛撰:《滇略》,载《云南史料丛刊》第六卷,云南大学出版社,2000年1月第一版

〔明〕刘文征撰、古永继点校:《滇志》,云南教育出版社,1991年12月第一版

〔清〕张廷玉等修:《明史》,上海古籍出版社、上海书店,1986年12月第一版

〔清〕谢俨纂:《康熙云南府志》,载《中国地方志集成·云南府县志辑》,凤凰出版社,2009年3月第一版

〔清〕戴絅孙辑:《道光昆明县志》,载《中国地方志集成·云南府县志辑》,凤凰出版社,2009年3月第一版

〔清〕檀萃辑,宋文熙、李东平校注:《滇海虞衡志校注》,云南人民出版社,1990年12月第一版

〔清〕师范纂辑:《滇系》,见《中国方志丛书》,成文出版社,1968年12月第一版

〔民国〕赵尔巽主编:《清史稿》,上海古籍出版社、上海书店,1986年12月第一版

〔民国〕昆明市政公所编、字应军校注:《昆明市志校注》,云南民族出版社,2011年7月第一版

李春龙主编:《正续云南备征志精选点校》,云南民族出版社,2000年3月第一版

〔民国〕云南通志馆纂:《新纂云南通志》,云南人民出版社,2007年3月第一版

〔民国〕云南通志馆纂:《续云南通志长编》,云南省志编纂委员会办公室,1985年12月印行

〔民国〕昆明县教育局乡土教材编辑委员会编:《修订昆明县小学乡土教材》,昆明实验县教育局,1938年印行

方树梅纂集:《滇南碑传集》,云南民族出版社,1903年7月第一版

昆明市志编纂委员会编:《昆明市志长编》,1984年3月印行

罗养儒著:《云南掌故》,云南民族出版社,1996年3月第一版

陆复初著:《昆明简史》,昆明市志编纂委员会,1983年12月印行

昆明市地名办公室编:《昆明市地名志》,1987年12月印行

昆明市地方志编纂委员会编:《昆明市志》,人民出版社,2002年8月第一版

谢本书、李江主编:《昆明城市史》,云南大学出版社,2009年12月第二版

〔法〕奥古斯特·弗朗索瓦等摄影：《历史的凝眸——清末民初昆明社会风貌摄影纪实》，云南美术出版社，2000年4月第一版

万揆一著：《滇云旧闻》，云南教育出版社，1998年10月第一版

万揆一著：《昆明掌故》，云南民族出版社，1998年3月第一版

万揆一著：《昆明古城拾遗》，云南教育出版社，2000年12月第一版

云南省档案馆编：《建国前后的云南社会》，云南人民出版社，2009年12月第一版

刘亚朝著：《昆明古城旧话》，云南大学出版社，2004年2月第一版

余斌著：《西南联大·昆明记忆》，云南民族出版社，2003年12月第一版

昆明市政协文史资料研究委员会编：《昆明文史资料选辑》各辑

卜保怡著：《昆明名人旧居》，云南人民出版社，2005年11月第一版

张增祺著：《云南建筑史》，云南美术出版社，1999年7月第一版

张科文著：《昆明地名漫谈》，云南大学出版社，1993年5月第一版

汪曾祺著：《汪曾祺写云南》，云南美术出版社，2012年6月第一版

汪曾祺著：《昆明的雨》，云南人民出版社，2011年2月第一版

朱自清等著：《流亡三迤的背景》，云南人民出版社，2011年2月第一版

昆明日报编：《老昆明》，云南人民出版社，1997年12月第二版

龙东林主编：《昆明历史文化寻踪》，云南科技出版社，2008年8月第一版

昆明市政协文史学习委员会编：《抗战时期文化名人在昆明》，云南美术出版社，2000年12月第一版

王海涛著：《昆明文物古迹》，云南人民出版社，1989年3月第一版

何兴庚主编：《五华园林史话》，云南大学出版社，2002年5月第一版

赵一兵主编：《五华建筑史话》，云南大学出版社，2013年10月第一版

云南信息报编著：《老房子（上下册）》，云南人民出版社，2009年9月第一版

李道生主编：《云南社会大观》，上海书店出版社，2000年1月第一版

周良沛主编：《散文中的云南》，云南教育出版社，1997年3月第一版

吴光范著：《云南地名探源》，云南人民出版社，1988年8月第一版

张科文著：《昆明地名漫谈》，云南大学出版社，1993年5月第一版

郝正治编著：《汉族移民入滇史话》，云南大学出版社，1998年2月第一版

王定明主编：《昆明人物传说》，云南民族出版社，1999年6月第一版

周忻、叶铸、徐刚编著：《文化昆明》，云南美术出版社，2008年12月第一版

陈子云、田文主编：《中国民间故事全书·云南昆明五华卷》，知识产权出版社，2012年8月第一版

〔美〕伯特·克拉夫奇克著：《一个美国人难忘的云南印象》，云南美术出版社，1994年10月第一版

〔美〕艾伦·拉森等摄影：《飞虎队员眼中的中国》，上海锦绣文章出版社，2010年4月第一版

刘学主编：《春城昆明 历史·现在·未来》云南美术出版社，2003年1月第一版

昆明市社会科学院编：《昆明百年》，云南人民出版社，1999年9月第一版

张辉主编：《云南建筑百年》，云南人民出版社，2011年12月第一版

后 记

二十载心事，千余日行笔，故纸与故土并重，苦行共苦乐一体，终于某日凌晨完稿，点了个存盘，突然发现自己如此幸运，一时毫无睡意，"幸"思泉涌，于是开列"幸事"如下：

幸逢古今贤士

行路遇仁人，行笔逢高士，成事之幸，莫过于此。今必谢者，如明代的刘文征先生（纂《滇志》）、谢肇淛先生（纂《滇略》），如清代的谢俨先生（纂《康熙云南府志》）、师范先生（纂《滇系》）、檀萃先生（辑《滇海虞衡志》）、戴䌹孙先生（纂《道光昆明县志》），如近代的袁嘉穀先生（纂《滇绎》等）、周钟岳、赵式铭、秦光玉诸先生（编纂《新纂云南通志》《续云南通志长编》）、童振藻先生（纂修《昆明市志》）、梁继先先生（修《昆明县小学乡土教材》），如现代的罗养儒先生（著《纪我所知集》）、陆复初先生（主编《昆明市志长编》）、邓广琼先生（主编《昆明市地名志》）、万揆一先生（著《昆明掌故》等）、张增祺先生（著《滇国与滇文化》等）、王海涛先生（著《昆明文物古迹》）等。至于摄影，清末的法国驻云南总领事奥古斯特·弗朗索瓦（方苏雅）先生（见《历史的凝眸》）、抗战时的飞虎队美国大兵伯特·克拉夫奇克（见《一个美国人难忘的云南印象》）都提供了大量的"真相"——伯特·克拉夫奇克当然是"洋贤士"，奥古斯特·弗朗索瓦（方苏雅）作为一个摄影家，也留下了不少"贤照"。当然还离不开云南美术出版社的编辑和出版人，有了他们的策划、组织和运作，才"天降大任于斯人"，于是"苦其心志"于故纸，"劳其筋骨"于田野，于是有了乐在其中的5年，有了这套丛书。笔者还期待更多的贤士不吝赐教，指正错误，弥补缺失，乐吾乐，以及人之乐，大乐哉！

幸逢互联网时代

一个"互联网+"阅读，让人在数年之间，可以做过去可能要耗费数十年甚至穷尽一生才能完成之事。一敲键盘，一点鼠标，世间万象，上下千年，皆可秒现眼前；求诸古籍，求证正误，不过举手之劳。无论查图书馆藏书，读前人原著，览硕博论文，都不在话下。就是一些稀缺古籍，也可以从网上下载影印本，或从网上淘购得来。

于是坐拥书城，从容敲字：足不出户而眼观六路，耳听八方；行程二万而上天有路，入地有门。难禁惊喜连连，令人直呼过瘾。还有无数网友高手，在网上大"晒"图文，有线索，有资料，拜读之余，脑洞大开，顿起"原来如此"之慨——感谢信息时代，感谢互联网，感谢知名和不知名的网友。

幸逢故土好人

本人有幸，且不说亲人好友都理解并容忍了我的选择和放弃，就是上山下乡，田野调查，从未迷途，也多亏了好心的指路人、引路者：小桃源村的娃娃、海晏村的钓鱼人、太华峰气象站的清洁工、安江村的父老、棕皮营的乡民、圆通山的网恋青年……出入庙堂，"精神考古"，多次享受破例，关照多多，又亏了省图书馆的管理员、古旧书店为我打折的老板、翠湖讲武堂的保安、红花巷朱德故居的主管、节孝巷地下党活动旧址小院的执事、抗战昆明广播电台旧楼的录音总监、玉案山筇竹寺的僧人、海源村龙王庙的算卦大妈、海晏村石龙寺的持斋大媆、沙朗巷大院的看门人和水晶宫社区的小哥……帮忙的还有老天：大雨不期而至，洗刷螺峰山石刻上的拓印墨迹；白云如期而来，抹去东寺街更夫雕像额前的阴影；轻风翩然而起，掀起圆通寺后山摩崖题字前的经幡；太阳及时露面，照亮文明街小巷的"一颗印"民居……吉人天相，莫过于此。

幸逢劝学巷的小伙伴

当年一班熊孩子上天入地，打架干仗、无知无畏、无所不为：翻墙到隔壁后院扯桑子，到文庙"梭坡"，钻进圆通山到接引殿打乒乓球，到飞机场"描蚰蚰儿"，到八大河"闷老姆"，到海埂"挝老埂登"，到"二道铁路"钓鱼，到大观楼外草海捞"歪儿歪儿"，到南太桥跳水"洗澡"，到翠湖放风筝，到金殿"桃园三结义"，到南窑抠窑泥掼手枪，逃学到长春路茶铺"旁听"评书《三侠五义》，偷爬到青年路昆明剧院后台高桥上看京戏，从侧门混进长春路云南大戏院看滇剧，在自家"一颗印"小院里吹"青蛙"、刻人人、扯喻、叠纸火箭、玩花绷绷、下仙人针、斗将军草，在岔巷"挺排坨""封缸"，玩"拉人"、滚铁环、"躲猫猫""打死救活"、跳"小黄牛"，在电线杆下讲鬼故事、打"豆腐块儿"、弹"玻得儿"、丢"炸弹"……直到天黑很久，家家大人喊归，小伙伴们身子一扭，有节奏地把屁股拍得山响，大吼"扁担开花，各回各的家"，悻悻而归，而意犹未尽。如此等等，皆可入书，岂不幸哉？

幸逢温厚长者

在劝学巷那头的长春小学，有几次起意要收养我的女教师，在劝学巷这头的42号小院里，有没结婚、没孩子却把院子里我们这群淘气鬼当子女的房东三孃。三孃出身医生世家，父亲去世后多年，还有乡间农民来找老医生看病。她说得一口纯正的昆明话，如"藩头儿（藩台）衙门"，如"早期（早上）"和"晚期（晚上）"等等。劝学巷42号是典型的一颗印小院，单层土基房，屋顶下有暗楼，木窗糊绵纸，院里有花坛，还有石缸、盆景。三孃的堂屋里有供桌和佛龛，天天早上都要敬香，我们总是好奇地在一边静静地看。老昆明的风俗在她那里几乎全了：清明上坟、七月半烧纸、中秋敬月等等。我们喜欢跟着她去上坟，走到昙华寺后山，供上七八个菜，然后一起就地坐下野餐，那黄焖鸡的味道好极。三孃是腌菜高手，她做的腌菜鲊、茄子鲊特别好，做成后要给院子里每家送一碗。我们不好意思，以后就会帮着她洗苦菜、晒茄子，不亦乐乎。三孃读过昆女中高中，我们跟她上街，她会给你两分钱让你看一本小人书；自己家太窄，我们喜欢跑到她的堂屋跪上板凳伏桌做作业，她会讲几个老昆明的故事，还会教我们唱抗日歌和学生运动歌，如聂耳的《毕业歌》，唱"同学们，大家起来"，如麦新的《牺牲已到最后关头》，唱"向前走，别退后，生死已到最后关头"等等。

幸逢我的娭毑（奶奶）

娭毑老家湖南浏阳，18岁守寡，纺着石棉线把我拉扯大。娭毑以外省"移民"的角度，给我讲了不少老昆明的人情世故。她牵着我去藩台衙门菜市买菜，到护国路粮店买米，到书林街的东寺塔数砖头，到财盛巷的大坡和小坡"梭石头坡"，到钱局街、文林街、登华街走亲戚。从小和娭毑相依为命，她辞世时我还远在千里之外的遮放插队。后来三孃告诉我，娭毑走前说过："伊爪伢崽（这个娃娃）肯定会写出点麻列（什么）来。"再做梦时，我会把这套书送给娭毑，告诉她哪些是她给我讲过的故事，哪些是她牵我走过的地方……

朱净宇

2020年5月4日